Ullstein

Carole Golder

Die Kunst, ein Sternzeichen zu verführen

Wie man seinen Traumpartner
erkennt, verführt und
unwiderstehlich für ihn wird

Ullstein

Ullstein Buchverlage GmbH & Co. KG,
Berlin
Taschenbuchnummer: 35777

Titel des Originals:
The Seductive Art of Astrology
Einzig berechtigte Übersetzung
aus dem Amerikanischen
von Ulrike und Manfred Halbe-Bauer

Ungekürzte Ausgabe
Mai 1998

Umschlaggestaltung:
Vera Bauer
Unter Verwendung einer
Abbildung von Vera Bauer
unter Verwendung einer
Abbbildung von Trausglobe/Attard
Printed in Germany 1998
Gesamtherstellung:
Ebner Ulm
ISBN 3 548 35777 6

Die Deutsche Bibliothek –
CIP-Einheitsaufnahme

Golder, Carole:
Die Kunst, ein Sternzeichen zu verführen :
wie man seinen Traumpartner erkennt,
verführt und unwiderstehlich für ihn wird /
Carole Golder.
[Einzig berecht. Übers. aus dem Amerikan.
von Ulrike und Manfred Halbe-Bauer].–
Ungekürzte Ausg. – Berlin : Ullstein, 1998
(Ullstein-Buch ; Nr. 35777)
Einheitssacht.: The seductive art of astrology ‹dt.›
ISBN 3-548-35777-6

Inhalt

Der Traum vom idealen Partner

Dieser astrologische Liebesratgeber will nicht einfach die Sternzeichen aufzählen, die angeblich am besten zueinander passen. Sein Ziel ist vielmehr, Wege aufzuzeigen, wie man den
vollkommenen Liebespartner erkennen, umgarnen und für sich
einnehmen kann, so daß er nicht länger ein bloßes Phantasiege-
bilde bleibt. Natürlich kann ich Ihnen diesen idealen Liebhaber
nicht frei Haus liefern, aber ich kann Sie so weit in die Verführungskünste der Astrologie einweihen, daß Sie lernen, wer auf
Ihrer Wunschliste ganz oben stehen sollte, wo Sie ihn oder sie
finden können und wie Sie vorgehen müssen, um eine Liebesbeziehung positiv zu beeinflussen. Dabei geht es mir nicht nur
darum, Hinweise zu geben, welche Sternzeichen besonders gut
miteinander harmonieren. Ich möchte ausführlich beschreiben,
wie man Beziehungen zu Menschen eines jeden Zeichens auf-
nehmen und erfolgreich gestalten kann. Denn der potentielle
Traumpartner muß sich keineswegs nur unter einem bestimmten Sternzeichen finden lassen. Es kommt einfach darauf an, ihn
richtig einzuschätzen und entsprechend mit ihm umzugehen.
Aus diesem Buch erfahren Sie, woran Sie ihn oder sie erkennen
an Charakter, Kleidung und Aussehen – und wie Sie selbst durch
Äußeres, Auftreten und Stil unwiderstehlich attraktiv für ihn
oder sie werden können.

Je besser Sie Ihren Traumpartner von Anfang an kennen und
verstehen, desto leichter gewinnen Sie ihn oder sie für sich. Jede
Frau und jeder Mann kann die große Liebe erleben. Romantik
stirbt nie aus! Und zum Glück verlockt und bezaubert sie uns
alle, vom impulsiven Widder bis zum träumerischen Fisch. Sie
zeigt sich nur jeweils in einem anderen Gewand. Und das muß
man durchschauen!

Ein Traumpartner ist übrigens nicht immer von Anfang als
solcher zu erkennen. Es kann durchaus vorkommen, daß er

an Ihnen wachsen muß und Sie an ihm. Mit einem Widder-Geborenen mag vielleicht alles sehr schnell gehen. Doch was macht es schon, wenn dagegen der Stier etwas länger braucht? Hauptsache, Sie erreichen Ihr Ziel! Auch wenn Sie und Ihr Traumpartner Gegensätze wie Feuer und Wasser sind und Ihre Freunde Ihnen weismachen wollen, so etwas könne gar nicht gutgehen – kümmern Sie sich nicht darum. Wenn Sie die Verführungskünste der Astrologie beherrschen, liegt es bei Ihnen, die Beziehung zum Gutgehen zu bringen. Oft kann nämlich das, was andere an einem Partner oder an einer Partnerschaft kritisieren, genau das sein, was die Partnerschaft *zusammenhält*. Vielleicht blüht eine Skorpion-Persönlichkeit gerade durch die für einen Wassermann so typische Unberechenbarkeit auf? Vielleicht gefällt es dem Widder, dem Löwen Mut zu machen, oder dem Stier, die zweite Geige zu spielen?

Selbst wenn zwei höchst ungleiche Partner zusammenkommen, ist eine vollkommene Beziehung möglich, auch wenn sie manchmal vielleicht nur langsam in Gang kommt.

Doch jetzt zur Sache. Wußten Sie schon, daß Ihr Idealpartner auch einem bestimmten Element zugeordnet ist? Die zwölf Tierkreiszeichen sind in vier Elemente unterteilt – Feuer, Erde, Luft und Wasser –, die die Persönlichkeit der ihnen zugeordneten Sternzeichen beeinflussen. Die drei Feuerzeichen – Widder, Löwe und Schütze – tendieren zum Beispiel dazu, begeisterungsfähig, aktiv und unterhaltsam zu sein. Bei den anderen gibt es ebenfalls spezifische Merkmale. Ich habe aus diesem Grund einen Fragebogen zusammengestellt, mit dessen Hilfe Sie feststellen können, welches von diesen vier Elementen Sie am meisten anzieht. Damit läßt sich die Entscheidung für einen idealen Partner im wesentlichen bereits auf drei Sternzeichen beschränken.

Dann werde ich Ihnen verraten – und zwar für jedes Sternzeichen einzeln –, wo die Traumpartner des jeweiligen Tierkreiszeichens sich bevorzugt aufhalten, welcher Arbeit sie in der Regel nachgehen und wie sie am liebsten ihren Urlaub verbringen. Sie werden schnell lernen, wie leicht es ist, mit jedem von ihnen in Beziehung zu treten und den Funken überspringen zu lassen.

Natürlich müssen auch *Sie* das Ihre dazu beitragen, indem Sie mehr über das Image Ihres eigenen Sternzeichens in Erfahrung bringen und darüber, wie Sie es möglichst verführerisch präsentieren können. Was ich damit meine, wird Ihnen klar, wenn Sie das Kapitel »Selbsterkenntnis ist der beste Weg zum anderen« lesen. Es gibt immer eine Möglichkeit, gewisse Merkmale Ihrer Persönlichkeit den Gegebenheiten anzupassen – die negative Seite Ihres Zeichens etwa –, wenn Sie anziehend auf einen faszinierenden neuen Traumpartner wirken wollen. Mit dem bekannten »Na-komm-schon«-Blick allein ist es meist nicht getan. Zum Glück hält die Verführungskunst der Astrologie da viel feinere Listen bereit. Es gilt nur, die richtige herauszufinden und subtil anzuwenden.

Es bieten sich eine Vielzahl von Möglichkeiten an, eigenen Einfallsreichtum zu zeigen – und zudem noch die große Chance, mehr über sich selbst, die eigene Persönlichkeit und die Persönlichkeit des Traumpartners zu erfahren. Diese Erfahrungen wiederum helfen dabei, einen Plan zu entwerfen – natürlich auf die nettestmögliche Art und Weise –, um die neue Beziehung, die Ihr Leben verändern soll, richtig anzukurbeln.

Wichtig dabei ist, an die eigenen Chancen zu glauben und daran, daß es den Traumpartner auch in der Wirklichkeit gibt und man ihm tatsächlich begegnen kann. In jedem Menschen steckt die Fähigkeit, das, was ihm zusteht, auch zu bekommen. Es ist durchaus erlaubt, auch mal nach den Sternen zu greifen!

Verführung sollte natürlich immer Spaß machen – und zwar beiden Seiten. Die Verführung nach astrologischen Erkenntnissen fügt dem uralten Liebeswerben eine ganz neue Dimension hinzu. Man braucht dazu allerdings Phantasie, eine große Portion Humor (ganz besonders die Gabe, über sich selbst lachen zu können, wenn man mal einen Korb bekommt) und die feste Überzeugung, daß irgendwo auf der Welt der ideale Traumpartner auf einen wartet.

Informieren Sie sich gründlich über alle Tierkreiszeichen. Seien Sie ehrlich zu sich selbst, was Ihre Wünsche betrifft. Bitten Sie einen befreundeten Zwilling-Geborenen um ein paar Tips, wie man am wirkungsvollsten flirtet, falls Sie aus der Übung gekommen sind (niemand kann das besser als ein Zwilling!), und eröffnen Sie dann das astrologische Verführungsspiel. Die Trauben hängen manchmal hoch, schmecken dann aber besonders köstlich. Schon bald werden Sie feststellen, daß das Leben viel mehr zu bieten hat, als Sie je geglaubt haben.

Geben Sie sich einen Ruck, und fangen Sie *sofort* an. Es ist nie zu spät, den Traum von der Liebe Wirklichkeit werden zu lassen. Wenn Sie nach dem vollkommenen Traumpartner suchen, dann nutzen Sie sämtliche Verführungskünste, die die Astrologie anzubieten hat.

Versuchen Sie es, und Sie werden staunen . . .

Wie finden Sie ihn?

Sähe der Traumpartner für alle Menschen gleich aus, gäbe es eine Menge Probleme. Für den so Umschwärmten wäre das vielleicht wunderbar, aber nicht einmal das ist sicher: Ein scheuer, empfindsamer Fisch etwa würde schon bei der Vorstellung, daß Hunderte von Frauen mit Leidenschaft im Herzen auf ihn zukommen, schleunigst Reißaus nehmen. Zum Glück haben die meisten Menschen sehr unterschiedliche Vorstellungen, Neigungen und Bedürfnisse, und wenn es natürlich im Leben auch immer wieder vorkommt, daß wir beim Objekt unserer Zuneigung auf Rivalen treffen, so geschieht das doch nicht alle Tage. In jedem Fall heißt das oberste Gebot, zuerst einmal ehrlich zu sich selbst zu sein. Wenn Sie das nicht sind, brauchen Sie gar nicht erst weiterzulesen.

Die Verführungskunst der Astrologie hilft Ihnen nur dann, wenn Sie das Spiel *richtig* – und das heißt *aufrichtig* – spielen und sich an die Regeln halten. Es führt zu gar nichts, wenn Sie blind auf jemanden zurennen und sich ihm an den Hals werfen, der schwächer ist als Sie, nur weil er so herrlich mit seinen strahlendblauen Augen zwinkert, wenn Sie in Ihrem Innersten genau wissen, daß Sie eigentlich jemanden brauchen, der eine stärkere Natur hat. Das Spiel der Verführung will zwar gekonnt, muß aber durchaus nicht so kompliziert berechnend sein wie das Schachspiel. *Jeder* kann die Regeln der Verführungskunst der Astrologie erlernen und damit zum Ziel kommen. Als ungeduldiger Widder beispielsweise, der Knall und Fall Ergebnisse erwartet, müssen Sie allerdings anfangs mit Enttäuschungen rechnen. Sind Sie ein Zwilling, dem es schwerfällt, sich auf all das zu konzentrieren, was täglich bedacht werden muß, sollten Sie sich gleich eine Liste von dem machen, was für Sie am wichtigsten ist.

Es bringt Ihnen auch absolut nichts, sich all die herrlich romantischen Eigenschaften auszumalen, die Ihr Traumpartner haben sollte – wenn Sie sich nicht gleichzeitig auch die Fehler notieren, auf die Sie sich mit Sicherheit werden einstellen müssen. Man kann nun mal das eine nicht ohne das andere haben.

Ich bestreite auch keineswegs die Tatsache, daß es heutzutage immer mehr Männer und Frauen gibt, die so mit ihrer Karriere beschäftigt sind, daß Sex in ihrem Leben erst an zweiter oder noch weiter entfernter Stelle kommt. Aber insgeheim träumen auch sie manchmal von einem wundervollen Liebhaber, der eines Tages ihren Weg kreuzen könnte. Da muß man eben den richtigen Moment erwischen!

Es gibt also eine Menge von Problemen, über die man erst mal gründlich nachdenken sollte. Und wenn man sich selbst und seine innersten Bedürfnisse nur halbherzig analysiert, führt das zu gar nichts. Was also erwarten Sie *wirklich* von Ihrem Traumpartner?

Halten Sie vielleicht Ausschau nach einem seelenverwandten Gesprächspartner, der sich nicht viel aus leidenschaftlichen Exzessen macht? Oder sind Sie arbeitssüchtig und brauchen jemanden, der Ihren Ehrgeiz versteht? Oder ist häusliches Glück für Sie gleichbedeutend mit dem Himmel auf Erden? Vergessen Sie nie, sich immer wieder klarzumachen, daß viele der Eigenschaften, nach denen Sie suchen, Hand in Hand mit solchen gehen können, die Ihnen absolut nicht zusagen. So kann die intellektuelle Anregung, nach der Sie sich so sehnen, möglicherweise mit einem Mangel an Einfühlungsvermögen in Ihre Stimmungen verknüpft sein. Oder jemand, der gemütliche Abende zu Hause schätzt, wird zu einem Klotz am Bein, wenn Sie gern in Gesellschaft wären. Schon aus den wenigen Beispielen läßt sich erkennen, wie komplex die ganze Sache ist.

Aufs richtige Element kommt's an

Lesen Sie zunächst einmal den folgenden Fragebogen ehrlich und konzentriert durch. Sie werden dabei rasch herausfinden, zu welchem *Element* Sie sich am stärksten hingezogen fühlen.

Das wiederum weist auf die Tierkreiszeichen hin, mit denen eine enge Verbindung am günstigsten sein wird. Vielleicht zielen Ihre Antworten sogar eindeutig auf ein Element hin. Wahrscheinlich ist aber, daß eine ganze Reihe von Eigenschaften anderer Elemente Sie gleichfalls faszinieren. Manchmal würden Sie vielleicht gern mehrere Antworten ankreuzen, was bedeutet, daß Sie sich von zwei verschiedenen Elementen angezogen fühlen. Wenn Sie Ihre Gesamtpunktzahl ausrechnen, werden Sie jedoch eindeutig feststellen, daß *ein* Element vorherrscht.

Nehmen Sie Bleistift oder Füller zur Hand, und benutzen Sie ein Blatt Papier, falls Sie nicht ins Buch schreiben wollen. Lesen Sie die Fragen durch, denken Sie gründlich darüber nach, und kreuzen Sie dann die Antwort zu jeder Frage an, die Ihnen am zutreffendsten erscheint. Wenn Sie die Punkte der einzelnen Antworten zusammenzählen, erfahren Sie, welches Element und damit welche Persönlichkeit und Charaktereigenschaften Sie am stärksten anziehen. Sie haben dann eine deutlichere Vorstellung, was Sie im Innersten von einer vollkommenen Beziehung erwarten.

Fragebogen für Frauen

Bei den folgenden Fragen sind jeweils die Antworten a, b, c oder d möglich. Mogeln gilt nicht! Beantworten Sie die Fragen absolut aufrichtig, denn die Gesamtpunktzahl der angekreuzten Antworten (Seite 19 f.) bestimmt, ob Sie Ihren Traumpartner im Element Feuer, Erde, Luft oder Wasser suchen müssen.

Möchten Sie einen Traumpartner, der . . .

1. *sein Interesse an Ihnen zeigt, indem er*
   a) Ihnen einen »Na-komm-schon«-Blick zuwirft?
   b) sich ganz kühl gibt, ja sogar berechnend?
   c) ein guter Zuhörer ist?
   d) Ihnen versonnen in die Augen schaut?

2. *Sie auf den ersten Blick anzieht, weil er*
   a) sich sehr sexy bewegt?
   b) eher intellektuell als körperlich auf Sie wirkt?
   c) geradeheraus ist?
   d) abenteuerlustig und humorvoll zu sein scheint?

3. *versucht, mehr über Sie herauszufinden, indem er*
   a) direkte Fragen stellt?
   b) Ihre Gedanken zu erraten versucht?
   c) sich erkundigt, ob Ihre Interessen sich mit seinen dek-
      ken?
   d) Fragen über einen gemeinsamen Freund stellt?

4. *nach dem ersten Kennenlernen*
   a) Ihnen offensichtlich näherkommen möchte, aber dar-
      auf wartet, daß *Sie* den ersten Schritt tun?
   b) durch seine Körpersprache zum Ausdruck bringt, daß er
      glaubt, gut im Bett zu sein?
   c) offensichtliches Interesse zeigt, sich jedoch wie ein
      »vollendeter Gentleman« benimmt?
   d) eher zurückzuweichen scheint?

5. *auf eine Art sexy ist, die*
   a) nicht sofort ins Auge springt?
   b) intellektuell unwiderstehlich ist?
   c) an einen kleinen Jungen erinnert, der sich verlaufen
      hat?
   d) sofort Ihren Puls hochschnellen läßt?

6. *über eine Technik im Bett verfügt, die*
   a) zweifellos beweist, daß er ein liebenswürdiger und
      zärtlicher Liebhaber ist?
   b) Ihnen das Gefühl gibt, Sie hätten erst das *Kamasutra* le-
      sen sollen?
   c) vom ersten Augenblick an aufregend ist?
   d) die Verkörperung von Poesie ist?

7. *am Telefon*
   a) sich ganz intim unterhalten möchte, auch wenn Sie gerade am Arbeiten sind?
   b) nie zu erwähnen vergißt, wie sehr er sie vermißt?
   c) in kürzester Zeit zur Sache kommt?
   d) sich vergewissern will, ob Sie auch wirklich zu Hause sind?

8. *bei der ersten Verabredung*
   a) auf ein Abenteuer aus ist?
   b) erwartet, daß Sie ihm etwas zu essen machen?
   c) Sie bis zum letzten Augenblick im unklaren läßt, ob er auch wirklich kommt?
   d) mit Ihnen in ein romantisches, von Kerzen erleuchtetes Restaurant geht?

9. *Ihre Leidenschaft erregt, indem er*
   a) sehr, sehr behutsam vorgeht?
   b) sich anregend mit Ihnen unterhält?
   c) zärtlich mit seiner Hand über Ihre Wange streicht?
   d) für das Wochenende einen gemeinsamen Trip nach Paris vorschlägt?

10. *Ihnen zeigt, wie wichtig Sie für ihn sind, indem er*
    a) Sie eifersüchtig auf Schritt und Tritt bewacht?
    b) gerne ganz private Scherze mit Ihnen teilt?
    c) den ganzen Abend nicht von Ihrer Seite weicht?
    d) dies mit jedem Wort und jeder Geste ausdrückt?

11. *wenn Sie einen Star mit Sex-Appeal bewundern,*
    a) darüber lacht und mit dem fortfährt, was er gerade tut?
    b) dies als persönlichen Angriff auf die eigene Sexualität auffaßt und schmollt?
    c) mit Ihnen direkt ins Schlafzimmer stürzt?
    d) Ihnen einen vernichtenden Blick zuwirft und das Thema wechselt?

12. *Sie annehmen läßt, er wäre ein guter Ehemann, weil*
    a) er mit seinen und Ihren Eltern so gut auskommt?
    b) er kinderlieb zu sein scheint?
    c) Sie an seiner Seite ein aufregendes Leben hätten?
    d) er offensichtlich verläßlich ist?

13. *aufgrund seiner Persönlichkeit*
    a) nur selten launisch ist?
    b) romantisch veranlagt ist?
    c) dauernd auf Trab ist?
    d) normalerweise kühl, ruhig und gelassen ist?

14. *bei Meinungsverschiedenheiten*
    a) nie die Beherrschung verliert?
    b) immer siegen muß?
    c) eine faire Lösung anbietet?
    d) schmollt, Sie aber bald küßt und sich wieder versöhnt?

15. *Ihnen zeigt, daß er der Boß ist*
    a) durch die Art, wie er Ihnen sagt, was Sie zu tun haben?
    b) durch intellektuelle Überlegenheit?
    c) indem er die Finanzen verwaltet?
    d) indem er Sie emotional von sich abhängig macht?

16. *wenn Sie ausgehen,*
    a) pünktlich mit einem Blumenstrauß erscheint?
    b) auftaucht, wann es ihm paßt?
    c) unweigerlich, wenn auch unbeabsichtigt, zu spät kommt?
    d) schon in der Tür steht, wenn Sie noch im Bad sind?

17. *Sinn für Humor zeigt,*
    a) weil er über sich selbst lachen kann?
    b) durch die Art, wie er *Sie* zum Lachen bringt?
    c) indem er sich aller lustigen Geschichten erinnert, die er je gehört hat?
    d) indem er sich ein paar gute Scherze einfallen läßt?

18. *denkt, Sie sollten sich kleiden*
   a) wie es die neueste Mode verlangt?
   b) daß Sie möglichst sexy aussehen?
   c) so romantisch wie möglich?
   d) im klassischen Stil?

19. *Sie glücklich machen möchte, indem er*
   a) Ihnen Champagner im Bad serviert?
   b) Ihnen eigene Wertpapiere und Aktien kauft?
   c) für Sie, wenn er kann, die Hypothek bezahlt?
   d) Ihnen zugesteht, so unabhängig zu sein, wie Sie wollen?

20. *mit anderen Frauen nur zusammen ist, weil*
   a) er sich gern mit ihnen unterhält?
   b) er gern flirtet?
   c) er Sie eifersüchtig machen möchte?
   d) es seinem männlichen Ego schmeichelt?

Fragebogen für Frauen: Antworten und Auswertung

1.		2.		3.	
a) Feuer	☐	a) Wasser	☐	a) Feuer	☐
b) Luft	☐	b) Luft	☐	b) Wasser	☐
c) Erde	☐	c) Erde	☐	c) Luft	☐
d) Wasser	☐	d) Feuer	☐	d) Erde	☐

4.		5.		6.	
a) Luft	☐	a) Erde	☐	a) Luft	☐
b) Feuer	☐	b) Luft	☐	b) Erde	☐
c) Erde	☐	c) Wasser	☐	c) Feuer	☐
d) Wasser	☐	d) Feuer	☐	d) Wasser	☐

7.
a) Luft ☐
b) Feuer ☐
c) Erde ☐
d) Wasser ☐

8.
a) Feuer ☐
b) Erde ☐
c) Luft ☐
d) Wasser ☐

9.
a) Erde ☐
b) Luft ☐
c) Wasser ☐
d) Feuer ☐

10.
a) Feuer ☐
b) Luft ☐
c) Erde ☐
d) Wasser ☐

11.
a) Luft ☐
b) Feuer ☐
c) Wasser ☐
d) Erde ☐

12.
a) Luft ☐
b) Wasser ☐
c) Feuer ☐
d) Erde ☐

13.
a) Erde ☐
b) Wasser ☐
c) Feuer ☐
d) Luft ☐

14.
a) Erde ☐
b) Feuer ☐
c) Luft ☐
d) Wasser ☐

15.
a) Feuer ☐
b) Luft ☐
c) Erde ☐
d) Wasser ☐

16.
a) Wasser ☐
b) Luft ☐
c) Erde ☐
d) Feuer ☐

17.
a) Luft ☐
b) Wasser ☐
c) Erde ☐
d) Feuer ☐

18.
a) Feuer ☐
b) Luft ☐
c) Wasser ☐
d) Erde ☐

19.
a) Feuer ☐
b) Erde ☐
c) Wasser ☐
d) Luft ☐

20.
a) Wasser ☐
b) Luft ☐
c) Feuer ☐
d) Erde ☐

Zählen Sie jetzt Ihre Punkte zusammen, um festzustellen, welches Element Sie am meisten anzieht.

Feuer	☐	1. Wahl	☐
Erde	☐	2. Wahl	☐
Luft	☐	3. Wahl	☐
Wasser	☐	4. Wahl	☐

Fragebogen für Männer

Bei den folgenden Fragen sind jeweils die Antworten a, b, c oder d möglich. Mogeln gilt nicht! Beantworten Sie die Fragen absolut aufrichtig, denn die Gesamtpunktzahl der angekreuzten Antworten (Seite 25 f.) bestimmt, ob Sie Ihre Traumpartnerin im Element Feuer, Erde, Luft oder Wasser suchen müssen.

Möchten Sie eine Traumpartnerin, die . . .

1. *Sie anzieht, weil sie*
   a) sexuell sehr attraktiv ist?
   b) sehr humorvoll ist?
   c) gebildet ist?
   d) eine starke Persönlichkeit ist?

2. *Sie erinnert an*
   a) Ihre Mutter als junges Mädchen?
   b) Ihren ersten Schwarm in der Schule?
   c) das Sexideal schlechthin?
   d) die Heldin eines sehr romantischen Films?

3. *der Meinung ist, daß Sex*
   a) eine sehr ernsthafte Sache ist?
   b) sich aus einer Freundschaft entwickelt?
   c) der schnellste und beste Weg ist, einander kennenzulernen?
   d) nicht das Wichtigste in einer Beziehung ist?

4. *keinen Zweifel daran läßt, daß*
   a) *Sie* den ersten Schritt tun sollten?
   b) sie selbst dominieren möchte?
   c) sie Experimenten nicht abgeneigt ist?
   d) sie sich für Sie aufgehoben hat?

5. *sich für Sie interessiert, weil sie*
   a) wie Sie das Leben genießt?
   b) geistige Anregung sucht?
   c) die wahre Liebe sucht?
   d) sich bei Ihnen sicher fühlt?

6. *Sie fasziniert, weil sie*
   a) stets im Mittelpunkt steht?
   b) so kühl und distanziert wirkt?
   c) so romantisch wirkt?
   d) so aussieht, als ob sie eine gute Ehefrau abgäbe?

7. *macht, daß Sie*
   a) sich wieder wie ein kleiner Junge fühlen?
   b) sich fühlen, als wären Sie der einzige Mann auf der Welt?
   c) sie noch mehr begehren, weil sie so indifferent ist?
   d) kaum erwarten können, Ihr die Kleider vom Leib zu reißen?

8. *im Bett*
   a) was erleben will?
   b) zärtlich und romantisch ist?
   c) sich nach dem Liebemachen gern entspannt unterhält?
   d) reizvoll unberechenbar ist?

9. *Sie rundherum befriedigt, weil sie*
   a) genau wie Sie eine romantische Seele ist?
   b) wunderbar verläßlich ist?
   c) leicht zu erregen ist?
   d) Sie niemals langweilt?

10. *Sie Ihren männlichen Bekannten vorstellen möchten, weil*
    a) Sie sie eifersüchtig machen möchten?
    b) Sie herausfinden wollen, ob sie gern flirtet?
    c) Sie ihre Ansichten über Ihre Bekannten hören möchten?
    d) Sie ihnen vorführen wollen, was wahre Liebe ist?

11. *was Interessen betrifft,*
    a) sich eigentlich nur für Sie interessiert?
    b) am liebsten die Ihren teilt?
    c) genügend eigene hat?
    d) es vorzieht, Ihnen ein gemütliches Heim zu schaffen?

12. *für Sie die ideale Beziehung ist, weil*
    a) sie einen Hausstand gründen möchte?
    b) sie Spaß haben und frei bleiben möchte?
    c) sie all Ihren romantischen Idealen entspricht?
    d) Sie sexuell nie eine bessere Partnerin gehabt haben?

13. *zu einer bestimmten Altersgruppe gehört und*
    a) die Rolle der älteren, erfahrenen Frau in Ihrem Leben spielen könnte?
    b) zärtlich, liebevoll, unheilbar romantisch veranlagt und wahrscheinlich viel jünger ist als Sie?
    c) Sie vermutlich über ihr Alter täuscht, aber was soll's?
    d) der attraktive Lolitatyp ist?

14. *nach einem Streit*
    a) Ihnen zur Entschuldigung eine Karte schickt?
    b) Sie tagelang schmoren und den Anrufbeantworter eingeschaltet läßt?
    c) sich am liebsten im Bett versöhnt?
    d) in Tränen zerfließt oder schmollt, wenn sie Sie wiedersieht?

15. *auf einer Party*
    a) an Ihrer Seite bleibt, solange Sie das mögen?
    b) ihre eigenen Wege geht?
    c) gern flirtet, aber nur, wenn Sie nicht hinschauen?
    d) immer nur Sie anschaut?

16. *wenn Sie von einem Star mit Sex-Appeal schwärmen,*
    a) sagt, Sie sollten ruhig dort Ihr Glück versuchen?
    b) einen Wutanfall bekommt?
    c) sofort annimmt, Sie liebten sie nicht mehr, und aus der Fassung gerät?
    d) ihre *eigenen* sexuellen Qualitäten unter Beweis stellt?

17. *Sie annehmen läßt, sie wäre eine gute Ehefrau, weil*
    a) sie mit Ihren Eltern gut auskommt?
    b) sie eine Perfektionistin ist?
    c) Sie beide sexuell so gut harmonieren?
    d) sie all Ihre romantischen Träume erfüllt?

18. *aufgrund ihrer Persönlichkeit*
    a) nie außer sich gerät?
    b) Ihnen ständig neue Überraschungen bietet?
    c) meistens heiter, gut gelaunt und lustig ist?
    d) sehr einfühlsam ist?

19. *Unterwäsche trägt, die*
    a) absolut aufregend ist?
    b) nicht zu auffallend ist?
    c) Ihre romantischen Gefühle anspricht?
    d) dem letzten Schrei der Mode entspricht?

20. *Ihre Erwartungen erfüllt, weil*
    a) Sie wissen, daß sie Sie nie hängenlassen wird?
    b) sie unsterblich aufregend ist?
    c) sie die Märchenfee ist, von der Sie immer geträumt haben?
    d) sie sexuell keine Grenzen kennt?

Fragebogen für Männer:
Antworten und Auswertung

1.			2.			3.		
a)	Feuer	☐	a)	Erde	☐	a)	Wasser	☐
b)	Wasser	☐	b)	Luft	☐	b)	Erde	☐
c)	Luft	☐	c)	Feuer	☐	c)	Feuer	☐
d)	Erde	☐	d)	Wasser	☐	d)	Luft	☐

4.			5.			6.		
a)	Erde	☐	a)	Feuer	☐	a)	Feuer	☐
b)	Feuer	☐	b)	Luft	☐	b)	Luft	☐
c)	Luft	☐	c)	Wasser	☐	c)	Wasser	☐
d)	Wasser	☐	d)	Erde	☐	d)	Erde	☐

7.			8.			9.		
a)	Erde	☐	a)	Feuer	☐	a)	Wasser	☐
b)	Wasser	☐	b)	Wasser	☐	b)	Erde	☐
c)	Luft	☐	c)	Erde	☐	c)	Feuer	☐
d)	Feuer	☐	c)	Luft	☐	c)	Luft	☐

10.			11.			12.		
a)	Feuer	☐	a)	Wasser	☐	a)	Erde	☐
b)	Luft	☐	b)	Feuer	☐	b)	Luft	☐
c)	Erde	☐	c)	Luft	☐	c)	Wasser	☐
d)	Wasser	☐	d)	Erde	☐	d)	Feuer	☐

13.			14.			15.		
a)	Erde	☐	a)	Erde	☐	a)	Erde	☐
b)	Wasser	☐	b)	Luft	☐	b)	Luft	☐
c)	Feuer	☐	c)	Feuer	☐	c)	Wasser	☐
d)	Luft	☐	d)	Wasser	☐	d)	Feuer	☐

16.		17.		18.	
a) Luft	☐	a) Luft	☐	a) Erde	☐
b) Erde	☐	b) Erde	☐	b) Luft	☐
c) Wasser	☐	c) Feuer	☐	c) Feuer	☐
d) Feuer	☐	d) Wasser	☐	d) Wasser	☐

19.		20.	
a) Luft	☐	a) Erde	☐
b) Erde	☐	b) Feuer	☐
c) Wasser	☐	c) Wasser	☐
d) Feuer	☐	d) Luft	☐

Zählen Sie jetzt Ihre Punkte zusammen, um festzustellen, welches Element Sie am meisten anzieht.

Feuer	☐	1. Wahl	☐
Erde	☐	2. Wahl	☐
Luft	☐	3. Wahl	☐
Wasser	☐	4. Wahl	☐

Was erwartet Sie mit einem Feuerzeichen (Widder, Löwe, Schütze)?

Wenn Ihr Traumpartner im Element Feuer geboren ist, sollten Sie sich auf einen mitreißend-feurigen Liebhaber einstellen, der ein Nein nicht als Antwort gelten läßt und für den Geduld ein Fremdwort ist.

Die Feuerzeichen sind stürmisch, leidenschaftlich, impulsiv, unterhaltsam, energisch, positiv eingestellt und optimistisch. Man hat mit ihnen sehr viel Spaß, doch können sie auch äußerst herrschsüchtig sein, fordernd und an schlechten Tagen sehr aggressiv. Auch bilden sie sich oft ein, alles zu wissen, und reiten manchmal auf einem Argument herum, nur um andere zu provozieren.

Alle drei Feuerzeichen besitzen große Führungsqualitäten, besonders Widder und Löwe. Der Schütze, der vom Glückssplaneten Jupiter regiert wird, treibt sich lieber auf der Jagd nach Abenteuern in der Weltgeschichte herum, als sich darum zu kümmern, wie er ganz nach oben kommt.

Das Leben mit einem Feuerzeichen ist selten langweilig, doch läßt sich mit diesen Wirbelwinden an Energie nur schwer Schritt halten, und man muß sie erst gehörig zähmen, wenn man sie gefügig machen will. Meist breitet Ihr Feuerzeichen-Traumpartner gerade dann die tollsten Pläne vor Ihnen aus, wenn Sie sich total erschöpft nach Entspannung sehnen. Da gibt es nichts anderes, als sich so rasch wie möglich zusammenzuraffen.

In mancher Hinsicht haben sich die Feuerzeichen ein geradezu kindliches Gemüt bewahrt, und besonders Widder scheinen überhaupt nie ganz erwachsen zu werden. Sie benehmen sich oft wie verwöhnte Kinder, die alles, was sie sehen, auch gleich haben wollen. Wie, das ist ihnen völlig egal. Immerhin sollten sie als Erwachsene so viel vom Leben gelernt haben, um zu wissen, daß dies nicht immer möglich ist. Die Feuerzeichen haben ein spontanes Bedürfnis, andere Menschen glücklich zu machen, sie zum Lächeln oder Lachen zu bringen, sie mit kleinen Geschenken zu überhäufen (und auch mit großen, wenn sie verschwenderische Löwen sind!), um zu zeigen, wieviel ihnen jemand bedeutet.

Sie ergreifen gern die Initiative, und sie ruhen erst, wenn sie ihr Ziel erreicht haben. Doch für Feuerzeichen-Liebhaber liegt der Reiz der Sache häufig in erster Linie in der Jagd, und wenn sie nicht ständig herausgefordert werden, langweilen sie sich nur zu leicht. Und so überschwenglich und gern sie sich auch verlieben (besonders Widder und Löwe), so unglaublich selbstsüchtig verteidigen sie andererseits auch ihre Freiheit.

Eins ist auf alle Fälle sicher: Sie werden die Zeit, die Sie mit einem Feuerzeichen-Liebhaber verbracht haben, niemals vergessen, ob sie nun eine Woche, einen Monat oder ein Leben lang gedauert hat . . .

Was erwartet Sie mit einem Erdzeichen (Stier, Jungfrau, Steinbock)?

Bei einem Traumpartner, der im Element Erde geboren ist, werden Sie recht bald feststellen, daß er oder sie mit beiden Beinen fest auf dem Boden der Wirklichkeit steht und irgendwelchen Unsinn von Ihrer Seite auf keinen Fall mitmacht.

Die Erdzeichen sind geduldig, freundlich, durch und durch anständig und eher konventionell. Sie können Ihnen gefühlsmäßig und finanziell Sicherheit bieten. Allerdings kann der Stier entsetzlich stur sein, die kritische, analytische Art der Jungfrau tötet einem oft den letzten Nerv, und den Steinbock möchte man seiner pessimistischen Lebensanschauung wegen oft am liebsten schütteln.

Wenn Sie einen der Erde verhafteten Traumpartner kennengelernt haben, kann es lange dauern, bis die Angelegenheit vom Fleck kommt. Es nützt auch überhaupt nichts, die Sache vorantreiben zu wollen, im Gegenteil, dies könnte ihr den Todesstoß versetzen. *Geduld* ist hier die einzige Devise, die weiterhilft (Feuerzeichen machen da am besten schnell einen Intensivkurs), denn Erdzeichen ziehen es vor zu warten, bis sie ihrer Sache ganz, ganz sicher sind, anstatt später etwas bereuen zu müssen. Das heißt nicht, daß Erdzeichen sich nicht auf den ersten Blick verlieben könnten. Doch können Sie jede Wette darauf eingehen, daß die meisten von ihnen in der Regel Ihren vergangenen und gegenwärtigen Lebenswandel genauestens daraufhin unter die Lupe nehmen werden, ob Sie auch wirklich die richtige Partie sind.

Die drei Erdzeichen unterscheiden sich aber auch voneinander: Der Stier ist eindeutig der sinnlichste Erdgeborene, während die Jungfrau und der Steinbock ihrer Liebe nur sehr zurückhaltend körperlichen Ausdruck verleihen. Immerhin können Jungfrauen, in deren Horoskop das Feuer eine Rolle spielt, aufregend explosive Liebhaber sein.

Im großen und ganzen sind die Erdzeichen wie das Element, in dem sie geboren sind – sie sind solide und beständig, gehören also zu der Gruppe von Menschen, die immer da sind, wenn man sie braucht. Aber genauso wie es Erdbeben gibt, kommt es auch zu explosiven Szenen mit Erdzeichen-Traumpartnern, besonders wenn sie sich im Stich gelassen fühlen. Und es ist auch nicht immer nur der Stier, der sich manchmal nicht mehr von der Stelle rühren will und sich beharrlich weigert, auch einmal fünf gerade sein zu lassen.

Im Zeichen der Erde geborene Menschen neigen dazu, besonders hart zu arbeiten. Der Stier läßt sich manchmal zu leicht in die zweite Position drängen, selbst wenn er die Fähigkeit besitzt, die Führung zu übernehmen. Die Jungfrau gilt als »Zeichen des Dienens«, und die unter diesem Zeichen geborenen Menschen sind ihren eigenen Leistungen gegenüber immer äußerst kritisch – aber eben auch denen anderer gegenüber. Der Steinbock gilt als geradezu arbeitssüchtig und ist stets bestrebt, den Menschen, die ihm nahestehen, ein Höchstmaß an Sicherheit zu bieten.

Ich habe es immer für unfair gehalten, daß die Erdzeichen von einigen sogenannten astrologischen Experten als langweilig abgetan werden. Nur weil sie sich bei allem, was sie tun, große Mühe geben und nie etwas nur halb erledigen – wie ich mir das bei dem einen oder anderen Zeichen sehr gut vorstellen kann –, führen sie noch lange kein langweiliges Leben. Im übrigen sind mir sehr wohl einige Traumpartner bekannt, die, geboren im Element Erde, alles andere als langweilig waren.

Was erwartet Sie mit einem Luftzeichen (Zwillinge, Waage und Wassermann)?

Bei einem Traumpartner, der im Element Luft geboren ist, kann es sehr gut vorkommen, daß Sie nie ganz genau wissen, woran Sie mit ihm sind. Das kann das Leben zwar durchaus interessanter machen. Es bedeutet aber sicherlich auch, daß Sie nichts für selbstverständlich halten dürfen. Erwarten Sie daher nicht, daß ein solcher Traumpartner von morgens bis abends nach Ihrer Pfeife tanzt.

Die Luftzeichen sind oft helle Köpfe, geistreich, gesprächig, phantasievoll und künstlerisch begabt. Nimmt man sie etwas genauer unter die Lupe, muß man allerdings auch mit anderem rechnen. Ein Zwillinge-Partner etwa kann sich als ziemlich flatterhaft erweisen, und man sollte sich damit abfinden, daß er oft von einer Minute auf die andere nicht festzunageln ist. Die der Waage zugeschriebene Ausgeglichenheit gerät durch ihre sprichwörtliche Unentschlossenheit oft aus dem Gleichgewicht, und mit einem Wassermann haben Sie einen Vertreter des unberechenbarsten Zeichens von allen kennengelernt. Für einen Wassermann ist es oft nicht leicht, Liebe und Gefühle auch zum Ausdruck zu bringen.

Bei einem Traumpartner des Elementes Luft besteht immer ein großes Verlangen nach geistiger Anregung und körperlicher Aktivität. Wer in diesem Element geboren ist, mißt den intellektuellen Fähigkeiten des Partners mit Sicherheit mehr Bedeutung bei als ein Feuer-, Erde- oder Wasserzeichen. Die Luftzeichen grübeln nur zu gern über etwas nach, wägen das Für und Wider gegeneinander ab, und die Wassermänner unter ihnen haben oft Ideen, mit denen sie ihrer Zeit weit voraus sind.

Die Luftzeichen sind Menschen, die andere Menschen brauchen; sie halten sich gern in anregender Gesellschaft auf, schließen leicht neue Freundschaften, führen ein bewegtes, geselliges Leben und teilen natürlich ihre Gedanken und Vorstellungen äußerst gern anderen mit. Das gilt besonders für die Zwillinge, die erwarten, daß man über Hunderte von verschiedenen Themen wie aus der Pistole geschossen diskutieren will und kann.

Von Luftzeichen könnte man den Eindruck gewinnen, daß es ihnen schwerfällt, sich an einen einzigen Menschen zu binden – was jedoch im Fall der Waage (dem siebten Zeichen des Tierkreises, das für Partnerschaft steht) nicht immer zutrifft. Wer ein Luftzeichen als Traumpartner erwählt, mag vielleicht das Gefühl haben, seine Liebe werde nicht genügend erwidert und der Partner habe manchmal eine kühle, distanzierte Einstellung zur Liebe. Irgendwie fällt es Luftzeichen schwerer als anderen, ihre Gefühle auszudrücken. Darüber zu reden ist eine Sache für sich, aber wenn es ans Eingemachte geht, scheinen sie sich oft zu scheuen, sich gehenzulassen und sich körperlich auszuleben.

Es gibt natürlich heiße und kalte Luft. Außerdem ist sie dauernd in Bewegung. Und nur weil die Luftzeichen Sie nicht gerade mit Liebesbeteuerungen überhäufen, heißt das noch lange nicht, daß sie sich wenig aus Ihnen machen. Sie sehen die Dinge eben anders, wofür Sie, wenn Sie selbst ein Luftzeichen sind, natürlich viel eher Verständnis aufbringen. Wenn Sie das nicht sind, sollten Sie sich nicht vor den Kopf gestoßen fühlen: Jede besondere Anstrengung, die Sie für diese Zeichen auf sich nehmen, lohnt die Mühe.

Was erwartet Sie mit einem Wasserzeichen (Krebs, Skorpion und Fische)?

Mit einem Traumpartner, der in einem Wasserzeichen geboren ist, wird Ihr Leben sicher nicht arm an Romantik sein. Die Wasserzeichen sind warmherzig, gefühlvoll, empfindsam, einfühlsam, verständnisvoll, mitfühlend und sehr einfallsreich – im Fall Skorpion außerdem auch äußerst sexy.

Wahrscheinlich kennen wir alle Krebse, deren Stimmungen uns wahnsinnig machen, und Fische, die so unpraktisch sind, daß man ab und zu die Rechnung dafür zu bezahlen hat. Doch obwohl die Wasserzeichen im allgemeinen nicht besonders geschickt veranlagt sind, gibt es viele Krebse und Skorpione, die ausgezeichnete Geschäftsleute sind.

Ein im Element Wasser geborener Traumpartner hebt Sie in den siebten Himmel der Gefühle empor, vor allem wenn Sie selbst von Emotionen überfließen. Da aber alle diese Zeichen hochempfindlich sind, kann es nicht ausbleiben, daß ihre Seligkeit plötzlich umschlägt. Es ist, als werde ihre Persönlichkeit von einer negativen Aura umwölkt, und nichts, was Sie dann sagen oder tun, vermag sie davon zu befreien.

Menschen, die in diesem Element geboren sind, fällt es häufig schwer, ihre innere Zuversicht aufrechtzuerhalten, und sie haben daher mehr als jedes andere Zeichen Aufmunterung nötig. Denken Sie daran, daß das Wasser ja auch immer in Bewegung ist. Wie bei den Gezeiten muß es auch bei den Wasserzeichen Ebbe und Flut geben. Wenn Sie also einen absolut beständigen, zuverlässigen Traumpartner suchen, dessen Stimmung jahraus, jahrein unverändert bleibt, sollten Sie ihn oder sie lieber aus einem anderen Element wählen.

Haben Sie aber selbst schon längere Zeit Ihre eigenen kleinen Luftschlösser gebaut und sich gefragt, ob Sie denn nicht endlich jemanden kennenlernen könnten, der so wie Sie an die romantische Liebe glaubt, dann gibt es für Sie nichts Besseres, als an einen Krebs-, Skorpion- oder Fische-Partner zu geraten. Diese empfinden zweifellos ganz ähnlich wie Sie, und es ist nicht ausgeschlossen, daß sie, bevor Sie ihnen begegnet sind, auch ebensooft enttäuscht worden sind wie Sie.

Die Wasserzeichen sind vielleicht nicht so leidenschaftlich und eigensinnig wie die Feuerzeichen, doch wenn sie sich verlieben, dann tun sie es gründlich und ernsthaft. Sie wünschen sich das dauerhafte Glück bis an ihr Lebensende, jemanden, der ihre Träume wahr macht und der sie niemals im Stich läßt. Übrigens sind sie, wenn sie im Zeichen des Skorpions geboren sind, unglaublich eifersüchtig auf alles, was Sie früher erlebt haben, ganz zu schweigen von dem, was Sie im Augenblick tun.

Es ist sicher nicht immer einfach, die eigene Persönlichkeit auf die eines Wasserzeichens abzustimmen, insbesondere wenn man selbst viel feuriger ist. Doch lohnt sich auf jeden Fall der Versuch, da wesentlich mehr dabei herauskommen kann, als Sie sich in Ihren kühnsten Träumen vorgestellt haben.

Hüten Sie sich aber davor, jemals die Illusionen eines Wassergeborenen zu zerstören. Wenn Sie nur auf ein flüchtiges Liebesabenteuer aus sind, ist er ohnehin nicht der richtige Partner für Sie. Sogar der Skorpion, das Sexsymbol des Tierkreises, will im Innern letztlich mehr als nur das.

Selbsterkenntnis ist der beste Weg zum anderen

Natürlich haben wir alle – angefangen vom Widder bis zum Fisch – unsere guten Eigenschaften, aber wir sollten auch so ehrlich sein, unsere verschiedenen Schwächen zuzugeben. Nirgends tritt das deutlicher in Erscheinung, als wenn es um die große Kunst geht, jemanden zu bezaubern. Viele Menschen sind vom Objekt ihrer Leidenschaft geradezu besessen und so darauf fixiert, daß sie kaum merken, ob ihre Gefühle erwidert werden oder nicht. Ein anderes großes Problem für manche ist die Eifersucht, die ihr häßliches Haupt immer wieder zu erheben droht.

Sollten wir deshalb nicht alles versuchen, mehr über uns selbst zu erfahren? Herauszufinden, wie wir uns im günstigsten Licht zeigen können, damit sich unser sehnlichster Wunsch – den idealen Traumpartner zu finden – erfüllen kann? Aber auch die Probleme gilt es zu erkennen, die sich mit größter Wahrscheinlichkeit einstellen werden, wenn wir nicht bereit sind, unsere »negativen« Eigenschaften unter Kontrolle zu halten.

Der Widder und sein Verhältnis zu den anderen Zeichen

Da Sie im Herrschaftsbereich des feurigen Mars geboren sind – vergessen Sie nicht, daß er der Kriegsgott ist –, stürzen Sie sich oft Hals über Kopf in ein Liebesabenteuer, als ginge es in eine Schlacht. Liebe aber erfordert ein anderes Vorgehen – und genau diese Tatsache könnte Sie zu Fall bringen.

Das Leben braucht nicht ein ewiges Schlachtfeld zu sein, nur weil man nun mal die Herausforderung liebt. Versucht man das allerdings einem typischen Widder zu erklären, wird man völlig verdutzte Blicke ernten und zu hören bekommen, er verstehe überhaupt nicht, wovon eigentlich die Rede sei. Ich weiß, daß das stimmt. Ich bin selbst ein Widder.

Ihr astrologisches »Wappentier« ist der Widder. Und der hat Hörner! Lassen Sie sich gesagt sein, daß es keine schlechte Idee ist, diese Hörner von Zeit zu Zeit zu verbergen, besonders wenn Sie sich in einen Traumpartner verliebt haben, den Ihre begeisterte, oft aber höchst bedrängende »Na-komm-schon«-Art nur verstört. Manchmal artet das sogar regelrecht in Aggressivität aus.

Als Widder verfügen Sie über unerschöpfliche Energie und eine Lebensbejahung, mit deren Hilfe Sie auch schlimmste Tiefschläge scheinbar mühelos wegstecken können. Sie sind wirklich nicht kleinzukriegen und haben dazu noch Humor, was es Ihnen leichter macht, andere Menschen auf Ihre Seite zu ziehen. Ihre positive Einstellung zum Leben ist sicherlich ein klarer Vorteil. Sind Sie jedoch ein ganz typischer impulsiver Widder, haben Sie vermutlich längst festgestellt, daß Sie sich immer wieder neu verlieben. Und jedesmal von neuem denken, diesmal sei es nun ganz bestimmt der oder die Richtige. Wenn dies der Fall ist, sollten Sie lernen, daß Liebe wachsen und sich vertiefen muß, wenn sie Bestand haben soll. Ihr großes Problem ist, daß eine Beziehung Sie nur zu oft zu langweilen beginnt, sobald der erste Reiz verflogen ist. Außerdem kann Ihre totale Unfähigkeit, auf etwas zu warten, einem den letzten Nerv töten. Es ist deshalb höchste Zeit, daß Sie endlich lernen, Ihre Ungeduld zu zügeln. Was sich zu besitzen lohnt, ist meist auch wert, daß man darauf wartet.

Als höchst emotionales und leidenschaftliches Sternzeichen bedürfen Sie der Herausforderung durch einen ebenso leidenschaftlichen und starken Partner, der sich niemals scheut, seine Gefühle zu zeigen, und der im Herzen ein echter Romantiker ist. Mögliche Traumpartner fühlen sich oft von Ihrer Stärke angezogen, unter der Oberfläche aber sind Sie verletzlich, obwohl Sie das möglichst zu überspielen versuchen.

Wahrscheinlich sind Sie so, wie Sie sind, mit sich zufrieden und absolut nicht darauf aus, auch nur ein Jota an Ihrer Persönlichkeit zu verändern. Ich rate Ihnen aber dennoch, ein Weniges zu tun: Nehmen Sie den Fuß etwas vom Gaspedal, und bemühen Sie sich, den Wert der Geduld verstehen zu lernen – und halten Sie sich etwas zurück mit allzu persönlichen Informationen, wenigstens bis Sie Ihren Traumpartner besser kennen. Das wird Sie in seinen Augen um vieles interessanter machen.

Widder und Widder
Eine höchst dynamische Verbindung. Mag es auch zu Kämpfen kommen – wie Sie sie austragen und beilegen, ist wundervoll. Sie stellen sich beide der Herausforderung, die Leidenschaft in einer Beziehung voll und ganz lebendig zu erhalten.

Widder und Stier
Die geballte Sinnlichkeit des Stiers jagt Ihnen wahre Schauer über den Rücken. Der Stier ist ein herrlicher Freund und so beständig wie ein Fels. Wenn Sie auf besonders heftige Erregung erpicht sind, müssen Sie unbedingt Ihre Ungeduld zügeln. Dann werden Sie sehen, daß ein Stier Ihnen bieten kann, was immer Sie sich wünschen – aber alles zu seiner Zeit.

Widder und Zwillinge
Diese Verbindung bietet Gewähr für geistige Anregung, für immerwährende Herausforderung und Leidenschaft. Sollte Ihr Zwilling zuweilen für Ihren Geschmack zuviel flirten, liegt es an Ihnen, ihn so zu faszinieren, daß er das fortan nur noch mit Ihnen tut.

Widder und Krebs
In sanftere Bahnen gelenktes Glück, sofern der Mond den Krebs nicht gerade launisch macht. Wenn Sie merken, daß Sie mit Ihrer Flatterhaftigkeit dem empfindlichen Krebs zuviel zumuten, liegt es bei Ihnen, etwas beständiger zu werden.

Widder und Löwe
Zwischen diesen beiden Zeichen kann es zum Kampf bis aufs Messer darum kommen, wer denn nun der Boß ist. Sie sollten alles über den Stolz des Löwen und sein Bedürfnis, im Rampen-

licht zu stehen, wissen. Dann verletzt es Sie nicht zu sehr, wenn Sie ab und zu die zweite Geige spielen müssen.

Widder und Jungfrau
Wenn Sie damit leben können, daß Ihre Jungfrau alles unglaublich gut im Griff hat und manches an Ihnen kritisch beurteilen wird, ist nichts dagegen zu sagen, daß Sie mit ihr ein neues Leben anfangen – besonders da die sexuelle Potenz der Jungfrau mit der Ihren durchaus Schritt halten kann.

Widder und Waage
Eine äußerst gelungene Verbindung von lauter Gegensätzen, der perfekte Drahtseilakt voller Romantik und Leidenschaft. Allerdings müssen Sie jede in diesem Buch beschriebene List einsetzen, um Ihre Waage davon zu überzeugen, daß Sie wirklich der ideale Partner für sie sind.

Widder und Skorpion
In dieser Beziehung wird Sex sicherlich eine große Rolle spielen, und wenn Sie sich vor dem »Stachel« des Skorpions fürchten, sollten Sie dem Skorpion-Traumpartner auf keinen Fall Anlaß bieten, Ihnen zu mißtrauen.

Widder und Schütze
Zwei freiheitsliebende Seelen vereint! Da aber der Schütze es noch mehr haßt als Sie, wenn er eingeengt wird, dürfen Sie anfangs die Leine nicht zu kurz halten, auch wenn dieser Traumpartner Ihr Herz schon erobert hat.

Widder und Steinbock
Es liegt ganz an Ihnen, ob Sie den etwas gesetzten und eher materialistischen Steinbock davon überzeugen können, daß Sie nicht bloß ein extravertierter Spaßvogel sind, der ewig auf Achse ist. Die Verbindung ist übrigens eine großartige Grundlage für eine Geschäftspartnerschaft, aus der sich dann durchaus eine warmherzige, liebevolle Beziehung entwickeln kann.

Widder und Wassermann
Die Unberechenbarkeit des Wassermanns wird Sie mit Sicherheit faszinieren. Wenn Sie zur Befriedigung Ihrer feurigen Wünsche einen Liebhaber vorziehen, der seine Gefühle deutlicher zeigt, müssen selbst Sie sich etwas zurückhaltender geben.

Widder und Fische
Eine echte Romanze ist prachtvoll, doch denken Sie daran, daß sich auf die Dauer in Luftschlössern nicht leben läßt. Ein Fisch könnte der ideale Partner sein, doch müssen Sie sich beide mehr der praktischen Seite des Lebens zuwenden, wenn Ihre Liebe Bestand haben soll.

Der Stier und sein Verhältnis zu den anderen Zeichen

Vielleicht wissen Sie gar nicht, wie glücklich Sie sind: Ihr beherrschender Planet ist Venus, die Göttin der Liebe, und wahrscheinlich haben Sie von Natur aus schon all deren weibliche Listen mitbekommen.

Langsamer, bedächtiger Stier! Sie mögen im Inneren von Leidenschaft verzehrt werden, doch ungleich dem stürmischen Widder schätzen Sie die Dinge erst einmal lieber in Ruhe ab, planen, wie Sie vorgehen wollen, und lassen sich dann erst auf eine Sache ein. Aber Vorsicht: Es kann geschehen, daß Sie zu lange warten und daß Ihnen ein anderer zuvorkommt.

Als typischer Stier sind Sie natürlich höchstwahrscheinlich ganz auf Ihre Lebensweise eingeschworen, und es schmeckt Ihnen gar nicht, wenn jemand von Ihnen verlangt, daran etwas zu ändern. Sie bekommen dann den nur zu bekannten halsstarrigen Blick, Ihre Füße scheinen sich noch fester in die Erde einzugraben, und Sie rühren sich nicht vom Fleck. Gut, das ist Ihre Sache, nur brauchen Sie sich dann auch nicht zu wundern, wenn sich Ihr Traumpartner einem anderen in die Arme wirft.

Und noch etwas: Versuchen Sie, nicht mehr ganz so schnell einzuschnappen. Sie gelten zwar im allgemeinen für humorvoll, aber ich möchte den Stier sehen, der über sich selbst lachen kann, wenn in seiner Romanze nicht alles reibungslos läuft. Sie sind manchmal wirklich ein wenig zu schwerfällig und können mit Ihrer Starrköpfigkeit und Sturheit jemanden ganz schön vor den Kopf stoßen – zumindest wenn Sie einen schlechten Tag erwischt haben. Bemühen Sie sich, Ihre finstere Miene etwas aufzuheitern, und laufen Sie nicht herum, als ob Ihnen gerade der Himmel auf den Kopf fiele.

Auch wenn Sie ernsthafte Gedanken im Kopf herumwälzen und ernstzunehmende Lebensziele verfolgen, dürfen Sie ruhig auch ab und zu unbeschwert sein.

Niemand erwartet von Ihnen, daß Sie ein ungebundenes Leben führen. Aber vielleicht sollten Sie nicht jede Kleinigkeit so schrecklich wichtig nehmen. Auch kann Ihre unglaubliche Eifersucht Ihren Traumpartner zum Wahnsinn treiben. Sie übertreffen darin manchmal sogar das Ihnen entgegengesetzte Sternzeichen, den Skorpion – und das dann auch noch mit entsetzlichem Starrsinn.

Wer bislang nur Krebse für launisch gehalten hat, mag von Ihnen ganz schön schockiert sein. Wenn Sie einmal an diesem Punkt angekommen sind, sollte man Ihnen aus dem Weg gehen – und sich hüten, ein rotes Tuch vor Ihnen zu schwenken.

Aber haben Sie sich einmal entschlossen, den Traumpartner Ihrer Wahl zu erobern, dann verfolgen Sie Ihr Ziel konsequent. Und da Sie intelligent sind, werden Sie zuerst alles über sie oder ihn in Erfahrung bringen, bevor Sie sich in Bewegung setzen. Vergessen Sie aber nicht, daß zu langes Zögern zu einer Katastrophe führen kann.

Sie wissen zwar, daß niemand einen Liebhaber mag, der sich mit seiner sexuellen Potenz brüstet, aber Sie wissen auch, daß Ihre Sinnlichkeit Ihren Partner ganz schön mitreißt. In mancher Hinsicht mögen Sie ja konservativ sein, doch im Bett sind sie kühn und in kalten Winternächten herrlich kuschelig.

Lauern Sie also nicht weiterhin versteckt darauf, den Blick Ihres Traumpartners auf sich zu ziehen. Stellen Sie sich in die vorderste Linie, und ergreifen Sie die Initiative. Sie werden es nicht bereuen.

Stier und Widder
Dieser vom Mars beherrschte Liebhaber bringt Aufregung in Ihr Leben. Stellen Sie sich darauf ein. Bleiben Sie niemals hinter ihm zurück, weil sonst das Interesse Ihres Traumpartners schwindet.

Stier und Stier
Eine Vereinigung zweier störrischer, sinnlicher Genüßlinge, doch kann daraus eine vollkommene Beziehung entstehen, wenn beide loyal, verläßlich und nicht ganz so stur sind, wie man Stieren sonst nachsagt.

Stier und Zwillinge
Reden, reden, nichts als reden – dabei kann selbst dem ausdauerndsten Stier der Geduldsfaden reißen, denn er will ja auch mal etwas tun. Zeigen Sie Ihrem Zwillinge-Traumpartner, daß ein bißchen mehr Sinnlichkeit sensationelle Auswirkungen haben kann.

Stier und Krebs
Dies ist eine Verbindung von zwei häuslichen Liebhabern, die es gern gemütlich haben und sich freuen, in kalten Winternächten liebevoll zusammenzukriechen. Sollte Ihr Krebs sich in einem seiner Tiefs befinden, brauchen Sie dafür wahrscheinlich etwas freundliche Überredungskunst.

Stier und Löwe
Achten Sie darauf, daß der Stolz des Löwen nie verletzt wird und daß die Sturheit Ihrer Stierseele keine Barriere zwischen Ihnen aufrichtet. Bemühen Sie sich daher, in einem Streit auch mal auf liebenswürdige Art nachzugeben.

Stier und Jungfrau

Dieses Zusammenspiel klappt mit Sicherheit hervorragend, denn die Jungfrau ist absolut perfekt und läßt sich leicht von Ihnen bezaubern. Zeigen Sie Ihr Können, indem Sie die Verspannungen der Jungfrau nach einem ihrer harten Arbeitstage durch lindernde, sinnliche Massage lösen.

Stier und Waage

Beide Sternzeichen werden von Venus beherrscht, und Leidenschaft ist daher im Überfluß vorhanden. Wenn der Zauber einer Waage Ihr Herz gefangenhält, sollten Sie vermeiden, Ihrem Traumliebhaber auf die Nerven zu gehen, indem Sie zu stur auf Ihren Forderungen beharren.

Stier und Skorpion

Ein Beispiel für das Sprichwort »Gegensätze ziehen sich an«. Da diese Verbindung am Anfang jedoch häufig auf rein körperlicher Anziehung beruhen kann, müssen Sie mit der Zeit deutlich machen, daß Sie noch mehr zu geben haben.

Stier und Schütze

Selbst einem wild entschlossenen Stier fällt es schwer, einen Schützen längerfristig festzunageln. Am ehesten gelingt es, wenn Sie ihm das Gefühl geben, frei wie ein Vogel zu sein, und die eifersüchtigen Regungen, die in Ihrem Innern schlummern, so tief wie möglich schlafen zu lassen.

Stier und Steinbock

Im Grunde streben Sie beide eine sichere, verläßliche Beziehung an, die am liebsten ewig dauern soll. Wenn Ihr Steinbock nicht so sehr auf Sexualität erpicht ist wie Sie: Warum zeigen Sie diesem Traumpartner nicht nach und nach, welch eine Himmelsmacht der Sex sein kann?

Stier und Wassermann

Sie sind bedächtig und verläßlich, doch der Wassermann zieht ein bewegteres Leben vor. Fädeln Sie Ihr Spiel deshalb geschickt ein. Zeigen Sie diesem Traumpartner, daß er oder sie körperlich nicht mehr ohne Sie auskommen, sich aber innerlich völlig frei fühlen kann.

Stier und Fische
Sie sind beide romantisch veranlagt, doch ist es Ihre Aufgabe, diesen Traumpartner davon zu überzeugen, daß keiner von Ihnen allein vom Träumen leben und daß etwas mehr Sinn fürs Praktische Ihre Beziehung noch erfüllter machen kann.

Der Zwilling und sein Verhältnis zu den anderen Zeichen

Dies, das und jenes; reden, reden, reden! Haben Sie für einen Traumpartner überhaupt Zeit? Und wenn ja, wird es Ihnen gelingen, ihn oder sie davon zu überzeugen, daß Sie sich ernstlich bemühen wollen, eine Beziehung auch wirklich zu pflegen?

Da für Sie Abwechslung die Würze des Lebens und Stillsitzen reine Zeitverschwendung ist, können Sie sich selbst auf die Prioritäten nur mit Mühe konzentrieren – geschweige denn auf irgend etwas anderes.

Um in einem günstigen Licht zu erscheinen, brauchen Sie gewiß nicht zu lernen, mit Leuten besser klarzukommen – darin sind Sie ja ohnehin kaum zu übertreffen. Nein, Sie müssen die anderen vielmehr davon überzeugen, daß Ihr Ruf, wankelmütig und flatterhaft zu sein, zu Unrecht besteht, und daß, wenn Sie Ihr Herz einmal wirklich verschenken, Sie dann auch dazu stehen können.

Täuschen Sie sich aber *niemals* darüber hinweg, daß Sie mehr als jedes andere Zeichen in einer Liebesbeziehung viel geistige Anregung brauchen. Sexuelle Harmonie ist sicher auch wichtig, doch verliert jede sexuelle Erfüllung für Sie allmählich ihren Reiz, wenn Sie mit Ihrem Partner über nichts sprechen können.

Sie stehen unter dem Einfluß von Merkur, dem Planeten des geistigen Austausches, und solange es noch genügend Zwillinge auf der Welt gibt, wird die Kunst des Gesprächs nicht aussterben. Das ist auch alles schön und gut, aber denken Sie daran, daß jeder, der sich auf Sie einläßt, mehr von Ihnen erwartet als nur interessante Gespräche. Nur dann wird Ihre Liebesbeziehung erfolgreich sein.

Bei aller Kommunikationsfreudigkeit neigen Sie dazu, sich zu verschließen, sowie Ihnen jemand zu nahe kommt. Warum enthüllen Sie nicht ein bißchen mehr von sich – im übertragenen Sinn natürlich. Sind Sie nicht zu sehr darauf aus, alles an der Oberfläche zu halten? Dann dürfen Sie sich auch nicht wundern, wenn Ihr Traumpartner manchmal glaubt, Sie könnten nur reden, aber nicht handeln.

Sie müssen damit rechnen, daß Ihnen der Ruf vorauseilt, flatterhaft zu sein, und daß daher einige Mühen erforderlich sein können, bevor Sie als ebenso loyal, liebevoll und verläßlich betrachtet werden wie Vertreter weniger redseliger Sternzeichen.

Vielleicht ist dies auch der richtige Augenblick, Ihnen zu sagen, daß Ihr ständiges Reden furchtbar ermüdend sein kann und es an der Zeit wäre, sich vorzunehmen, von nun an ein aufmerksamer *Zuhörer* zu sein – wenigstens ab und an. Mit ihrem starken Hang zu Geselligkeit und Ihrem unvergeßlichen Charme sind Sie gut dran, doch werden Sie mit Sicherheit noch glücklicher, wenn Sie auch die ruhigen, intimen Augenblicke genießen lernen.

Zwillinge und Widder
Es beginnt als grandioser Flirt, als ungestümer Zusammenstoß. Bei diesem Traumpartner könnte es Ihnen im Bett leicht die Sprache verschlagen. Seien Sie daher auf der Hut, und fordern Sie den Zorn des Widders nicht heraus.

Zwillinge und Stier
Im Stier haben Sie mit Sicherheit einen aufmerksamen Zuhörer, aber auch einen sinnlichen Partner. Sprechen Sie daher keinen anderen an, bevor Sie dem Stier-Traumpartner eine Chance gegeben haben.

Zwillinge und Zwillinge
Dies ist vermutlich die vollkommenste Seelenverwandtschaft, die Sie überhaupt finden können. Von morgens bis abends wird Ihnen der Gesprächsstoff nicht ausgehen, und Sie haben außerdem noch die Befriedigung, daß Sie sich in den meisten Dingen einig sind. Im übrigen mag es eine willkommene Herausforderung sein, herauszufinden, wer wen im Flirten aussticht . . .

Zwillinge und Krebs
Dieser häusliche Traumpartner wird Ihnen manchen gemütlichen Abend am Kamin schenken. Wenn Sie diese Liebe erhalten wollen, müssen Sie Ihre gesellschaftlichen Aktivitäten allerdings etwas einschränken.

Zwillinge und Löwe
Wenn Sie Ihren Löwen ausdauernd umschmeicheln, haben Sie ihn im Netz. Er läßt es sich sogar gefallen, wenn Sie etwas fremdflirten – solange er sicher sein kann, daß Ihre eigentliche Liebe ihm gehört. Und sicherlich wird Ihnen mit einem Löwen nie der Gesprächsstoff ausgehen.

Zwillinge und Jungfrau
Beide Sternzeichen werden von Merkur regiert, aber damit endet auch oft schon alles Gemeinsame zwischen ihnen. Lassen Sie sich aber von der ewigen Sorge und Unruhe der Jungfrau nicht zu schnell abschrecken. Wenn Sie durchhalten, können sie miteinander zu einer sehr schönen Beziehung kommen.

Zwillinge und Waage
Die Waage ist das Sternzeichen der Partnerschaft und strebt eine dauerhafte Beziehung an. Versagen Sie sich daher das Naschen aus fremden Töpfen endgültig. Wenn Sie es fertigbringen, häuslich zu werden, erleben Sie mit diesem Sternzeichen alle Romantik, die man sich erträumen kann.

Zwillinge und Skorpion

Dies ist in mehr als einer Hinsicht eine höchst anregende Herausforderung für Sie. Wenn Sie Ihren Redefluß lange genug im Zaum halten können, merken Sie schon bald, daß Sie das leidenschaftlichste Sternzeichen weit und breit kennengelernt haben. Doch ist jegliches Flirten mit anderen tabu.

Zwillinge und Schütze

Obwohl Sie Gegensätze sind, haben Sie doch zumindest eines gemeinsam: Sie haben beide Angst davor, sich ganz hinzugeben. Diese Beziehung kann aber so viel Spaß machen, daß es sich durchaus lohnt, sie besonders zu pflegen.

Zwillinge und Steinbock

Der Steinbock ist in vieler Hinsicht sehr ehrgeizig. Diese Beziehung ist daher eine echte Herausforderung, denn der Steinbock ist auf ein stabiles, geordnetes Leben aus, während Sie gern wie ein Schmetterling umherflattern. Bessern Sie Ihr Image auf, denn es lohnt sich, bei einem Steinbock auszuharren.

Zwillinge und Wassermann

Der Wassermann zieht Sie nicht nur geistig an, sondern kann Sie meist auch im Bett zufriedenstellen. Das Leben mit ihm kann lustig und spannend sein, und Sie haben es in der Hand, daß es auch so bleibt und nicht in Routine erstarrt.

Zwillinge und Fische

Sie sind zu sehr mit dem Alltäglichen beschäftigt, als daß Sie sich romantischen Träumen über kommende Zeiten hingeben könnten. Doch warum bringen Sie Ihrem Fische-Traumpartner nicht etwas mehr Sinn für die Realität bei? Das romantische Glück braucht dabei ja nicht auf der Strecke zu bleiben.

Der Krebs und sein Verhältnis zu den anderen Zeichen

Für Sie ist es völlig natürlich, daß ein wenig Mondsüchtigkeit einfach zum Leben gehört, und Sie können sich nicht vorstellen, daß irgendein Traumpartner Ihrem Zauber widerstehen kann, weil Sie ja so sensibel und romantisch veranlagt sind.

Doch halt! Sie vergessen dabei die Tatsache, daß man Sie im allgemeinen für launisch hält und der Meinung ist, Sie verkröchen sich einfach in Ihrer Schale, wenn Sie mit einem Problem nicht konfrontiert werden wollen. Sie vergessen auch nur zu gern, daß Sie manchmal die Menschen, die Sie lieben, förmlich umklammern und überbeschützen wollen und daß Sie, wenn Sie richtig schlecht gelaunt sind, eine entsetzliche Nervensäge sind.

Den Mond, unter dessen Herrschaft Sie stehen, dafür verantwortlich zu machen, bringt Sie nicht weiter. Diese Entschuldigung für Ihre wechselnden Launen kennt man zur Genüge. Nebenbei gesagt: Nicht jeder Krebs gibt diesen schlechten Launen nach. Wenn Sie wirklich wollen, können Sie sie durchaus unter Kontrolle halten. Sollten Sie einen Traumpartner erobern wollen, dem jede Art von negativem Denken zuwider ist, müssen Sie Ihr Verhalten ändern, und zwar schleunigst.

Sie haben natürlich auch viel Liebenswertes an sich. Wenn Sie sich verlieben, sind Sie zu allem bereit, um Ihren Partner glücklich und zufrieden zu machen. Der Krebs ist zweifellos das häuslichste Zeichen des Tierkreises, und männliche wie weibliche Krebse bereiten ihren Gefährten gern ein gemütliches Zuhause.

Sie sind ein Sternzeichen, das nach Sicherheit strebt. Sie sparen für schlechte Zeiten – deren Eintreffen Sie mit Sicherheit erwarten –, und Sie sind im allgemeinen nicht flatterhaft – es sei denn, Ihr Aszendent ist Zwillinge.

Da Sie grenzenlos sentimental sind, bringen Sie es nicht fertig, Liebesbriefe oder kleine Geschenke, die Sie an Vergangenes erinnern, wegzuwerfen. Doch nehmen Sie sich in acht: Sollten Sie es einmal mit einem richtig eifersüchtigen Traumpartner zu tun bekommen, könnte Ihnen das überflüssige Schwierigkeiten eintragen.

Erhalten Sie sich Ihre zärtliche und liebevolle Wesensart, denn sie ist in unserer herzlosen Welt eine wahre Wohltat. Vergessen Sie aber nicht, daß Ihre Gefühle leicht verletzt werden können. Es kann geschehen, daß Sie sich aus lauter Mitgefühl mit der falschen Person einlassen – und sei es aus der Überzeugung, daß Sie als einziger oder einzige imstande sind, sie auf ihre früheren Verirrungen aufmerksam zu machen und auf einen weitaus glücklicheren Weg zu führen.

Zu viele Krebse sind versucht, Vater, Mutter und Liebhaber in einer Person zu sein. Das kann leicht ins Auge gehen, und sie bleiben allein und verlassen zurück.

Sie brauchen jemanden, der Ihnen im Bett und auch sonst gewachsen ist, einen Partner, der genausoviel tragen kann wie Sie, wenn etwas danebengeht, und der Sie an Tagen, an denen es Ihnen schlechtgeht, aufheitern kann. Dafür sind Sie der vollkommene und treue Traumpartner.

Krebs und Widder
Machen Sie sich auf alle Fälle auf einen umwerfenden Liebhaber gefaßt! Sie ziehen es zwar im allgemeinen vor, wenn eine Beziehung sich langsam entwickelt, und halten allzu stürmische Leidenschaft eher für bedrohlich als für erregend, aber dennoch kann diese Verbindung auch für Sie sehr anregend sein.

Krebs und Stier
Eine rundum angenehme, warmherzige Beziehung. Sie können einander köstliche Mahlzeiten mit aller Art herrlich berauschender Zutaten zubereiten, die sie füreinander noch begehrenswerter machen.

Krebs und Zwillinge
Die Reden des Zwillings hören sich so gut an, daß Sie sich fast vorkommen, als seien Sie das große Los. Ziehen Sie sich also bitte nicht gleich schmollend zurück, nur weil Ihr Zwillinge-Traumpartner mal mit einer alten Liebe flirtet.

Krebs und Krebs
Endlich wahres häusliches Glück! Sie haben ein unglaubliches Gespür füreinander und verbringen daher manch gemütliche Nacht zu Hause in den Armen des Partners, um sich vor der feindlichen Außenwelt zu schützen. Achten Sie aber auf die Mondphasen, damit Sie wissen, wann Sie beim anderen mit Launen rechnen müssen.

Krebs und Löwe
Auch wenn Sie sich noch so gern verlieben möchten – und der Löwe fordert dies geradezu –, sollten Sie sich davor hüten, daß die Eitelkeit des Löwen zuviel für Sie wird. Sie können übrigens genauso herrschsüchtig sein wie der Löwe, wenn Ihnen dieser Traumpartner zu weit zu gehen scheint.

Krebs und Jungfrau
Nur weil Sie so weich und sensibel sind, sollten Sie auf die etwas naßforsche Art der Jungfrau nicht zu empfindlich reagieren. Und auch wenn Sie schlecht gelaunt sind, einer Jungfrau können Sie nicht vorwerfen, daß sie zu Unrecht an Ihnen herumkrittelt. Sie müssen beide versuchen, etwas mehr Verständnis füreinander aufzubringen.

Krebs und Waage
Diesem Paar kann großes romantisches Glück winken, doch muß sich der Krebs die richtige Taktik einfallen lassen, um an die unentschlossene Waage heranzukommen und sie zu überzeugen, daß er oder sie der vollkommene Traumpartner ist, und zwar bevor zuviel Zeit verstrichen ist.

Krebs und Skorpion
Die sexuelle Seite einer Beziehung wird bei dieser Verbindung sicher sehr leidenschaftlich sein, doch das gegenseitige Geben und Nehmen muß in der Balance bleiben. Wie Sie wissen, ist der Skorpion furchtbar eifersüchtig, und Sie können sehr besitzergreifend sein. Hüten Sie sich davor, den Stachel der Eifersucht des Skorpions hervorzulocken.

Krebs und Schütze
Lassen Sie sich nicht von dem Gedanken beeinflussen, der Schütze könnte zu freiheitsliebend und leichtlebig sein, um Ihren sehnlichsten Wunsch – aus dem Traumpartner den Traumehepartner fürs Leben zu machen – zu erfüllen. Selbst der Schütze-Traumpartner läßt sich von der richtigen Person zähmen. Und warum sollten nicht *Sie* das sein?

Krebs und Steinbock
Diese beiden auf Sicherheit bedachten Gegensätze können dann gut miteinander auskommen, wenn Sie zu den Gefühlen vordringen, die der Steinbock so tief in sich zu vergraben pflegt.

Krebs und Wassermann
Obwohl Sie vielleicht der Ansicht sind, daß es ratsam ist, einen guten Freund einem unberechenbaren und unkonventionellen Liebhaber vorzuziehen, sollten Sie nicht übersehen, daß die Liebe selbst jemanden, der so kühl und distanziert ist wie ein Wassermann, ändern kann.

Krebs und Fische
Bestünde das Leben nur aus dem gemeinsamen Betrachten von Sonnenuntergängen, könnten Sie keinen besseren Partner für Ihre Seele finden, aber keiner kann von Luft und Liebe allein leben. Versuchen Sie Ihren Fische-Traumpartner deshalb davon zu überzeugen, daß Sie genügend praktischen Sinn für zwei haben – Sie müssen das dann natürlich auch unter Beweis stellen.

Der Löwe und sein Verhältnis zu den anderen Zeichen

Sie wissen genau, was für eine Himmelsmacht die Liebe ist. Aber Sie kriegen manchmal Schwierigkeiten, weil Sie so schrecklich überzeugt sind, Sie hätten ein Vorrecht darauf. *Sie bitten* nicht hoffnungsvoll um Zärtlichkeit und Bewunderung, nein, Sie *fordern* sie einfach – und das bringt Sie manchmal zu

Fall, besonders wenn Sie an einen anderen Löwen geraten, der sich genauso verhält.

Sie können zwar eine äußerst liebenswerte, zärtlich schnurrende Schmusekatze sein, sich aber auch nur zu schnell in einen reißenden Löwen verwandeln, mit dem absolut nicht zu spaßen ist. Manchmal tun Sie sich sehr schwer, einem andern die Führung zu überlassen, und dann wird's leider sehr, sehr langweilig.

Natürlich sind Sie der geborene Führer, und jeder weiß um Ihre charismatische Ausstrahlung: Sie sind ein wundervoller Gastgeber, ein erstaunlich warmherziger, großmütiger Freund und ein leidenschaftlicher, feuriger Liebhaber – doch das genügt noch lange nicht allen.

Sie brauchen nun deswegen nicht aus dem Rampenlicht zu treten – als ob Sie das überhaupt könnten! –, doch würden Sie etwas weniger Glanz durchaus überleben. Und es würde Ihnen auch nicht schlecht anstehen, mehr Komplimente auszuteilen, als sie immer nur einzuheimsen. Sie sollten außerdem nicht so verdammt selbstherrlich auftreten. Besonders weibliche Löwen können damit den Mann, den sie erobern wollen, leicht vor den Kopf stoßen.

Wenn Sie sich in einen ruhigen, ernsthaften, hart arbeitenden Traumpartner verlieben, sollten Sie insbesondere Ihre verschwenderische Ader zügeln. Natürlich möchten Sie den gerade erst eroberten Liebhaber beeindrucken – aber bitte nicht, indem Sie Ihr Konto überziehen. Gerade dem Löwen, der neu verliebt ist, passiert es im Überschwang der Gefühle nur zu leicht, daß er noch mehr Geld für die Garderobe ausgibt, das teuerste Parfüm oder Rasierwasser kauft und, noch bevor er den neuen Traumpartner richtig kennt, sogar aufwendige Geschenke macht. Ein Löwe und Bargeld trennen sich nur zu leicht voneinander. Davon könnte mancher Bankier oder Buchhalter ein Liedchen singen.

Die kraftvollen Strahlen der Sonne, unter deren Herrschaft Sie stehen, haben nicht wenig Einfluß auf Ihre geradezu umwerfend eindrucksvoll wirkende Persönlichkeit. Sie können so köstlich amüsant sein, Sie sind ein Mensch, der unermüdlich nach Vergnügungen sucht, aber auch genauso gern andern Vergnügen bereitet. Sie sollten einsehen, daß Ihre sonnige Art an sich schon ein Geschenk ist, ohne noch mehr auf die Tube zu drücken. In Ihrer Gesellschaft fühlen sich wirklich alle wohl – allerdings nur, solange Sie nicht anfangen zu kommandieren. Wundern Sie sich nicht, wenn sich die andern dann plötzlich mit Terminen entschuldigen, die sie unbedingt einhalten müssen. Löwe, es liegt an Ihnen! Geben Sie ruhig den Ton an, wenn Sie nicht anders können, aber wenden Sie sich nicht von denen ab, die zur Abwechslung mal *Ihnen* sagen, was Sie tun sollen – besonders wenn sie dabei auch noch recht haben!

Löwe und Widder
Sie sind selbstverständlich auch in dieser Verbindung in mancher Hinsicht der führende Teil, aber seien Sie nicht zu verblüfft, wenn der Widder mal den ersten Schritt tut. Bleiben Sie gelassen. Es schadet Ihnen nicht, auch einmal die zweite Geige zu spielen. Sie beide können ein sehr leidenschaftliches Paar werden.

Löwe und Stier
Körperlich harmonieren Sie sehr gut miteinander, und wenn Sie nach einer dauerhaften Beziehung Ausschau halten, kann diese Verbindung genau das Richtige sein. Helfen Sie Ihrem Stier-Traumpartner, etwas mehr Sinn für Humor zu entwickeln.

Löwe und Zwillinge
Ein Zwilling fühlt sich von Ihrer starken Ausstrahlung angezogen und weiß Ihnen die Komplimente zu machen, die Sie gern hören. Tun Sie ruhig dasselbe, denn hier haben Sie die Chance, die wirklich große Liebe zu erfahren.

Löwe und Krebs
Während Sie nur zu gern im Rampenlicht stehen, zieht der Krebs ruhige intime Abende zu Hause vor. Sie müssen sich daher etwas mehr auf Kompromisse einlassen und sollten sich

nicht anmerken lassen, daß Ihnen zu viel Gefühlsseligkeit manchmal auf die Nerven geht.

Löwe und Löwe
Verschwenden Sie nicht kostbare Zeit damit, daß Sie *beide* stets alle Aufmerksamkeit auf sich ziehen wollen. Zwei Löwen ergeben zusammen ein höchst dynamisches Gespann. Sie können eine herrliche Zeit miteinander verbringen, wenn Sie liebevoll zueinander sind. Hier geht es um Liebe im großen Stil. Genießen Sie das!

Löwe und Jungfrau
Ihre feurige Leidenschaft kann auf die Jungfrau abschreckend wirken. Bestürmen Sie sie deshalb zu Beginn nicht gleich allzu wild, denn die Jungfrau ist im allgemeinen unsicherer als Sie und ohnehin äußerst mißtrauisch.

Löwe und Waage
Die Waage ist mit Sicherheit ein aufregender Traumpartner und wird Sie mit ihrem Charme vom Fleck weg bezaubern. Und wenn Sie Glück haben, können Sie ihr mit Ihrer schwungvollen Einstellung zum Leben sogar helfen, ihre Unentschlossenheit zu überwinden.

Löwe und Skorpion
Wenn Sie das Sexsymbol des Tierkreiszeichens zähmen, erwartet Sie Erfreuliches. Doch bedenken Sie stets, daß Ihr Partner eifersüchtig ist und es überhaupt nicht mag, wenn Sie sich nach anderen umschauen – auch der kleinste Flirt ist für einen Skorpion schon zuviel.

Löwe und Schütze
Dies ist die perfekte Verbindung zweier Feuerzeichen. Wenn Sie aber unbedingt den Ton angeben wollen und der Schütze auf völliger Unabhängigkeit beharrt, müssen Sie schon Ihren ganzen Charme versprühen, um unwiderstehlich zu sein.

Löwe und Steinbock
Es wird Ihnen Spaß bereiten, diesen Arbeitssüchtigen zu kurieren. Es gilt allerdings die Verschwendungssucht, zu der Sie als Löwe nun mal neigen, im Zaum zu halten, falls Sie Ihr Herz an dieses recht materialistische und eher herkömmlichen Werten geneigte Sternzeichen verloren haben.

Löwe und Wassermann
Dieses freiheitsliebende Wesen ist das Ihnen entgegengesetzte Zeichen im Tierkreis. Zeitweilig klappt Ihr Zusammenspiel sicherlich hervorragend. Es ist aber unerläßlich, daß Sie Ihre Neigung, zu dominieren, beherrschen – sei's im Bett oder wo auch immer.

Löwe und Fische
Wenn Sie sich gern umschmeicheln lassen – und welcher Löwe tut das nicht –, paßt ein Fische- Traumpartner sehr gut zu Ihnen. Sie sollten aber beide unbedingt etwas sparsamer werden und sich auf die praktische Seite des Lebens genauso konzentrieren wie auf Ihre romantische Liebe.

Die Jungfrau und ihr Verhältnis zu den anderen Zeichen

Sie sind oft so selbstkritisch, daß Sie sich manchmal nicht einmal zutrauen, dem Traumpartner Ihrer Wahl auch nur nahe zu kommen. Und genau darin irren Sie. In der Liebe können Sie nämlich ebenso verführerisch sein wie jeder und jede andere, falls Sie es nur über sich bringen, sich nicht länger darum zu kümmern, was die Leute denken, wenn Sie sich einmal etwas gehenlassen.

Die Jungfrau ist das »Zeichen des Dienens«. Es ist aber an der Zeit, daß Sie sich *selbst* dienen und sich endlich ein bißchen verwöhnen. Sie scheinen mit der Sorge, was wohl als nächstes passieren kann, auf die Welt gekommen zu sein. Wenn Sie wollen, können Sie einen höchst geistreichen, trockenen Humor entwickeln. Warum geben Sie sich bloß meist viel zu kühl und beherrscht? Sie wissen doch, was für ein leidenschaftliches Herz hinter dieser kühlen Fassade brennen kann. Allerdings muß schon der oder die Richtige kommen, um Ihr Feuer zu entfachen.

Sie sind unglaublich wählerisch, und daran ist auch nichts auszusetzen, solange Sie es nicht zu weit treiben. Fällen Sie Ihr Urteil über einen Menschen nicht zu rasch, denn so hochentwickelt Ihre analytischen Fähigkeiten sind, kann doch auch Ihnen mal ein Irrtum unterlaufen.

Wenn Sie sich gegen jede auch noch so geringe Veränderung Ihrer Persönlichkeit sträuben, wird Ihnen viel entgehen, besonders wenn Sie mit Ihrer Sturheit gerade den Mann oder die Frau in die Flucht schlagen, die Sie doch so sehnlichst erobern möchten. Es bringt Ihnen gar nichts, eiskalt zu wirken, nur weil Sie sich davor fürchten, Ihre Gefühle zu zeigen und vielleicht falsch verstanden zu werden. Wie soll denn jemand, der Ihnen zum ersten Mal begegnet, wissen, daß Sie sich gerade nur in sich selbst verkrochen haben?

Von allen Tierkreiszeichen können Sie sich am besten beherrschen. Doch wenn Sie die verführerische Kunst der Liebe mit Erfolg einsetzen wollen, müssen Sie diese Beherrschtheit wenigstens zum Teil aufgeben. Zumindest für einige Zeit sollten Sie Ihre üblichen Grundsätze vergessen, wenn Sie bekommen wollen, was Sie sich wünschen.

Lassen Sie Ihre zu selbstkritische Art von nun an der Vergangenheit angehören! Blicken Sie optimistischer in die Welt, und schrecken Sie nicht jedesmal zurück, wenn jemand auf Sie zukommt, vor allem dann nicht, wenn sie oder er Ihnen gefällt.

Jungfrau und Widder
Wer, wenn nicht Sie, könnte hinter der Wildheit des Widders seine Verletzlichkeit entdecken? Im Bett harmonieren Sie phantastisch, sofern Sie an Ihrem Partner nicht allzuviel herummäkeln.

Jungfrau und Stier

Wenn der Stier sich mit Ihnen vollkommen seelenverwandt fühlt, brauchen Sie sich nicht besonders ins Zeug zu legen. Aber Sie sollten lernen, sich etwas mehr zu entspannen, sonst sind Sie der geballten Sinnlichkeit des Stiers nicht gewachsen.

Jungfrau und Zwillinge

Eine harmonierende geistige Verwandtschaft! Nehmen Sie sich jedoch vor, nicht zu heftig zu reagieren, wenn Ihr Zwilling von Zeit zu Zeit einen harmlosen Flirt mit einem Ihrer Freunde vom Stapel läßt.

Jungfrau und Krebs

Bei einem Krebs fühlen Sie sich sicher und geborgen. Diese Beziehung ist sehr angenehm und tut Ihnen wohl. Sie sollten so nett und liebenswert wie möglich sein, damit Ihr Krebs nicht zu oft in üble Stimmungen verfällt.

Jungfrau und Löwe

Die hell strahlende Persönlichkeit des Löwen wird auch Sie auf Anhieb blenden. Suchen Sie also nicht nach dem Haar in der Suppe, wenn eine leidenschaftliche Beziehung sich zu entwickeln beginnt. Hören Sie endlich auf, sich so viele Sorgen zu machen, und fangen Sie an, das Leben zu genießen.

Jungfrau und Jungfrau

Sie haben viele gemeinsame Vorstellungen und Ideale, und Sie sind beide sensibler, als Sie sich eingestehen. Sie harmonieren ausgezeichnet zusammen. Verschwenden Sie deshalb Ihre kostbare Zeit nicht damit, aneinander herumzukritteln!

Jungfrau und Waage

Wenn Sie anfangen, sich darüber Gedanken zu machen, ob die Waage sich selbst gegenüber nicht zu nachgiebig sei, verschwenden Sie eine Menge Zeit, in der Sie einander auf eine weit produktivere Art besser kennenlernen könnten.

Jungfrau und Skorpion
Die Liebesspiele des Skorpions mögen Sie vielleicht anfangs ein wenig beängstigen – sofern Sie noch nie mit einem Skorpion zusammen gewesen sind. Lassen Sie sich jedoch dadurch nicht abschrecken, denn das kann eine ganz schön aufregende Beziehung geben.

Jungfrau und Schütze
Ein optimistischer Schütze könnte genau das sein, was Sie brauchen. Hören Sie auf, überall Fehler zu finden, die vielleicht nicht einmal vorhanden sind. Versuchen Sie auch nie, Ihren Schützen anzubinden, denn dieser Traumpartner muß sich geistig frei fühlen.

Jungfrau und Steinbock
Ihre Ziele im Leben decken sich fast. Vielleicht entsteht nicht immer die große Leidenschaft, doch indem Sie Ihrem Traumpartner ein Gefühl von Sicherheit und Zufriedenheit geben, können Sie Wunder bewirken.

Jungfrau und Wassermann
Sie haben viel gemeinsamen Gesprächsstoff. Beharren Sie aber auf einer völlig geordneten Lebensführung, deren Grundsätze Sie festlegen, kann Ihr unberechenbarer Wassermann unvermittelt Reißaus nehmen und beweisen, daß die Gefühle eines Wassermanns durchaus nicht immer so distanziert sind, wie man denkt.

Jungfrau und Fische
In mehr als einer Hinsicht Gegensätze: Analytische Kritikfähigkeit steht hier gegen romantische Träumerei. Kritisieren Sie nicht *zuviel,* denn die Romantik kann Ihnen nur guttun.

Die Waage und ihr Verhältnis zu den anderen Zeichen

Fast jeder Waage, die ich kenne, fällt es leicht, sich im günstigsten Licht zu präsentieren, um den Traumpartner ihrer Wahl zu erobern.

Es scheint fast ungerecht, daß Sie als Waage mit einer solchen Fülle an Charme, Takt und Diplomatie gesegnet sind. Und da Sie ohnehin kaum je entschlußfreudig sind, macht es Ihnen nicht einmal in der Liebe etwas aus, wenn Sie warten müssen. Im Gegenteil, Sie nutzen die Zeit, um in Ruhe entscheiden zu können, ob Ihre Wahl richtig war.

Allerdings kann gerade diese Unentschlossenheit – sofern sie Ihre Persönlichkeit zu sehr bestimmt – Ihren Traumpartner zum Wahnsinn treiben, noch bevor Sie überhaupt ein Paar geworden sind. Werden Sie sich deshalb etwas schneller klar, was Sie vom Leben erwarten.

Außerdem sollten Sie noch etwas anderes bedenken: In Ihrem Bestreben, anderen zu gefallen, ziehen Sie manchmal die falschen Leute an. Sie sind gern in Gesellschaft und manchmal zu nett und großzügig Menschen gegenüber, die das ausnutzen.

Was den Umgang mit anderen Menschen betrifft, brauchen Sie ja nun keinerlei Nachhilfeunterricht. Es fällt Ihnen leicht, eine Atmosphäre zu schaffen, in der man sich wohl fühlt. Außerdem ist Ihnen jedes Thema geläufig, angefangen vom Partyklatsch bis zum letzten Symphoniekonzert oder den neuesten psychologischen Erkenntnissen.

Als typische Waage hassen Sie Streit, doch sollten Sie sich stets vorsehen, daß Sie deswegen nicht zu schnell in einer Sache nachgeben, in der Sie auf Ihrer Ansicht besser bestanden hätten.

Was die Verführungskunst der Astrologie betrifft, bedürfen Sie ebenfalls kaum der Unterweisung. Allenfalls kann Ihr Waage-Charme einmal versagen, wodurch Sie sich aber nicht zu sehr betrüben lassen dürfen. Auch kann die für Waage-Geborene typische Trägheit sich von Zeit zu Zeit zu deutlich bemerkbar machen: Sie können sich dann einfach nicht zum Handeln entschließen und nicht einmal aufraffen, rauszugehen und mit andern etwas zu unternehmen. Dies ist oft am Ende einer Liebesaffäre der Fall.

So oder so können Sie sich unter der Herrschaft von Venus, der Göttin der Liebe, glücklich preisen. Unweigerlich wird Ihnen die Liebe immer und immer wieder begegnen.

Wenn Sie dem Wesen Ihres Zeichens entsprechen, werden Sie nie aufhören, nach dem vollkommenen Seelengefährten zu suchen. Stellen Sie sich dazu positiv, ganz gleich wie alt Sie sind, und versprühen Sie weiterhin den besonderen Charme der Waage. Wenn Sie es richtig anfangen, wird die erwünschte Wirkung auf den Traumpartner, den Sie gern an Ihrer Seite sähen, nicht ausbleiben.

Waage und Widder
Zwischen Ihnen und dem Ihnen entgegengesetzten Zeichen besteht eine starke sexuelle Anziehung. Seien Sie aber nicht zu träge, wenn Sie sich der geballten Energie des Widders gegenübersehen.

Waage und Stier
Zwei Zeichen, die unter der Herrschaft der Venus stehen – das bewirkt eine starke körperliche Anziehung. Wenn Ihr Stier nur langsam auf Trab kommt, sollten Sie wenigstens dieses eine Mal die Initiative übernehmen.

Waage und Zwillinge
Sie können sich beide höchst angeregt und ausdauernd über Ihre Gefühle unterhalten. Doch müssen Sie den Zwilling – natürlich möglichst zartfühlend – ermuntern, um ihn darauf aufmerksam zu machen, daß zu den tiefen Gefühlen auch körperliche Bedürfnisse gehören, die befriedigt werden wollen.

Waage und Krebs
Wenn Sie emotionale Erfüllung suchen, könnte der Krebs das richtige Sternzeichen für Sie sein. Sie müssen dann allerdings Ihren Wunsch nach Geselligkeit etwas zurückstellen und ein

bißchen mehr die Zweisamkeit pflegen, damit Ihr Traumpartner nicht zu schmollen beginnt.

Waage und Löwe

Wenn ein Löwe-Traumpartner Ihren Weg kreuzt, dürfen Sie nicht unentschlossen bleiben. Es mag Ihnen zuweilen widerstreben, die besonderen Wünsche des Löwen auch noch zu fördern, doch wenn Sie sich ein paar ausgefallene Verführungstricks einfallen lassen, wird er Sie bald mit dem Verlangen nach mehr umschnurren.

Waage und Jungfrau

Wie Sie inzwischen bereits wissen sollten, ist die Jungfrau die analytische Kritikerin unter den Tierkreiszeichen. Sie sollten daher nicht zu bequem und unentschlossen sein, wenn das Spiel um die Liebe beginnt.

Waage und Waage

Bei dieser Verbindung steht eine wunderbar entspannende Beziehung in vollkommener Seelenverwandtschaft in den Sternen geschrieben. Anregende Unterhaltung, reichlich Romantik, ein netter, sensibler Liebhaber. Überlegen Sie es sich also nicht zu lange.

Waage und Skorpion

Vermutlich ist es nicht schwer, diesen Traumpartner zu betören, doch sollten Sie sich zuerst überlegen, ob Sie eine so intensive sexuelle Beziehung überhaupt wünschen. Wenn ja, dürfen Sie Ihren Skorpion aber niemals eifersüchtig machen.

Waage und Schütze

Diese Beziehung wird viele unvergeßliche Erinnerungen für Sie bereithalten. Denken Sie aber daran, daß die Kunst, diesen Traumpartner zu halten, darin besteht, ihm immer das Gefühl der Freiheit zu geben.

Waage und Steinbock
Wenn Sie sich auch nicht vorstellen können, jemals alt zu werden, mag es doch beruhigend sein zu wissen, daß Sie hier jemanden gefunden haben, der sich wirklich um Sie kümmern wird. Scheint Ihnen Ihr Steinbock-Traumpartner manchmal ein wenig zu bodenständig und phantasielos zu sein, hilft es, wenn Sie ihn sanft zu entspannen versuchen.

Waage und Wassermann
Hier kann zwischen zwei intellektuellen Menschen eine starke Anziehung entstehen. Wenn Ihr Wassermann die Beziehung locker halten will, lassen Sie Ihre Phantasie spielen, damit sich die Waagschale zu Ihren Gunsten neigt.

Waage und Fische
Da Sie in jeder Hinsicht einen gleichwertigen Partner brauchen, sollten Sie Ihren romantischen Fische-Traumpartner von Anfang an wissen lassen, daß er sich nicht an Ihre Schulter lehnen kann – jedenfalls nicht zu oft.

Der Skorpion und sein Verhältnis zu den anderen Zeichen

Dem Sexsymbol unter den Tierkreiszeichen Ratschläge zu erteilen, wie sie oder er bei der Eroberung seines Traumpartners zu Werke gehen soll, könnte nur zu leicht als Beleidigung aufgefaßt werden. Es empfiehlt sich nicht, einen Skorpion zu verletzen; er kann selbst die geringste Schwäche oder Beleidigung nur schwer vergeben, geschweige denn vergessen.

Dieser letzte Satz beschreibt Ihre Hauptschwäche. Sie sollten das Leben wirklich etwas leichter und humorvoller und nicht jede Bemerkung über Sie so fürchterlich ernst nehmen. Sie argwöhnen Schwächen oder Kritik, wo gar nichts Derartiges ist, und sind überhaupt auch sonst eine regelrechte Mimose.

Es ist allgemein bekannt, daß Sie sich selbst für den besten Liebhaber aller Zeiten halten – zumindest tut das ein großer Teil aller Skorpione. Vielleicht verfügen Sie wirklich über dieses Können, doch wäre es durchaus nicht fehl am Platz, wenn Sie sich weniger selbst auf die Schulter klopfen würden.

Sie neigen außerdem zu unbeschreiblicher Eifersucht und sollten diese dringend gleichfalls eindämmen, und zwar besonders dann, wenn Sie genau wissen, daß dafür überhaupt kein Grund vorliegt. Während Sie einerseits, was das Privatleben von andern angeht, außergewöhnlich neugierig sind, wollen Sie zum andern möglichst wenig von sich selbst preisgeben. Das ist, wie Sie zugeben müssen, nicht fair.

Wenn Ihnen der ständige Hinweis auf den Stachel im Skorpionschwanz nicht paßt, müssen Sie den Leuten klarmachen, daß Sie eines der loyalsten und liebenswürdigsten Zeichen des Tierkreises sind, denn durchaus nicht jeder Skorpion kokettiert ständig und sucht hinter jeder Ecke sexuelle Abenteuer.

Nutzen Sie Ihre Anziehungskraft. Ihrer Ausstrahlung kann kaum jemand widerstehen – ein einziger Blick aus Ihren glutvollen Augen bringt manchen dazu, sich Ihnen zu Füßen zu werfen.

Manchmal fällt es Ihnen zu leicht, einen Traumpartner zu erobern, denn insgeheim wissen Sie, daß Sie die Herausforderung lieben. Sie brauchen jemanden, der Ihren Geist genauso stimuliert wie Ihre erogenen Zonen. Stürzen Sie sich also nicht gleich auf jeden, der gut im Bett zu sein scheint, bevor Sie ihn oder sie nicht besser kennengelernt haben.

Seien Sie weniger machtbesessen. Wie oft wollen Sie einen Traumpartner nur seines Ansehens wegen für sich gewinnen und benutzen ihn, ohne ihn überhaupt zu kennen, nur um ein bestimmtes Ziel zu erreichen.

Wenn Sie an einer Liebesbeziehung die Lust verlieren, sollten Sie sich fest vornehmen, sich für einmal nicht so schrecklich nachtragend und rachsüchtig zu verhalten wie üblich. Das fällt Ihnen zwar bestimmt nicht leicht, doch lohnt es die Mühe.

Hören Sie endlich auf, ständig in der Vergangenheit zu leben. Die Zukunft hat viel zu bieten, und mit Ihrer erstaunlichen Intuition scheinen Sie sofort zu spüren, wenn eine leidenschaftliche Beziehung sich anbahnt. In dieser Hinsicht sind Sie nämlich besser dran als die meisten von uns.

Skorpion und Widder
Der kindliche Enthusiasmus des Widders gefällt Ihnen. Doch selbst wenn Sie genau wissen, daß Sie dieses Sternzeichen weit hinter sich lassen, wenn es um nackte Leidenschaft geht, sollten Sie diesen Traumpartner niemals merken lassen, daß Sie darum wissen.

Skorpion und Stier
Dieses Ihnen entgegengesetzte Tierkreiszeichen ist genauso sinnlich wie Sie. Allerdings müssen Sie sich wahrscheinlich etwas Besonderes einfallen lassen, um seine Halsstarrigkeit zu brechen. Ihr Liebesspiel darf auf keinen Fall langweilig werden.

Skorpion und Zwillinge
Die Flirts eines Zwillings können Sie wahnsinnig machen, aber auch eine großartige Herausforderung für Sie sein. Er bietet Ihnen darüber hinaus genügend geistige Anregung, aber Sie werden sich anstrengen müssen, Ihren Zwillinge-Traumpartner davon zu überzeugen, daß dann auch etwas Handfestes geschehen muß.

Skorpion und Krebs
Die beschützende, aber auch besitzergreifende Art des Krebses kann Ihnen anfangs erfrischend angenehm sein. Sie sollten diesem Traumpartner aber keinen Anlaß bieten, in schlechte Laune zu geraten, weil er annimmt, Sie würden ihm etwas vorenthalten.

Skorpion und Löwe
Jeder von Ihnen verfügt über eine ganz besondere und spezifische Anziehungskraft. Die sonnige, gewinnende Art des Löwen kann Ihre Schattenseiten aufhellen. Sie sind beide begierig nach Liebe. Vergessen Sie dabei nie, daß der Löwe ständig Beweise Ihrer Bewunderung braucht.

Skorpion und Jungfrau
Am besten stellen Sie von Anfang an klar, daß Sie zwar in mancher Hinsicht durchaus Kritik vertragen können, daß aber für je-

den, der Ihre Tüchtigkeit im Bett in Frage stellt, harte Zeiten anbrechen.

Skorpion und Waage
Eine gegenseitige Anziehungskraft ist mit Sicherheit vorhanden. Lassen Sie sich aber mit dem Liebesspiel etwas mehr Zeit, denn die Waage haßt jegliche Hast und ist nicht immer so leidenschaftlich wie Sie.

Skorpion und Skorpion
Zwei Skorpione können hervorragend zusammenpassen, im Bett ebenso wie überall sonst. Doch lassen Sie es nicht zu einem Machtkampf kommen – gehen Sie es lieber etwas ruhiger an.

Skorpion und Schütze
Sie mögen die positive und leichtlebige Art des Schützen, auch wenn Sie manchmal vor Eifersucht vergehen. Es würde auch Ihnen guttun, das Leben etwas leichter zu nehmen. Denn wenn Sie zu besitzergreifend sind, könnte Ihr Schütze-Traumpartner sich eines Tages auf und davon machen.

Skorpion und Steinbock
Der Steinbock strebt nach irdischer Behaglichkeit und Sicherheit, während Sie mehr Wert auf sexuelle Harmonie legen. Sie müssen sich damit abfinden, daß Ihr Traumpartner arbeitssüchtig ist und es nichts mit Ihnen zu tun hat, wenn er abends manchmal todmüde ist.

Skorpion und Wassermann
Sie möchten stets gern wissen, wie etwas funktioniert und warum. Wenn Sie also ausloten können, warum ein Wassermann sich wie ein Wassermann verhält, haben Sie schon fast gewonnen. Übertreiben Sie Ihre Leidenschaft aber nicht, denn der Wassermann kann es nicht ertragen, wenn Sie ihm Ihre Gefühle zu massiv vorführen.

Skorpion und Fische

Es wird Sie nie langweilen, die Gedanken des anderen zu ergründen. Wenn Sie aber Ihren empfindlichen Fisch nicht ständig aufregen wollen, sollten Sie Ihren unterschwelligen Wunsch, stets das Feld zu behaupten, vergessen.

Der Schütze und sein Verhältnis zu den anderen Zeichen

Es würde eigentlich besser *Ihnen* als mir anstehen, uns allen beizubringen, wie man sich am besten in Szene setzt, um bei einem begehrten Menschen ans Ziel zu kommen, denn Sie sind mit der Gabe gesegnet, mit fast allen Menschen gut zurechtzukommen. Ihre positive, extrovertierte Persönlichkeit sorgt dafür, daß Sie immer von Freunden umringt sind. Allerdings haben Sie auch einen Fehler – ja, ja, sogar ein Schütze hat Fehler –, und zwar einen höchst unangenehmen: Sie sind so furchtbar überzeugt, *immer* im Recht zu sein, selbst wenn Sie es manchmal überhaupt nicht sind.

Auf der Suche nach dem vollkommenen Traumpartner sollten Sie aber möglichst nicht so besserwisserisch auftreten. Vielleicht wissen Sie noch nicht einmal etwas von dieser Seite Ihres Wesens – wie so viele Schützen. Erkundigen Sie sich aber ruhig bei einigen guten Freunden, ob sie nicht vielleicht auch meiner Meinung sind. Höchstwahrscheinlich wird sich herausstellen, daß ich recht habe.

Lassen Sie Vorsicht walten, wenn Sie sich mit einem Sternzeichen einlassen, das zu besitzergreifend ist, denn es wird Ihnen nicht bekommen. Wenn Sie sich auch noch so sehr nach dem vollkommenen Seelengefährten sehnen, wissen Sie doch in Ihrem Innersten, daß Sie Ihre Freiheit ebenso sehr brauchen. Nicht daß es Ihnen darum ginge, mit andern herumzutändeln – obwohl Sie von Zeit zu Zeit einem kleinen Flirt nicht abgeneigt sind –, vielmehr sträubt sich einfach irgendwas in Ihrer Persönlichkeit dagegen, angebunden zu sein.

Der Schütze ist dafür bekannt, daß er am liebsten unterwegs

ist. Viele in diesem Sternzeichen Geborene tun nichts so gern, wie plötzlich Ihre Taschen zu packen und neue Weidegründe aufzusuchen. Wollen Sie also einen Traumpartner erobern, der sich nur ungern vom Fleck rührt, müssen Sie entweder Kompromisse eingehen oder mit einem souveränen Lächeln die Achseln zucken und Ihr Glück bei jemandem versuchen, dessen Persönlichkeit besser zu der Ihren paßt.

Da Jupiter, der Planet des Glücks, Ihr Sternzeichen regiert, können Sie übrigens getrost darauf vertrauen, daß Sie nicht lange allein bleiben. Lassen Sie sich bloß nie die herrliche Fähigkeit abhanden kommen, andere mit Ihrem Lächeln, einer geistreichen Bemerkung oder einer optimistischen Beobachtung an jenen dunklen Tagen aufzuheitern, an denen einem sonst nichts zu gelingen scheint. Diese Gabe ist Ihr höchstes Gut.

Schütze und Widder
Dies ist fast eine ideale Liebesbeziehung. Sie müssen allerdings vollkommen ehrlich zueinander sein, und der Schütze muß seinem Widder-Traumpartner klarmachen, daß er nicht zu fest angebunden sein will.

Schütze und Stier
Die tiefe, erdhafte Sinnlichkeit des Stiers ist für Sie sexuell durchaus reizvoll. Akzeptieren Sie aber die Tatsache, daß dem Stier mehr an Sicherheit gelegen ist als Ihnen und er mit Ihrer Energie vielleicht nicht Schritt halten kann.

Schütze und Zwillinge
Eine kokette, lustige und aufregende Beziehung. Sie sollten mit Ihren Verführungskünsten natürlich stets dafür sorgen, daß Ihr Zwillinge-Traumpartner immer wieder zurückkommt und nach mehr verlangt.

Schütze und Krebs
Auch wenn es Sie mit Sicherheit mehr ins Freie zieht als Ihren Krebs-Traumpartner, bleiben Ihnen doch genügend gemein-

same Interessen. Ihre positive, optimistische Einstellung zum Leben vermag sogar die weithin bekannten Stimmungstiefs des Krebses zu verscheuchen.

Schütze und Löwe
Sie lieben beide das Rampenlicht, aber auch einander. Und da Sie beide Feuerzeichen sind, lieben Sie einander entsprechend heiß. Vergessen Sie nie, daß der Löwe umschmeichelt sein will, und nehmen Sie sich fest vor, nicht immer im falschen Moment so überaus taktlos – Verzeihung: offen – zu sein.

Schütze und Jungfrau
Es schadet Ihnen absolut nicht, wenn Sie hin und wieder kritisiert werden. Die Jungfrau ist daher ein anregender Traumpartner für Sie. Im Grunde fühlen Sie sich sehr stark angezogen, doch werden Sie beweisen müssen, daß Sie Ihre Wanderlust zügeln können.

Schütze und Waage
Diese Beziehung kann herrlich sein. Wenn Sie aber ein besonders energiegeladener Schütze sind und eine besonders träge Waage erwischt haben, kommen Sie beide um einige Kompromisse nicht herum.

Schütze und Skorpion
Fragen Sie Ihren Skorpion-Traumpartner bloß nicht andauernd, wo er all die sexuell so aufreizenden Tricks her hat. Vielleicht gefällt Ihnen nämlich die Antwort nicht. Vergessen Sie nicht, daß ein Skorpion nicht nur unglaublich besitzergreifend und eifersüchtig, sondern auch sehr verschwiegen sein kann.

Schütze und Schütze
Wenn es nach Ihnen ginge, dürfte rund um die Uhr gefeiert werden, aber schließlich müssen ja auch Sie einmal schlafen. Diese Beziehung läuft am besten, wenn Sie sie als köstlichen Zeitvertreib auffassen. Um so besser, wenn sie sich schließlich als beständig erweist.

Schütze und Steinbock
Glauben Sie nur nicht, gleich weglaufen zu müssen, bloß weil der Steinbock bodenständiger und konventioneller ist als Sie. Halten Sie sich vor Augen, wieviel innere Sicherheit er Ihnen bieten kann und wieviel Spaß es Ihnen bereiten wird, diesem Traumpartner die heitere Seite des Lebens zu zeigen.

Schütze und Wassermann
Ihre Abenteuer mögen nicht immer so ausgehen, wie Sie es sich vorgestellt haben, da Sie sich beide nur höchst ungern binden. Nehmen Sie es aber nicht als persönlichen Vorwurf, wenn Ihr Wassermann-Traumpartner seine Gefühle nicht sehr deutlich zeigt. Wassermänner sind nun einmal so.

Schütze und Fische
Fische sprechen Ihre romantische Ader an. Sie Ihrerseits müssen Ihren Fische-Traumpartner erst noch davon überzeugen, daß Sie genauso romantisch sind, auch wenn Sie es nicht gerade *so* gefühlvoll zum Ausdruck bringen können.

Der Steinbock und sein Verhältnis zu den anderen Zeichen

Wenn Sie ernsthaft wissen wollen, wie Sie sich bei anderen besser in Szene setzen können, sollten Sie sich zuerst einmal etwas Zeit nehmen, um das Folgende zu verdauen.

Sie sind äußerst liebenswürdig, fleißig, ehrgeizig und zielstrebig. Nicht nur die Ehe gilt Ihnen als etwas Heiliges, sondern auch das Sparen fürs Alter und die Sorge für alle Familienmitglieder. Außerdem wollen Sie auch unbedingt ein gutes, verläßliches Mitglied der Gesellschaft sein. *Aber* wenn Ihnen wirklich daran gelegen ist, einen Traumpartner zu erobern, müssen Sie sich von Zeit zu Zeit vom Ernst des Lebens etwas lösen lernen – es sei denn, Sie werfen Ihr Netz nach einem anderen Steinbock aus.

Denn leider schrecken all Ihre guten Eigenschaften – und davon haben Sie eine Menge – andere eher ab, sobald Sie jemanden verzaubern möchten. Selbst wenn Sie sich von jemandem auf den ersten Blick angezogen fühlen, trauen Sie sich nicht, es ihm oder ihr zu zeigen. Statt dessen reden Sie über Aktienkurse . . .

Es würde Ihnen wirklich nicht schaden, wenn Sie sich gelegentlich etwas gehen lassen könnten. Auch werden Sie nicht gleich der Promiskuität verdächtigt, wenn Sie mit jemandem, den Sie anziehend finden, einmal flirten. Denken Sie doch daran, was Ihnen alles entgeht – denn der Mensch lebt nicht allein vom Arbeiten! Sie finden herzzerreißende Schmalzfetzen und sentimentale Bücher doch genauso ergreifend wie alle anderen – geben Sie es nur zu! Und wenn Sie ehrlich sind: Sie haben doch nichts nötiger als eine echte Romanze.

Jetzt fährt Ihnen vermutlich schon die Angst in die Glieder, daß ich Ihnen rate, weniger praktisch und dafür ein Träumer zu werden. Nichts dergleichen. Ich möchte Ihnen nur nahelegen, Ihren guten Eigenschaften ein paar weitere hinzuzufügen. Entwickeln Sie mehr Sinn für Humor, seien Sie nicht länger der ewige Pessimist, sondern blicken Sie optimistischer in die Welt. Umgeben Sie sich mit Freunden, deren Sternzeichen Schütze ist. Die zeigen Ihnen, wie man das macht.

Und nebenbei gesagt: Da Gedanken ans Altwerden Sie so intensiv beschäftigen, wäre es da nicht angenehm zu wissen, daß Sie den vollkommenen Traumpartner gefunden haben, um mit ihm den Lebensabend gemeinsam zu verbringen? Das Leben eines Steinbocks wird ab dem dreißigsten Lebensjahr erst richtig interessant. Selbst wenn Sie schon einige Enttäuschungen in der Vergangenheit erlebt haben, sollten Sie jetzt mit neuem Optimismus nach dem vollkommenen Seelengefährten Ausschau halten. Der wird sich schneller finden, als Sie denken.

Steinbock und Widder

Auf freundschaftlicher Ebene kann der Widder mit dem Steinbock gut zurechtkommen, doch wenn sich daraus eine Liebesbeziehung entwickeln soll, muß er seine überschwengliche Art etwas dämpfen und darf sich nicht gar so kindisch verhalten.

Steinbock und Stier
Sie sind beide bestimmt, ruhig und auf Sicherheit bedacht, und die Sinnlichkeit des Stieres ist sehr verführerisch. Es liegt an Ihnen, dafür zu sorgen, daß keiner von Ihnen sich zu sehr in seine Arbeit vergräbt.

Steinbock und Zwillinge
Vielleicht ist Ihr erster Eindruck, der Zwillinge-Partner sei nichts für Sie, da er viel zu unstet ist. Doch kann es eine gewaltige Herausforderung sein, den von einer Blume zur anderen flatternden Schmetterling des Tierkreises zu zähmen. Zeigen Sie diesem Traumpartner, daß Sie auch in geistiger Hinsicht anregend sein können.

Steinbock und Krebs
Sie haben mit dem Ihnen entgegengesetzten Zeichen des Tierkreises vieles gemeinsam, darunter das Bedürfnis nach Sicherheit und materiellen Gütern. Doch müssen Sie etwas mehr Gefühl zeigen, wenn Sie den Krebs an sich binden wollen.

Steinbock und Löwe
Denken Sie doch nicht gleich, der Löwe sei für Sie zu egoistisch. Wenn Sie grundsätzlich akzeptieren können, worauf dieser Traumpartner wirklich aus ist, werden Sie vermutlich bald feststellen, daß es Ihnen nicht weh tut, ihn ein bißchen zu umschmeicheln.

Steinbock und Jungfrau
Da keiner von Ihnen um jeden Preis eine leidenschaftliche körperliche Beziehung anstrebt, können Sie ein perfektes Paar werden. Geben Sie Ihrem Jungfrau-Traumpartner möglichst wenig Gelegenheit, an Ihnen Fehler zu finden.

Steinbock und Waage
Sie fühlen sich vom Charme der Waage angezogen, und wenn diese Ihnen zu leichtlebig und bequem vorkommt, liegt das

daran, daß Sie sich nicht genug entspannen können. Es wäre allmählich an der Zeit, damit anzufangen.

Steinbock und Skorpion
Ganz sicher eine kraftvolle Verbindung – der Ruf des Skorpions fasziniert und verwirrt Sie. Lassen Sie also Ihre Arbeit endlich einmal liegen, um zu sehen, was daran ist.

Steinbock und Schütze
Leicht und locker mit andern umzugehen ist nicht gerade Ihre Stärke. Wenn Ihnen der Schütze aber zu sehr als leichtfüßiger Spieler vorkommt, liegt das vielleicht daran, daß Sie zu stark der materiellen Seite des Lebens verhaftet sind. Wenn Sie diesen Traumpartner halten wollen, sollten Sie unbedingt mehr Sinn für Humor entwickeln.

Steinbock und Steinbock
Natürlich bewundern Sie Vertreter Ihres eigenen Zeichens, doch sollten Sie sich beide nicht so intensiv in Ihre Karriere stürzen, daß für die romantische Seite des Lebens nichts übrigbleibt. Sogar Arbeitssüchtige können Vergnügen daran finden, sich gegenseitig zu verführen.

Steinbock und Wassermann
Eine großartige Verbindung, um mal über die Stränge zu schlagen – als ob Sie so etwas überhaupt erwägen würden! –, doch müssen Sie sich etwas weniger konventionell geben, wenn Sie einen Wassermann überhaupt bezaubern wollen.

Steinbock und Fische
Sie stehen meist mit beiden Beinen zu fest auf der Erde, um Luftschlösser zu bauen. Das romantische Empfinden des Fisches sollte Ihnen das Entspannen erleichtern. Geben Sie sich dem ruhig etwas mehr hin.

Der Wassermann und sein Verhältnis zu den anderen Zeichen

Vermutlich machen Sie sich nicht einmal etwas daraus, ob Sie sich eindrucksvoll präsentieren können, denn Sie sind mit sich durchaus zufrieden. Und wenn andere Ihnen manchmal vorwerfen, daß Sie alle herkömmlichen Regeln über den Haufen werfen, wenn es Ihnen gerade so paßt, freuen Sie sich sogar noch darüber.

Falls Ihnen zu Ihrem vollständigen Glück der perfekte Traumpartner doch noch fehlen sollte, kann ich Ihnen vielleicht einige Tips geben, wie Sie Ihr Ziel erreichen können. Da ist zunächst einmal die Tatsache, daß es Ihnen manchmal unglaublich schwerfällt, Ihre Gefühle zu zeigen, wenn eine Liebesbeziehung ernst zu werden droht. Diese kühle, gefühlsneutrale Zurückhaltung mag ja jemandem gegenüber ganz angebracht sein, der sich herausfordern läßt. Andere könnten Ihre Haltung jedoch als totales Desinteresse deuten, was sie im Normalfall veranlaßt, sich Ihnen gegenüber ebenso zu verhalten.

Außerdem kommen Sie viel zu häufig zu spät, und das ist ein Fehler, auch wenn es daran liegt, daß Sie Wichtigeres im Kopf haben – oder vielmehr Dinge, die Ihnen wichtiger sind. Sie leben in der Zukunft, und Zeit ist für Sie etwas so Gewaltiges, daß Ihre Gedanken den anderen oft um Äonen vorauseilen. Dies macht es Ihrem Traumpartner natürlich nicht gerade leicht, mit Ihnen auszukommen.

Was treibt Sie nur dazu, so rebellisch zu sein? Haben Sie vielleicht Angst davor, sich einem anderen anzuvertrauen oder sich auf etwas einzulassen, weil Sie vermuten, jemand, der so idealistisch ist wie Sie, könnte zu leicht enttäuscht werden? Dies wäre vielleicht noch verständlich. Aber wenn Sie von Ihrem Partner Entgegenkommen erwarten, müssen Sie doch selbst auch etwas mehr aus sich herausgehen und dürfen sich nicht so sehr in Ihrer eigenen Welt einigeln.

Sie sind leider dermaßen damit beschäftigt, einzigartig zu sein, daß es dem Traumpartner, den Sie verführen wollen, manchmal einfach zuviel wird, wenn Sie sich so schrecklich intellektuell und unabhängig gebärden oder sich auf einen Schlag mit dem ganzen Universum beschäftigen, statt Ihre Aufmerksamkeit dem Menschen zuzuwenden, der Ihnen am nächsten steht. Wenn Sie also Ihren gefundenen Traumpartner nicht nur erobern, sondern auch halten wollen, sollten Sie so tun, als wären Sie nicht ganz so distanziert, wie es den Anschein hat.

Da Freiheit Ihnen mit das wichtigste im Leben ist, sollten Sie auf keinen Fall eifersüchtig reagieren, wenn Sie sich mit einem Traumpartner einlassen, der genauso empfindet wie Sie.

Es wird immer wieder behauptet, Wassermänner könnten zwar gute Freunde sein, aber aufgrund dessen, wie sie ihr Leben führen, nur schwer feste Liebesbeziehungen aufrechterhalten. Wenn Sie daher an einer dauerhaften Partnerschaft interessiert sind, sollten Sie Ihre Taktik schleunigst verbessern.

Wassermann und Widder
Sie können wunderbare Freunde sein. Vergessen Sie aber nicht, daß der Widder wenig Geduld hat und nicht ruhig zusehen wird, wie Sie innerlich mit sich darüber debattieren, ob Sie nun eine Beziehung aufbauen wollen oder nicht.

Wassermann und Stier
Der Stier gibt nicht auf, bevor Sie eingewilligt haben. Wenn Sie Ihre Gefühle nur etwas mehr zum Ausdruck bringen würden, wären Sie angenehm überrascht, wie lohnend diese Beziehung sein kann.

Wassermann und Zwillinge
An geistiger Anregung fehlt es gewiß nicht, doch sollten Sie auch die romantische Seite der Beziehung pflegen, indem Sie sich etwas mehr Zeit für Liebesspiele nehmen. Reden allein hält nun mal die Liebe nicht am Leben.

Wassermann und Krebs
Küssen und Schmusen ist wunderbar. Machen Sie sich bloß keine unnötigen Sorgen, soviel kuschelige Häuslichkeit könnte Ihren Lebensstil beeinträchtigen.

Wassermann und Löwe
Es ist schon richtig: Gegensätze ziehen sich häufig an. Doch darf es Ihnen nicht peinlich sein, wenn Ihr Traumpartner sich zuweilen vor Ihnen aufspielt.

Wassermann und Jungfrau
Sie entdecken in jedem Menschen die guten Seiten. Sollte Ihnen dieser Traumpartner deshalb manchmal etwas kleinlich vorkommen, werden Sie doch zu schätzen wissen, daß er sein Bestes tut, um Sie im Bett zufriedenzustellen.

Wassermann und Waage
Da diese beiden Luftzeichen zusammen eine denkbar perfekte Verbindung ergeben, sollten Sie nicht so kühl und distanziert sein. Waagen kommen ohne Romantik im Leben nicht aus, und das dürfen Sie auf keinen Fall vergessen.

Wassermann und Skorpion
Wie man Ihnen in Ihrer Jugend sicherlich verboten hat, mit dem Feuer zu spielen, hätte man sie auch vor dem Skorpion warnen sollen. Betrachten Sie es als eine Herausforderung, diesen sexuell faszinierenden Liebhaber zu zähmen.

Wassermann und Schütze
Wenn Sie nach einer flüchtigen Beziehung ohne feste Bindung Ausschau halten, könnte der Schütze der Richtige für Sie sein. Suchen Sie dagegen eine dauerhafte Beziehung, müssen Sie in der Lage sein, diesem Traumpartner das Gefühl von Unabhängigkeit zu geben, das Sie selbst so sehr schätzen.

Wassermann und Steinbock
Wann immer Sie finden, nun sei es Zeit, einen Hausstand zu gründen, finden Sie hier einen Rückhalt. Sie müssen Ihren Steinbock allerdings davon überzeugen, daß Sie sich bemühen werden, weniger unberechenbar zu sein.

Wassermann und Wassermann
Wer könnte besser verstehen, was alles in Ihnen steckt? Diese Partnerschaft wird sicher nie langweilig. Lassen Sie diesen Traumpartner nicht deswegen entwischen, weil Sie sich mal wieder zu distanziert geben.

Wassermann und Fische
Während Sie wollen, daß Ihre Ideale Wirklichkeit werden, begnügt der Fisch sich oft damit, daß sie Träume bleiben. Doch warum sollten Sie zusammen nicht herrliche Luftschlösser bauen und sie dann zu verwirklichen suchen?

Der Fisch und sein Verhältnis zu den anderen Zeichen

Wenn Sie damit zufrieden sind, in einer Phantasiewelt zu leben, und davon überzeugt sind, daß Ihnen eines Tages ein Prinz oder eine Prinzessin begegnet und Sie keinen Finger rühren müssen, damit er oder sie Ihnen auch wirklich über den Weg läuft, wird es endlich Zeit, Ihre rosagläserne Brille abzunehmen. So geht es zwar in Märchen zu, doch im wirklichen Leben sieht's nun mal etwas anders aus. Obwohl es herrlich sein kann, einen so erfrischend romantischen Menschen wie Sie kennenzulernen, könnte Ihnen ein bißchen mehr Sinn für den Alltag nicht schaden.

Wenn Sie sich nicht ändern, ist es nur zu wahrscheinlich, daß allenfalls ein anderer Fisch, der genauso wirklichkeitsfremd ist wie Sie, es jemals an Ihrer Seite aushält. Dies mag hart klingen, besonders da Sie über so hervorragende positive Eigenschaften verfügen wie Sensibilität, Leidenschaftlichkeit und Zärtlichkeit. Doch es ist leider so, daß Sie sich oft von Leuten hinreißen lassen, die Sie ganz und gar nicht gebrauchen können.

Sie haben doch so unglaublich viel Intuition. Jetzt müssen Sie nur noch lernen, sie zu Ihrem eigenen Schutz einzusetzen. Fallen Sie also nicht mehr auf Jammergeschichten herein, bieten Sie niemandem mehr Ihre Schulter zum Ausweinen an – denn wahrscheinlich ist gerade die oder der Betreffende viel kräftiger als Sie.

Wenn Sie einen Traumpartner erobern wollen, der Ihnen Gutes bringt, müssen Sie allmählich erwachsen werden. Es ist nicht jedermanns Sache, einen Partner ständig zu ermutigen und ihm auch noch von Zeit zu Zeit ein paar Mark pumpen zu müssen, weil ihm wieder einmal das nötige Kleingeld fehlt. Versuchen Sie doch mehr auf Ihren eigenen zwei Beinen zu stehen – Sie sind viel stärker, als es oft den Anschein hat.

Gehen Sie mehr aus sich heraus. Stellen Sie sich doch vor, wie oft Sie vielleicht schon die Gelegenheit verpaßt haben, den idealen Partner kennenzulernen, nur weil Sie so schüchtern sind und sich stets im Hintergrund halten, anstatt wie andere etwas offener zu sein.

Sie brauchen sich ja gar nicht zu sehr zu ändern – im Gegenteil. Denn jemanden kennenzulernen, der noch an die wahre Liebe glaubt, ist ungewöhnlich und erfrischend. Sie sollten sich aber doch mehr Gedanken um die Zukunft machen, anstatt sich nur in Ihrer eigenen kleinen Welt zu verkriechen. Grübeln Sie nicht unendlich über Enttäuschungen nach, die Ihnen vergangene Liebesbeziehungen beschert haben. Das macht Sie nur introvertiert und vielleicht sogar verbittert.

Haben Sie etwas mehr Selbstvertrauen! Ich gehe mit Ihnen jede Wette ein, daß auch Sie über kreative Fähigkeiten verfügen. Meist unterschätzen Sie sich einfach zu sehr. Wenn Sie optimistischer in die Welt blicken, bleibt der langersehnte Traumpartner bestimmt nicht länger ein Traum.

Fische und Widder
Wie ein Wirbelwind bricht er in Ihr Leben ein, und Sie haben kaum noch Zeit, nach Luft zu schnappen. Da Sie beide romantisch veranlagt sind, ist es an Ihnen, die Herausforderung anzunehmen und die Leidenschaft des Widders lebendig zu erhalten.

Fische und Stier
Die Traumschlösser dieses Zeichens stehen auf festem Grund. Wenn Sie also einen beständigen, verläßlichen Stier-Traumpart-

ner suchen, müssen auch Sie einige praktische Eigenschaften entwickeln.

Fische und Zwillinge
So viel Charme wirft Sie glatt um. Halten Sie Ihre sentimentaleren Gefühle zurück, bevor Sie diesen Traumpartner besser kennen. Vielleicht sollten Sie auch etwas flirten, denn Zwillinge kennen sich darin aus und schätzen es sehr.

Fische und Krebs
Kann es zwei geben, die noch romantischer sind? Geben Sie acht, daß Ihre Beziehung niemals lau wird – Sie müssen sich immer wieder gegenseitig erregen.

Fische und Löwe
Sie müssen wissen, daß der Löwe sich leidenschaftlich gern verliebt. Jammern Sie also nicht, wenn seine Liebe etwas selbstbezogener ist als Ihre. Sie sind schon ein gutes Stück weiter, wenn Sie sich bewußt machen, daß der Löwe immer der bewunderte Mittelpunkt der Show sein muß.

Fische und Jungfrau
Dieses Ihnen entgegengesetzte Zeichen des Tierkreises reizt Sie manchmal mit der dafür typischen Überempfindlichkeit. Ein bißchen Ihrer Zärtlichkeit kann diesen Traumpartner aber schon fast davon überzeugen, daß Sie der vollkommene Seelengefährte sind.

Fische und Waage
Sie können sich hervorragend verständigen. Zerstören Sie die Verbindung nicht, nur weil Sie ebensoviel Zeit wie die Waage brauchen, um sich entscheiden zu können, ob dies nun der richtige Traumpartner für Sie ist oder nicht.

Fische und Skorpion
Sie brauchen nicht gleich panisch davonzustürzen, nur weil der Skorpion seinen Sex-Appeal so marktschreierisch anpreist.

Überwinden Sie Ihre Scheu. Höchstwahrscheinlich werden Sie überrascht sein, wie romantisch dieser Traumpartner sein kann.

Fische und Schütze
So gern Sie oft ebenso mitteilsam und gesellig wie der Schütze wären – so sehr wünscht dieser sich, so gefühlvoll wie Sie zu sein. Wenn Sie einander besser kennen, kann aus einer liebevollen Freundschaft eine wunderbare Liebesbeziehung werden.

Fische und Steinbock
Sehen Sie sich vor, daß Sie dieses praktisch eingestellte Zeichen mit Ihrer unpraktischen Art nicht geradewegs in die Arme eines anderen Steinbocks treiben. Wenn Sie eine Bergziege einfangen wollen, dürfen Sie schließlich auch nicht den Tag verträumen. Machen Sie einen Schnellkurs in Buchführung.

Fische und Wassermann
Da der Wassermann seine Gefühle nicht gut ausdrücken kann, fürchten Sie vielleicht, dieser Traumpartner könne Ihren romantischen Erwartungen nur schwer gerecht werden. Wenn Sie dieses Zeichen erobern wollen, sollten Sie vielleicht versuchen, etwas unberechenbarer zu sein.

Fische und Fische
Romantik ist ja durchaus gut und schön, aber einander den ganzen Tag süße Nichtigkeiten ins Ohr zu flüstern, reicht auf die Dauer nicht aus. Sie müssen das Interesse des anderen auch noch in anderer Hinsicht wachhalten.

Traumpartner der Liebe

Der Widder-Mann

Sind Sie bereit, mit ständigen Herausforderungen zu leben? Dann sind Sie beim Widder-Mann richtig. Kriegsgott Mars beherrscht sein Zeichen, das erste der drei Feuerzeichen. Ein Widder-Mann kann so faszinierend sein wie kaum ein anderer Mann – doch werden Sie mit ihm zahlreiche Kämpfe auszufechten haben.

Der Widder will Jäger sein, der überwältigende Liebhaber, der den Ton angibt. Am leichtesten läßt er sich erobern, wenn Sie sich mit einer geheimnisvollen Aura umgeben. Dieser Mann darf sich Ihrer nie ganz sicher sein. Denn wenn offensichtlich ist, daß Sie ihn halten wollen, kann sich sein Interesse nur zu schnell ins Gegenteil verkehren.

Wahrscheinlich wird er Sie mit Blumen, Telefonanrufen und Einladungen zu romantischen Diners zu zweit überschütten, doch niemals sollten *Sie* die Initiative ergreifen. Um ihn zu erobern und zu halten, müssen Sie warten können. Seien Sie möglichst häufig außer Haus, wenn er anruft – oder tun Sie zumindest so –, und »vergessen« Sie gelegentlich, auf seine verzweifelten Mitteilungen auf Ihrem Anrufbeantworter zu reagieren. Der Widder-Mann braucht diese Ungewißheit; sie stimuliert seine Gefühle und seine feurige Leidenschaft, und sie macht Sie für ihn noch begehrenswerter.

Der erste Tag des Widder-Sternzeichens fällt auf den Frühlingsanfang, und der Widder verfügt denn auch über den wunderbaren Enthusiasmus und die überbordende Energie, die zum Frühlingsbeginn gehört, wenn das triste, trübe Wetter sich aufzuhellen beginnt, die Blumen zu sprießen anfangen und ein lauer Wind geht. Wenn die spontane extrovertierte Art des Widder-Mannes Sie fast umwirft, weil er mit Ihnen umgeht, als wä-

ren Sie die erste Frau in seinem Leben, und weil er eine so uner-
hörte Ausstrahlung hat, müssen Sie sich besonders vorsehen.
Sie könnten dann nämlich schneller an seiner Angel zappeln,
als Ihnen lieb ist – und Sie haben noch viel zu lernen.

Jedes Sternzeichen beherrscht einen bestimmten Teil des Kör-
pers. Beim Widder ist es der Kopf – und der Kopf ist bei Widder-
Geborenen auch meist sehr eindrucksvoll. Denken Sie etwa an
Filmschauspieler wie Spencer Tracy, Marlon Brando, Rod Stei-
ger oder auch Warren Beatty. Widder-Gesichter haben eine ma-
gische Ausstrahlung. Auch wenn es Ihnen sonst schwerfällt, das
Sternzeichen eines Menschen zu erraten, sollte es bei einem
Widder doch ein leichtes sein. Seine Gesichtszüge sind immer
höchst ausgeprägt, und man fühlt sich wirklich fast magisch von
ihnen angezogen. Es sind aber nicht die Augen oder die Haare
oder sonst etwas Bestimmtes. Nein, ein Widder strahlt einfach
eine geradezu unverschämte Energie aus – vielleicht ist es das
Echo seines starken Ego. Kein Mensch würde sich wundern, als
erstes die Worte zu hören: »Ich bin der Größte, und du brauchst
nun mal einen wie mich in deinem Leben. Wo bist du bloß bis
jetzt gewesen?« Ein Widder-Mann weiß zu bekommen, was er
will, und er wartet nicht gern darauf. Es muß gleich sein, ja noch
besser gestern als erst heute.

Man kann einen Widder häufig an der spontanen Art, mit der
er mit anderen Kontakt aufnimmt, erkennen. Da bleibt es nicht
beim Augenspiel. Schon sehr bald boxt er sich durch die
Menge, stellt sich vor und versucht Sie zu überreden, mit ihm
die Party, auf der Sie ihn gerade kennengelernt haben, zu verlassen und in der kleinen Bar um die Ecke etwas zu trinken. Seine
Augen glühen vor Begeisterung, sein strahlendes Lächeln ist unwiderstehlich, und schon bietet er Ihnen den Arm, um Sie zur
Tür zu geleiten. Sie fühlen sich wie eine Märchenprinzessin, die
von einem Ritter auf einem weißen Pferd gerade in dem Augenblick gerettet wird, als ihr Leben öd und leer zu werden drohte.
Und schon sind Sie mit ihm auf und davon.

Natürlich lernen Sie einen Widder nicht immer genau auf
diese Art und Weise kennen. (Der Klarheit halber werde ich
hier, wie auch bei den übrigen Traumpartnern, ein bißchen

übertreiben und jene Merkmale, die für das jeweilige Sternzeichen besonders typisch sind, verallgemeinern.) Aber das Beispiel verdeutlicht ganz gut, woran man ihn erkennen kann. Seien Sie darauf gefaßt, daß, falls diese Art von Herausforderung Ihnen nicht liegt und Sie seine Avancen deshalb zurückweisen, Sie für ihn gleich doppelt interessant werden! Ein Widder-Mann akzeptiert kein Nein. Er benimmt sich dann wie ein kleiner Junge, dem seine Mutter ein neues Spielzeug verweigert. Das heißt aber nicht etwa, daß er Frauen als Spielzeug betrachtet, absolut nicht. Der Widder ist in seinem Herzen ein Kind geblieben. Er tritt in die Welt hinaus mit dem Anspruch: »Hoppla, jetzt komm ich!« Und um das, was er will, kämpft er mehr als jedes andere Sternzeichen.

So scheint also das Zeichen des Widder-Mannes ohne weiteres erkennbar zu sein – und doch muß gesagt werden, daß es nicht immer so leicht ist. Der erfahrene Widder weiß nämlich bestimmte Eigenschaften gut zu verbergen und hat längst erkannt, daß nicht alle Frauen Draufgänger mögen. Zudem enthält natürlich auch das Horoskop Ihres Traumpartners – wie jedes individuelle Horoskop – alle möglichen anderen astrologischen Einflüsse, und dies kann dann dazu führen, daß er sich vielleicht mehr wie ein Krebs oder wie eine Jungfrau verhält. Allerdings verrät ihn sein Kopf gewöhnlich dennoch. Nie fehlt es ihm gänzlich an feurigem Enthusiasmus, und er kann auch nie ganz verhehlen, daß er gestern schon etwas wollte, was in Gottes Namen erst heute zu haben ist.

Wenn Sie jemanden kennengelernt haben und das Gefühl nicht loswerden, daß er im Zeichen des Widders geboren ist – und Sie ihn nicht direkt fragen wollen, damit er Ihr Interesse nicht merkt –, können Sie ihn vorsichtig aushorchen, indem Sie sich nach seiner Arbeit erkundigen. Ich gehe jede Wette mit Ihnen ein, daß seine Tätigkeit nicht »gewöhnlich« ist. Wahrscheinlich wird er Ihnen erzählen, er nehme gerade ein neues Projekt in Angriff, das den todsicheren Erfolg verspreche. Und wenn Sie ihn fragen, wie lange er schon daran arbeite, wird er antworten, er sei vor kaum einem Monat darauf gekommen und seither völlig aus dem Häuschen. Trauen Sie sich zu fragen, was im Fall eines Mißerfolgs passiert? Er wird Ihnen einen vernichtenden Blick zuwerfen und antworten: »Selbstverständlich werde ich mich dann dem nächsten Projekt zuwenden.« Und damit haben Sie auch schon das unfreiwillige Eingeständnis. Ein Widder lebt nicht in der Vergangenheit, sondern im Hier und Jetzt. Für ihn gilt stets, sich neuen Herausforderungen zu stellen und neue Entdeckungen zu machen. Wenn er nicht selbständig ist, nutzt er seine besonderen Qualitäten, um für andere etwas zu verkaufen – und wahrscheinlich ist er darin ausgesprochen erfolgreich.

Wenn Sie sich seines Zeichens immer noch nicht sicher sind, schauen Sie sich seine Kleidung an. Ein Widder-Mann ist nicht unbedingt besonders modebewußt, aber er trägt eher auffällige Kleidung, selbst in abgelegenen Provinznestern. Stadt-Widder, die etwas auf sich halten, tragen natürlich nur schon deshalb die neueste Mode, weil sie auffallen wollen. Der Widder legt im allgemeinen auch Wert auf einen guten Haarschnitt und pflegt sein Haar. Sein Gang hat oft etwas Animalisches und verrät viel Energie.

Apropos Energie: Er hat so viel davon und ist so rastlos und so attraktiv, daß es ihm schwerfallen muß, bei einer Sache zu bleiben. Der Widder braucht Umtrieb. Das heißt aber nicht, daß er mit Ihnen nur eine Nacht verbringen will und dann auf Nimmerwiedersehen verschwindet. Letztlich ist dieser faszinierende Mann genauso romantisch und idealistisch wie im Zeichen von Krebs und Fische Geborene, nur lebt er stärker in einer Phantasiewelt als diese.

Er will an sich gar nicht dauernd die Partnerin wechseln, aber sobald eine Sache in seinem Leben zur Routine wird, stellt sich bei ihm mit Sicherheit der Wunsch nach etwas Neuem ein. Es mag zuerst nur ein vages Gefühl sein, das so tief sitzt, daß es ihm nicht einmal bewußt wird. Wenn Sie den Widder-Traumpartner also glücklich halten wollen, müssen Sie ein Leben führen, das seinen Idealen einigermaßen entspricht. Hat er einmal außerhalb der Beziehung Feuer gefangen, kann er kaum mehr zurück. Wie in den Tagen der Kindheit will er dann nur noch das ganz Neue.

Nachdem Sie dies alles jetzt wissen, sollten Sie sich schnell entscheiden, ob Sie das Risiko einer bewegten Beziehung eingehen wollen oder ob es nicht sicherer wäre, einen Traumpartner aus einem anderen Tierkreiszeichen zu wählen . . .

Sie scheuen das Risiko nicht? Gut! Dann gilt es zu überlegen, wo Sie einen so aufregenden Mann kennenlernen können. Es wäre natürlich verrückt anzunehmen, daß ein Zwölftel der Bevölkerung sich an den gleichen Orten aufhält. Sie müssen zudem bedenken, daß ein Widder stets darauf bedacht ist, sich von andern zu unterscheiden. Wenn Sie sich jedoch beispielsweise an einem neuen Arbeitsplatz von einem Kollegen angezogen fühlen, der ständig am Telefon hängt und sich jemandem am anderen Ende der Leitung exzellent verkauft, der Sie beim Vorstellen mit einem breiten Lächeln begrüßt und nach den ersten Höflichkeitsfloskeln erklärt, er werde Ihnen gern weiterhelfen, und Sie nach Arbeitsschluß auch gleich zu einem Drink einlädt – dann haben Sie richtig getippt. Doch gibt es auch viele Widder, die Wölfe im Schafspelz sind: Gut möglich, daß er verheiratet ist und zwei oder drei Kinder hat.

Nicht jeder Widder-Mann tummelt sich in den gleichen Jagdgründen. Fast alle aber treiben gern Sport. Sie können Ihren Traumpartner daher gut auch in einem Tennisclub oder in einer Squashbox treffen. Sein ungestümer Lebenswandel führt ihn vielleicht auch in eines der neuesten Fitneßcenter. Überhaupt, wann immer in Ihrer Nähe ein neuer Verein oder ein neuer Club ins Leben gerufen wird, können Sie sicher sein, den einen oder anderen Widder bei der Eröffnung zu sehen, denn in diesem Zeichen Geborene verpassen nur äußerst ungern etwas.

Sollten Sie das Glück haben, einen Widder im Urlaub kennenzulernen, dürfen Sie sich auf eine echte Romanze freuen. Auf Reisen wird das Leben für ihn noch aufregender. Doch sind damit auch Gefahren verbunden. Vielleicht sucht er nur sein Vergnügen, ein Abenteuer oder eine leidenschaftliche Begegnung unter freiem Himmel. Denken Sie daran, daß er sehr sexy ist und im Bett über unerschöpfliche Energie verfügt, aber sein Privatleben nicht gern vor jemandem ausbreitet, den er eben erst kennengelernt hat. Er wird Sie zwar nicht bewußt anlügen, weil er im Grunde ein ehrlicher Mensch ist, doch er wird die Affäre auf seine Weise zu beenden versuchen, etwa indem er Ihnen sagt, daß er Sie bewundert, leidenschaftlich begehrt und entschlossen ist, Sie zu erobern, daß er aber leider, sobald er zu Hause ist, sofort für längere Zeit nach Kuala Lumpur (oder sonstwohin) verreisen muß. Dies bedeutet im Klartext meist, daß er zu Hause eine feste Beziehung hat. Da müssen Sie sich auf Ihr Gefühl verlassen. Denn das letzte, was Sie wollen, ist ja wohl ein unüberlegter kurzer Flirt.

Glücklicherweise wissen Sie schon, daß dieser Mann Ihnen um so mehr nachsetzt, je gleichgültiger Sie sich geben. Halten Sie ihn also, so lange es irgend geht, in Schach. Mit einem echten Widder- Mann wird es klappen. Wenn Sie geduldig warten können, bis er aus Kuala Lumpur zurück ist, dürfen Sie stolz auf sich sein. Doch kann es auch geschehen, daß Sie sich, wenn er wieder zurück ist, verwundert fragen, wovon Sie sich da bloß haben einfangen lassen – das weiß man vorher nie.

Aber nehmen wir einmal an, Sie sind tatsächlich von einem Widder-Traumpartner total hingerissen und versuchen ihm dementsprechend klarzumachen, daß seine Junggesellenzeit vorüber sei, er in Ihnen die Frau seiner Träume gefunden habe – auch wenn ihm selbst das noch nicht aufgegangen sein mag – und Sie mit ihm für immer und ewig glücklich sein wollen, solange er treu ist . . . Treu – da haben Sie den wunden Punkt! Manche Frauen mit einem Widder als Partner oder Ehemann finden ihre Beziehung, vorsichtig gesagt, höchst aufreibend, selbst wenn sie nicht immer beweisen können, daß er wirklich fremdgeht. Widder-Männer ziehen mit ihren Eskapaden stets die Aufmerksamkeit auf sich, seien diese nun real oder eingebildet. Das Kind im Widder scheint Gefallen daran zu finden, als ungezogen zu gelten. Das schmeichelt seinem männlichen Ego.

Sehen Sie also von Anfang an klar. Der Widder möchte sich frei fühlen, vielleicht nicht gerade so extrem wie Zwillinge, Schütze oder Wassermann, aber ganz sicher läßt er sich nicht anpflocken. Der Widder erwartet, daß Sie da sind, wenn er es wünscht. Doch erwarten Sie nicht von ihm, daß er auf einen

Wink hin angerast kommt, wenn er gerade tausend andere Dinge im Kopf hat. Das hört sich an, als wäre er unglaublich eigensüchtig, doch würden Sie ihm das vorhalten, wäre er tief gekränkt. Er sieht das nämlich ganz anders. Und er ist in der Tat ein äußerst großzügiger, zärtlicher und liebenswerter Mann. Nur hat er eben seine Termine, und seine Angelegenheiten haben nun mal Vorrang, und damit bringt er natürlich jeden zur Verzweiflung, der eigene Termine und andere Prioritäten hat.

Frauen, die ständig beifällig nicken, mag er aber dennoch nicht. Seine Frauen sollen ihren eigenen Kopf haben und dürfen auch durchaus ihre eigene Karriere machen – aber nur, solange sie nicht zu offensichtlich erfolgreicher sind als er. Da kommt dann doch wieder sein Ego hoch: Obwohl er gern stolz auf Sie ist, muß er doch immer der Boß sein.

Kleinigkeiten bedeuten einem Widder nicht nur viel, sondern sind für eine Beziehung mit ihm geradezu lebenswichtig. Wenn er erfährt, daß Sie an einen bestimmten Geburtstag oder Jahrestag gedacht haben, daß Sie sich um seine Mutter gekümmert haben, als sie sich schlecht fühlte, oder daß Sie ein Geschäft nach einem bestimmten roten Pulli, der zu seinen Jeans paßt, durchsucht haben, bewirkt das Wunder bei ihm.

Er telefoniert furchtbar gern – mag es aber gar nicht, wenn *Sie ihn* anrufen. Solange er sich Ihrer noch nicht völlig sicher ist, ruft er Sie vielleicht ein dutzendmal am Tag an, weil er wissen will, was Sie gerade tun, wen Sie getroffen haben und wo Sie gewesen sind. Das ist nicht nur Eifersucht; er ist auch aufrichtig daran interessiert, was Sie den ganzen Tag tun. Folgen Sie aber seinem Beispiel auf keinen Fall. Was er tut, ist seine Sache, und er mag es absolut nicht, wenn Sie plötzlich anfangen, es ihm gleichzutun. Er möchte wohl, daß man sich um ihn kümmert, auf keinen Fall aber, daß man von ihm Besitz ergreift. Er wünscht sich eine warmherzige, liebenswerte, sexuell begehrenswerte Frau, doch ganz sicher keine, die seine Art zu flirten imitiert. Er möchte, daß Sie da sind, wenn er da ist – und selbst dann, wenn er nicht da ist.

Er weiß, daß er früher Fehler gemacht hat. Denn falls er nicht blutjung ist, hat seine impulsive Art ihn vermutlich längst kopfüber in alle möglichen Beziehungen stürzen lassen. Vielleicht sogar in eine frühe, unglückliche Ehe, die er damals ernsthaft als den Gipfel des Glücks betrachtet hatte, zu der ihm aber die nötige Ausdauer dann doch fehlte. Ist er erst einmal Ende Zwanzig, kennt er das Leben sehr viel besser. Mit etwas Glück wiederholt er seine früheren Fehler nicht – wenigstens nicht im selben Ausmaß. Seine Ungeduld hält allerdings oft mit seiner Leidenschaft Schritt. Erinnern Sie ihn bloß nicht an seine alten Fehler. Die Fähigkeit eines Widders, solche Dinge von sich abzuschütteln und zum nächsten Lebensabschnitt überzugehen, ist erstaunlich. Wenn Sie sich den Spruch: »Ich hab's ja immer schon gesagt« zu häufig entschlüpfen lassen, werden Sie sich sehr bald einen anderen Traumpartner suchen müssen. Nehmen Sie ihn also, wie er ist, und stellen Sie sich selbst im besten Licht dar. Sie können mit Ihrem Widder-Mann viel Spaß haben. Er probiert gern als erster ein neues Restaurant aus und teilt das Ergebnis all seinen Bekannten mit. Er macht nicht gern mehr als einmal am selben Ort Urlaub und hat stets phantastische Vorschläge parat, wohin man sonst noch reisen könnte. Für ihn muß alles neu, aufregend und anders sein; Routine und Bodenständigkeit kommen im Vokabular eines Widders nicht vor.

Einen Widder mit seinem kindlich gebliebenen Gemüt zu beschenken, ist ein besonderes Vergnügen. Man fühlt sich dabei selbst in die Kindheit zurückversetzt. Zu Weihnachten und an Geburtstagen haben Sie Gelegenheit, Ihren Einfallsreichtum zu beweisen: sei es mit dem neuesten Modell eines Telefonapparates mit Anrufbeantworter, einer Weltzeituhr oder einem Minifernseher.

Vergessen Sie aber nie, daß dieser Mann unter seiner draufgängerischen, impulsiven, enthusiastischen, amüsanten und leidenschaftlichen Oberfläche ebenso verwundbar sein kann wie Sie und auch ebenso romantisch. Aber mit dem Kleinkram des Alltags, dem langweiligen Teil des Lebens, tut er sich schwer. Für ihn muß das Leben lustig, anregend und positiv sein. Er braucht eine Partnerin, die ihn aufheitert, zärtlich und liebenswert ist und leidenschaftlich im Bett – und außerdem unergründlich. Dann ist er davon überzeugt, die Traumfrau, nach der er sein ganzes Leben lang gesucht hat, gefunden zu haben.

Das Leben mit einem Widder-Traumpartner ist bestimmt nicht leicht. Doch da Sie wissen, daß er die Herausforderung liebt, sollten auch Sie sich ihr stellen. Ob es nun einen Monat, ein Jahr oder ein Leben lang dauert, eines ist ganz sicher: Die Zeit, die Sie mit einem Widder-Traumpartner verbringen, wird Ihnen unvergeßlich bleiben.

Die Widder-Frau

Ist Ihre Traumpartnerin eine Widder-Frau, ist sie, obwohl sie ebenfalls vom Mars beherrscht wird und in vielem ihrem männlichen Gegenstück gleicht, doch wieder ganz anders. Denn die Gefühle einer Frau *sind* nun mal anders als die eines Mannes. Daran gibt es nichts zu deuten, auch wenn Sie es nicht glauben wollen.

Eine Widder-Frau zieht den Blick sofort auf sich. Sie kommt daher wie ein Wirbelwind an Energie, wie eine Feuerkugel, die Enthusiasmus versprüht. Aber wie so oft trügt der äußere Schein ein wenig, und dahinter verbirgt sich die gleiche Verletzlichkeit und kindliche Einstellung zum Leben wie beim Widder- Mann. Widder-Frauen werden übrigens im allgemeinen für stärker gehalten als Widder-Männer – was letztere natürlich gar nicht gerne hören.

Um das Herz einer Widder-Frau zu erobern, müssen Sie wie eine Rakete durchstarten. Vorausgesetzt, Sie beide passen wesensmäßig zusammen, wird die Widder-Frau schon bald zeigen, daß sie Sie begehrt. Vielleicht überwältigt sie *Sie,* und Sie werden plötzlich staunen, worauf Sie sich eingelassen haben.

Doch wenn Sie das Herz einer Widder-Frau einmal erobert haben, wird es Ihnen auch gehören – vorausgesetzt, es gelingt Ihnen, sie davon zu überzeugen, daß Sie der Ritter mit dem weißen Pferd sind, von dem sie seit ihrem fünften Lebensjahr geträumt hat. Sollte Ihre Traumpartnerin zu Ihrer Traumehefrau werden, wird sie die Hausarbeit und die Erziehung der Kinder

mit einer interessanten (im vollen Wortsinn) Berufstätigkeit vereinbaren können und trotzdem noch eine exzellente Hausfrau
und Mutter sein.

Erwarten Sie mit einer solchen Frau kein beschauliches Leben. Falls Sie zu den Männern gehören, die nach der Arbeit die
Füße hochlegen und vor dem Fernsehapparat einschlafen, dann
hat es keinen Sinn, es auch nur zu verstehen. Auch wenn sie
selbst einen mindestens ebenso anstrengenden Tag hinter sich
hat wie Sie, wird sie nie wild darauf sein, stillzusitzen. Eher stoßen ihr schon zwei aufeinanderfolgende ruhige Abende unangenehm auf. Romantische Gefühle müssen lebendig gehalten
werden, und zwar nicht zuletzt, indem diesem dynamischen
Feuerzeichen im Bett etwas geboten wird.

Sie kann nicht verbergen, was in ihr vorgeht. Stellen Sie sich
deswegen auf Auseinandersetzungen ein. Sie will auf keinen
Fall einen Mann, der immer nur ja sagt, sie will und braucht einen ebenbürtigen Partner oder noch lieber einen, der ihr auch
mal überlegen zu sein vermag.

Eine Widder-Frau ist, etwa auf einer Party, leicht ausfindig zu
machen. Sie führt lebhafte Gespräche, und ihre Augen, ihr
Haar, das Make-up und der auffordernde Blick sind einfach
nicht zu übersehen. Ihr Gesicht hat gewöhnlich etwas höchst
Beeindruckendes an sich. Denken Sie nur an Julie Christie oder
Diana Ross. Wenn Sie ein Gespür für Sinnlichkeit haben, sehen
Sie darin die Leidenschaft untergründig brodeln.

Es wird nicht lange dauern, bis Sie mit einer solchen Frau im
Bett landen – sofern Sie in Ihnen den richtigen Partner gefunden
zu haben glaubt. Doch um ihr Interesse – geistig wie körperlich
– wachhalten zu können, müssen Sie zeigen, was Sie draufha-
ben. Sex ist ihr wohl wichtig, doch er kann für sie rasch zur langweiligen Pflichtübung werden, wenn der Funke nicht auch auf
anderen Gebieten überspringt.

Wenn Sie sich mit ihr unterhalten und ihres Zeichens noch
nicht sicher sind, können Sie es daran erkennen, daß sie Ihnen
in den ersten zehn Minuten ihre Lebensgeschichte erzählt oder
zumindest das, was sie Sie wissen lassen will. Haben Sie sich
auf einer langweiligen Party kennengelernt, schlägt sie wahr-

scheinlich bald vor, woanders hinzugehen. Fassen Sie das aber nicht unbedingt als Anmachen auf, denn es kann auch schlicht bedeuten, daß sie Ihre Gesellschaft genug schätzt, um mehr über Sie zu erfahren, und daß der Widder nun mal ein Gegenwartsmensch ist.

Sie kleidet sich nach dem letzten Schrei. Der Widder eilt der Mode sogar gern voraus und steht, wenn auch nicht in dem Maß wie der Löwe, meist in vorderster Front. Auch wenn die Widder-Frau nur wenig Geld für Kleider zur Verfügung hat, werden Sie das nicht merken. Sie hat den Bogen raus, sich so anzuziehen, daß ihre Kleider sündhaft teuer aussehen. So unterscheidet sie sich auffallend vom Durchschnitt.

Sie tritt überwältigend selbständig auf, als hätte sie sich immer allein durchs Leben geschlagen. Sie ist die geborene Führerin und will das auch unter Beweis stellen – zumindest präsentiert sie sich so in der Öffentlichkeit.

Jetzt fragen Sie sich vielleicht, ob sie denn überhaupt die ideale Frau für Sie sein kann? Fürchten vielleicht, daß sie Ihr Leben in *ihre* Hand nimmt, daß Sie nichts als eine Eroberung mehr für sie sind und daß sie allen Freunden erzählt, wie sie Sie im Handumdrehen aufs Kreuz gelegt hat? Wenn Sie furchtbar gutmütig sind und um des lieben Friedens willen zu allem ja und amen sagen, kann eine solche Frau Sie allerdings förmlich überrollen. Doch das ist nicht, was sie wirklich will. Sie sucht einen ganzen Mann, der auch mal aggressiver und dominanter sein kann als sie selbst – auch wenn sie das vielleicht nicht immer zugibt. Mit diesem Wissen sollte Ihnen langsam klarwerden, daß Ihr Leben wirklich aufregend sein kann, falls es Ihnen gelingt, diese Frau zu zähmen.

Und wo kann man eine so feurige Frau am ehesten finden? Schauen Sie überall nach, wo etwas los ist. Da sie die Unabhängigkeit liebt, macht sie nie Pläne im voraus, denn es könnte sich ja in letzter Minute noch etwas Interessanteres finden lassen. Sie ist von morgens bis abends auf den Beinen und scheint nie müde zu werden. Sie ist der Typ, der sich einen Spaß daraus machen könnte, sich bei einem Ehevermittlungsinstitut einzuschreiben oder eine Anzeige in der Rubrik »Bekanntschaften«

aufzugeben, nur um zu sehen, wer sich darauf meldet. Doch würde sie genausogut auch bei Freunden auf die Kinder aufpassen, damit sie einmal ausgehen können, oder ehrenamtlich in einer Klinik arbeiten. Obwohl man es Widdern auf den ersten Blick nicht anmerkt, sind sie geradezu begierig darauf, lahme Enten um sich zu sammeln, sie kümmern sich aufopfernd um andere Menschen und sind, weil sie nicht besonders gut mit Geld umgehen können, meist großzügiger, als ihre Börse es zuläßt.

Was die Widder-Frau mag oder verabscheut, kann wechseln wie das Wetter. Hat sie sich aber einmal auf etwas eingeschossen, läßt sie sich nur schwer wieder davon abbringen. Sie ist zwar nicht so unbeständig wie die Zwillinge, kann aber durchaus plötzlich ein Riesentheater um etwas machen, das ihr am Tag davor noch sehr wohl in den Kram gepaßt hat. Im allgemeinen mag sie Überraschungen, doch ist das Timing von Ihrer Seite her wichtig. Sie hat ein gutes Gedächtnis für besondere Anlässe und würde es Ihnen übelnehmen, wenn Sie etwa am Valentinstag die Blumen vergäßen oder, was noch schlimmer wäre, ihr von einer Geschäftsreise das falsche Parfüm mitbrächten (erst recht, wenn sie sich darüber geärgert hat, daß sie nicht mitfahren konnte).

Die Widder-Frau will nicht dauernd umschmeichelt, aber auch auf keinen Fall übersehen werden. Zwar läßt sie sich gerne anmachen, übernimmt aber dann oft selbst die Rolle der Verführerin. Sie ist ein höchst widersprüchliches Geschöpf, jedoch niemals langweilig. Sie gibt es nicht gerne zu, doch wissen ihre engsten Freundinnen, daß sie sich in schweren Stunden gern an eine kräftige Schulter lehnt. Lassen Sie sie indes nie wissen, daß Sie dieses kleine Geheimnis erraten haben. Wohl gilt der Widder als männliches Zeichen, doch wer eine Widder-Frau für hart und aggressiv hält, hat nicht hinter die Kulissen geschaut. Gewiß *kann* sie es sein – aber oft ist sie es eben nur deshalb, weil sie es aus irgendwelchen Gründen sein muß.

Solange sie sich dabei wohl fühlt, macht die Widder-Frau – natürlich in vertretbarem Rahmen – alles mit. Theater, Kino, Konzerte: Ihr Geschmack ist meist recht vielseitig. Sie macht gern Urlaub, besonders an Orten mit exotisch klingenden Namen, wo von ihren Bekannten noch niemand gewesen ist. Dann kann sie zu Hause besonders hübsche Geschichten erzählen. Vergessen Sie niemals, daß Widder Abenteurer sind, die gerne in die Ferne schweifen.

Machen Sie ihr originelle Geschenke. Suchen Sie nie etwas aus, das Sie schon einmal an jemand anderen verschenkt haben, wenn sie das weiß. Das wäre ein unverzeihlicher Fehler. Bestimmt würde sie sich über reizvolle Seidenunterwäsche, Pullis ganz bestimmter Marken, die gerade in sind, das neueste Walkman-Modell, ein kabelloses Telefon oder ein Dutzend roter Rosen freuen. Stellen Sie sich darauf ein, daß sie zu jeder Zeit und aus jedem Anlaß Geschenke liebt.

Verführung ist eine Kunst, und eine Widder-Frau zu verführen kann eine wunderbare, aufmunternde Erfahrung sein, allerdings manchmal anstrengend. Es wird Ihnen aber so viele denkwürdige Augenblicke bescheren, daß die aufreibenden Phasen dagegen beinahe vollständig verblassen.

Wie Sie einen Widder anlocken

Wenn Sie einen Widder verführen wollen, dann
sollten Sie
- ihn oder sie stets im Glauben lassen, er oder sie sei hinter *Ihnen* her.
- alles locker und leicht nehmen und sexuell unwiderstehlich sein.
- mit Kopf und Körper etwas zu bieten haben.
- sich unabhängig geben, auch wenn Sie sich insgeheim nach jemandem sehnen, auf den Sie sich stützen können.
- Humor haben – Widder möchten sich amüsieren.
- Ihr Telefon zu den Zeiten freihalten, zu denen Ihr Widder anzurufen pflegt, es sei denn, Ihre Arbeit hat eindeutig Vorrang.
- Ihre Hemmungen überwinden, sobald Sie sicher sind, den Traumpartner gefunden zu haben – Widder sind nicht schüchtern.

– zum Frühaufsteher werden; das müssen Sie vielleicht üben –
doch es ist vermutlich nicht unwichtig.

sollten Sie nicht
– ihn oder sie drängen, und zwar auch nicht mit noch so sanften Mitteln.
– während eines geschäftlichen Treffens anrufen.
– ihm oder ihr jemals raten, was zu tun ist – Widder lernen nun
mal lieber aus Fehlern.
– seine oder ihre besten Freunde kritisieren – Widder sind ungeheuer loyal.
– mit ihm oder ihr ins Bett gehen und dann gleich einschlafen.
– ihm oder ihr Lügen auftischen, auch keine Notlügen.
– irgend etwas zur Routine verkommen lassen – Langeweile ist
für Widder ein gräßliches Wort.
– erwarten, daß Sie das letzte Wort haben können, wenn ein
Widder noch etwas zu sagen hat.

Der Stier-Mann

Kommen Sie gut mit jemandem aus, der ohne ersichtlichen
Grund unglaublich stur sein kann? Können Sie sich lange Zeit
gedulden, bis ein Mann einsieht, daß ihm etwas gefehlt hat, bevor er Sie kennengelernt hat? Verfügen Sie über genügend Geduld und Glauben, daß es sich lohnt, auf etwas Wertvolles zu
warten? Dann greifen Sie zu. Venus, die Göttin der Liebe, regiert den Stier, das erste der Erdzeichen. Sie macht aus ihm einen romantischen Liebhaber, obwohl er mit beiden Beinen fest
und sicher auf dem Boden steht.
   Der Stier macht nicht gern Fehler, und er will auf keinen Fall
ausgenutzt werden. Er braucht in jeder Beziehung Sicherheit.
Selbst wenn er schon bei der ersten Begegnung an Ihrer Schnur
zappelt, zeigt er das nicht. Diesem Mann liegt meist nichts an
einem flüchtigen Abenteuer – Ausnahmen bestätigen natürlich
wie immer die Regel. Unabhängig von seiner Herkunft und seinem Lebensstil glaubt er aus innerster Überzeugung an die Un-

antastbarkeit der Ehe und daß ein glückliches Familienleben all seine Bedürfnisse befriedigt.

Wenn Sie jemals gedacht haben, das Leben mit einem Stier sei öde und langweilig, werden Ihnen die Augen aufgehen, sobald Sie diesen Mann näher kennenlernen. Er ist nicht nur romantisch, sondern auch sehr sexy. Lassen Sie sich von seiner äußeren Erscheinung nicht täuschen. Hinter der etwas gesetzten und strengen Fassade liegen zahlreiche Einfälle bereit, die nicht alle nur die praktische Seite des Lebens betreffen.

Wie der Widder über den Kopf herrscht, so herrscht der Stier über den Hals. Und wenn Sie sich einige Stier-Geborene einmal daraufhin genau anschauen, werden Sie mir beipflichten, daß viele einen starken Nacken haben, der ihnen oft etwas Vierschrötiges verleiht. Und viele unter ihnen besitzen eine recht gute Stimme: Etliche bekannte Sänger sind in diesem Zeichen geboren, zum Beispiel Ella Fitzgerald, Bing Crosby und Barbra Streisand.

Doch aus was läßt sich das Sternzeichen eines solchen Mannes noch erraten? Am einfachsten wäre es natürlich, wenn Ihnen ein recht stattlicher, »stier«nackiger Mann mit einer Arie aus »Madame Butterfly« auf den Lippen begegnen würde. Doch hieße das erwarten, daß ein Zwölftel der Bevölkerung genau gleich daherkäme. Aber ernsthaft: Wahrscheinlich wird Ihnen die unaufdringliche Kraft dieses Mannes auffallen, selbst wenn er Ihnen anfangs kein Interesse entgegenzubringen scheint. Da das zum Charakter des Stieres gehört, liegt darin nichts Beunruhigendes. Ich gehe jede Wette ein, daß er zumindest einmal im Leben von einer Frau schwer gekränkt worden ist. Er gehört nun einmal zum Element Erde und würde nur äußerst ungern seine Hufe ein zweites Mal auf unfruchtbaren Boden setzen. Er wirkt etwas kühl, ruhig und distanziert. Doch können Sie ihn plötzlich dabei ertappen, wie er Sie taxiert, wenn er sich unbeobachtet fühlt. War der Blick nicht ziemlich sinnlich? Sie haben richtig getippt. Er wird das allerdings bestreiten, jedenfalls so lange, bis er Sie besser kennt.

Auch wenn er an Ihnen interessiert ist, wird er Sie nicht gleich um ein Rendezvous bitten. Ein Stier braucht Zeit und läßt die

Dinge wachsen. Auf einer Party fragt er Sie vielleicht nach Ihrer Telefonnummer, doch wenn Sie abends zu Hause auf einen Anruf warten, werden Sie wahrscheinlich enttäuscht. Er wird Sie auch nicht an Ihrem Arbeitsplatz anrufen, denn die Arbeit ist dem Stier heilig. Diese Einstellung gehört zu seiner Natur und hat auch mit seinem tiefen Bedürfnis nach Sicherheit zu tun. Wirklich sicher fühlt er sich erst, wenn er so viel Geld verdient, daß ihm – in dieser Beziehung – aller Wahrscheinlichkeit nach nichts mehr passieren kann.

Doch sind natürlich nicht alle Stiere von der gleichen Art (auch wenn sie alle etliche typische Züge aufweisen). Haben bei der Geburt dieses Traumpartners zum Beispiel mehrere Planeten im Zeichen der Zwillinge gestanden, wird er wohl erheblich gesprächiger sein als üblich. Auch kann sein Aszendent Widder sein, was sich sicher auf seine langsame Art verändernd auswirken würde.

Eine sichere Art, herauszufinden, ob Sie einen Stier vor sich haben, wäre, ihn zu reizen, doch ist das nicht unbedingt zu empfehlen, wenn Sie ihn noch einmal wiedersehen wollen. Der Ausspruch »Das ist wie ein rotes Tuch für den Stier« hat durchaus seine Berechtigung – und es braucht noch nicht einmal etwas auffällig rot zu sein, damit es ihn auf Trab bringt. Sie denken jetzt vielleicht ein wenig skeptisch, daß schließlich viele Menschen die Beherrschung verlieren, wenn ihnen etwas gegen den Strich geht, aber beim Stier sollten Sie immer daran denken. Denn niemand tut es mit soviel Aufwand wie er.

Wenn Sie ihn also lieber nicht reizen, weil Sie sich nicht um künftige Chancen bringen wollen, können Sie sein Sternzeichen noch auf andere Weise erraten. Fragen Sie ihn doch zwanglos auf einer Party, wie er sich den Lebensunterhalt verdient. (Vermutlich fragt er ohnehin *Sie* das zuerst, um festzustellen, ob Ihre Tätigkeit auch seriös genug ist.) Wenn er Buchhalter, Häusermakler, Börsenmakler oder Betriebswirt, bei einer Bank beschäftigt oder Kunsthändler ist, können Sie davon ausgehen, daß er ein Stier ist. Scheint er eher ein Künstlertyp, kann er zwar auch Sänger, Maler oder Musiker sein. Doch beschäftigt sich der Stier im allgemeinen nicht mit etwas, von dem er annimmt, daß es nichts einbringt. Hat er einen künstlerischen Beruf, ist er deshalb vermutlich recht erfolgreich darin, und Sie brauchen nicht zu befürchten, daß er als »armer Poet« in einer kalten, ungemütlichen Dachkammer lebt. Stiere sind eher selten selbständige Unternehmer. Sie wollen ganz genau wissen, was sie im kommenden Jahr verdienen – und auch in den beiden darauffolgenden Jahren. Mag sein, daß Sie schon vom »grünen Daumen« der Stiere gehört haben. Falls Ihre neue Bekanntschaft sich als Handelsgärtner entpuppt, können Sie ihm auf den Kopf zusagen, daß er zwischen dem 21. April und dem 20. Mai geboren ist.

Sind Sie sich Ihrer Sache immer noch nicht sicher? Dann schauen Sie sich seine Kleidung an. Der Stier-Mann ist nicht sonderlich modisch interessiert, denn seine Kleider sollen lange halten. Auch beeindrucken ihn Markenzeichen nicht übermäßig (außer denen, die er für gut hält). Er will für sein Geld Qualität und setzt auf zeitlosen Stil. Mit Stoffen kennt er sich allerdings ziemlich gut aus. Er achtet darauf, wie sich ein Stoff anfühlt: nicht rauh oder so, als ob er sich nach dem ersten Waschen in Wohlgefallen auflösen oder nur wenige Waschgänge überstehen könnte. Auch trägt ein Stier das Haar ordentlich geschnitten und nicht zu lang, es sei denn, er gehört zu den künstlerischen Stieren. Sein Rasierwasser riecht teuer. Sobald Sie ihn besser kennen, merken Sie, daß er ein Mann mit Geschmack ist, der sich mit seinem schwer verdienten Geld ganz gern selbst verwöhnt.

Sind Sie ein geduldiger Mensch und sicher, daß dieser Mann tatsächlich ein Stier ist, dann warten Sie erst mal ab. Schlagen Sie auf keinen Fall das nächste Treffen vor, denn dann hat er höchstens das Gefühl, Sie spekulieren auf eine Einladung zum Essen, weil Sie wissen, daß er gerne gut und teuer ißt. Wenn Sie natürlich selbst hervorragend kochen, könnten Sie beiläufig erwähnen, daß Sie am nächsten Freitag oder so – möglichst nicht zu bald – ein paar Bekannte zum Essen eingeladen haben, und ihn fragen, ob er auch kommen wolle. Wundern Sie sich aber nicht, wenn er ablehnt. Er muß sich ja erst sicher sein, daß er Sie wiedersehen will, und dann sollte die Einladung von *ihm* ausgehen und nicht von Ihnen.

Vielleicht denken Sie jetzt (vor allem, wenn Sie romantisch veranlagt sind), Sie hätten sich den falschen Traumpartner ausgesucht, der Stier-Mann sei zu dickköpfig und zu sehr auf seinen Beruf fixiert. Verstehen Sie mich da nur nicht falsch: Dieser Mann ist im wahrsten Sinn des Wortes romantisch. Aber er braucht Zeit und will keinen Fehler machen, weder jetzt noch künftig. Und er ist nicht nur romantisch, sondern auch ziemlich leidenschaftlich. Wenn er auch in vieler Hinsicht nur schwer in Gang kommt: auf das Liebesleben trifft das nicht zu. Seine sinnliche Ader bezieht sich nicht nur auf das Rasierwasser und den richtigen Wein zum Essen. Was im Bett passiert, ist für ihn von großer Wichtigkeit, aber er ist nicht auf ein kurzes Abenteuer aus. Auch er sucht nach der idealen Traumpartnerin, und er ist bereit, so viel Zeit wie auch immer nötig zu investieren, um sie zu finden. Sie müssen also schon einiges zu bieten haben. Und vergessen Sie dabei nie, daß der Stier zwar mit allen vier Hufen fest auf dem Boden der Wirklichkeit steht, aber leichter gekränkt ist, als Sie vielleicht angenommen haben. Wenn Sie ihn verletzen, sei es auch unbeabsichtigt, kann er Ihnen, stur wie er ist, nur schwer vergeben.

Sie wissen jetzt also, daß Ihr bisheriges Bild von einem Stier-Geborenen zumindest irreführend war und daß er genau der Traumpartner sein könnte, nach dem Sie Ihr Lebtag gesucht haben. Nun sollten Sie die Sache ganz gezielt angehen. Dazu müssen Sie herausfinden, wo man Stiere am ehesten antreffen kann. Vielleicht übt er eine der eben genannten Tätigkeiten aus, und Sie arbeiten in derselben Firma. Vielleicht leitet er das Restaurant, das Sie einmal pro Woche mit Ihrer Freundin aufsuchen. Vielleicht lernen Sie ihn auch in einem Fitneßcenter kennen (bei all dem guten Essen muß er bestimmt auf sein Gewicht achten), allerdings eher in der Sauna oder auf der Massagebank als in der Sporthalle.

Falls Sie einen Stier-Mann im Urlaub kennenlernen, können Sie nur hoffen, daß er nicht zu weit von Ihnen entfernt lebt, denn bis die Sache richtig in Gang kommt, sind Sie sicherlich schon wieder zu Hause. Eine reine Urlaubsromanze würde ihn bloß frustrieren, obwohl auch er im Urlaub, weit weg von zu

Hause, meist etwas lockerer ist. Doch an einem Flirt, an Promiskuität oder gar an einer Frau, die zuviel trinkt oder sich auffällig zur Schau stellt, liegt ihm ganz sicher nichts. Daher: Keine schönen Augen mehr für den attraktiven Kellner, wenn Sie gerade einen Stier kennengelernt haben!

Er schaut bestimmt nicht nach süßen albernen Mädchen aus. Er will eine gestandene Frau, die ihm im Bett und anderswo das Wasser reichen und der er trauen kann. Ich kenne keinen Stier-Mann, der nicht zumindest einmal im Leben enttäuscht worden ist, und meist lag der Fehler nicht bei ihm. Aus diesem Grund braucht er so lange, um eine Beziehung aufzubauen. Er weiß, daß es für ihn allzuleicht mit einer Katastrophe endet, wenn er sich zu unbedacht verliebt.

Auf keinen Fall dürfen Sie vergessen, daß bei einem Stier-Mann Eifersucht großgeschrieben ist. Das ihm entgegengesetzte Zeichen des Tierkreises ist der Skorpion, vermutlich das eifersüchtigste aller Zeichen. Jedes Zeichen hat auch etwas von der Art seiner Opposition an sich.

Doch genauso, wie Sie gelernt haben, sich selbst von der besten Seite zu zeigen, genauso können Sie lernen, ihn zu verstehen. Denken Sie daran, wie angenehm es sein wird, sich bei jemandem sicher und von jemandem geliebt zu fühlen, der Sie nie im Stich läßt; wie glücklich Sie sich fühlen werden, wenn Sie die Freude sehen, mit der er ein Geschenk auspackt, das er sich schon immer gewünscht hat, für das er aber nicht soviel ausgeben wollte: etwa einen alten Portwein, einen besonders schönen, in Leder gebundenen Terminkalender für den Schreibtisch, einen Compact-Disc-Player, Eintrittskarten für ein Galakonzert, ein Gartenbuch oder einen Freßkorb mit Delikatessen.

Mag der Stier-Mann auch manchmal stur, halsstarrig, in seiner Routine erstarrt und auf seine Ansichten fixiert sein und jedes Jahr am selben Ort seinen Urlaub verbringen, so ist er doch andererseits äußerst geduldig und gelassen, wenn Sie in Panik geraten, humorvoll, oft sehr kreativ und nicht zuletzt ein großartiger Liebhaber.

Werden Sie also nicht unsicher, wenn sich herausstellt, daß Ihr Traumpartner Stier ist. Vielleicht ist er der einzige Mann, der

Sie glauben machen kann, daß Träume nicht bloß Schäume sind, sondern manchmal ein Leben lang dauern können – wenn der richtige Partner dabei hilft.

Die Stier-Frau

Ist Ihre Traumpartnerin eine Stier- Frau, wird Sie wie ihre männliche Entsprechung ebenfalls von der Liebesgöttin Venus beherrscht. Wenn Sie sich nun aber einbilden, sie sei deshalb sanft und entsprechend leicht davon zu überzeugen, daß Sie der ideale Mann für sie wären, könnten Sie sich schwer getäuscht haben. Eine Stier-Frau ist vielleicht noch sturer und störrischer als ein Stier- Mann. Und wenn sie der Ansicht ist, Sie seien der Richtige für sie – auch wenn Sie selbst sich noch gar nicht so sicher sind, müssen Sie sich vorsehen. Eine solche Frau steuert entschlossen auf das zu, was sie will, und wenn es sie noch so viel Zeit kostet.

Auf den ersten Blick mag sie ziemlich ruhig, ja sogar schüchtern wirken, da sie in Gesellschaft im Hintergrund zu bleiben pflegt. Sie schätzt die Situation ab und beachtet Sie wahrscheinlich auch dann nicht weiter, wenn sie Sie interessant findet. Sie ist jedoch nicht nur zurückhaltend. Sobald Sie sie besser kennen, werden Sie merken, welch tiefe Leidenschaft untergründig in dieser Frau glüht. Außerdem kann sie unglaublich eifersüchtig sein.

Sie müssen einer Stier-Frau vermutlich erst Ihre Bankauszüge zeigen, bevor Sie sie überzeugen können, daß sie nicht ohne Sie leben kann. Das ist natürlich nicht wörtlich zu nehmen, soll aber deutlich machen, daß ein Stier nun mal Sicherheit braucht, und ein festes Fundament ihm mehr bedeutet als ein Dutzend Orchideen oder ein Flug mit der Concorde über den Atlantik. Die Stier-Frau schätzt so etwas zwar auch. Da sie aber mit beiden Beinen fest auf dem Boden steht, muß sie erst einmal ihre Zukunft so gesichert wie möglich sehen.

Ihre innere Stärke hält diese Frau auch in schweren Zeiten aufrecht. Obwohl sie sehr beherrscht und entschlossen wirkt, ist sie nicht weniger romantisch und idealistisch als andere. Da sie einem geliebten Menschen gegenüber äußerst loyal ist, ist sie verletzbarer, als sie zu erkennen gibt. Ihre störrische Art läßt sie nur schwer zugeben, daß sie sich auch schon mal in einem Mann getäuscht hat. Sie ist stets mit äußerster Kraft bemüht, Beziehungen ausgeglichen zu gestalten.

Haben Sie einmal das Herz einer Stier-Frau gewonnen, verlieren Sie es nicht wieder, solange Sie ihren Erwartungen entsprechen und sie nicht im Stich lassen. In einer Ehe mit dieser Traumpartnerin wird sie immer darauf achten, daß Sie im Büro ein sauberes Hemd tragen und pünktlich zu essen bekommen. Auch kann sie ebensogut kochen, wie Sie es von teuren Restaurants gewohnt sind. Und Sie brauchen sich um das Haushaltsgeld keine Sorgen zu machen, denn sie ist so praktisch und sparsam veranlagt, daß Sie sich bald fragen werden, wie Sie bloß vorher ohne sie ausgekommen sind.

Sie wird mit Ihnen zusammen nach dem Essen gern Ihre Lieblingssendung im Fernsehen anschauen. Dafür müssen Sie aber auch ihre Lieblingsopern mithören, was nicht sehr unterhaltend ist, wenn Ihre Vorstellungen von Musik stark von den ihren abweichen. Bei Reparaturen im Haus werden Sie übrigens ein Vermögen sparen, denn sie versteht sich ausgezeichnet auf so etwas, wenn es auch geraume Zeit dauern kann, bis sie alles aufgespürt hat, was wieder in Ordnung gebracht werden muß.

Woran aber erkennt man ein solches Muster an Tugend in einem überfüllten Raum? Wie Sie bereits wissen, hält sie sich gern im Hintergrund. Sie ist stets gut, doch nicht zu auffällig gekleidet. Sie trägt nun mal kein tiefes Dekolleté, wenn sie es mit ihrer Figur nicht glaubt vereinbaren zu können – viele Stiere haben Probleme mit dem Gewicht. Etwas in ihren Augen verrät Ihnen aber dennoch, wie sexy sie ist.

Im Gespräch mit ihr stellen Sie bald fest, daß sie weiß, wovon sie redet und ihre Meinung Ihnen zuliebe nicht ändert. Sie ist stark genug, ihren Standpunkt in jeder Hinsicht zu behaupten. Sie fühlt sich denn auch nicht geschmeichelt, wenn Sie ihr zustimmen, obwohl Sie nicht einer Meinung mit ihr sind. Sie erkennt gleich, ob ein Mann ihr nur nach dem Mund redet, weil er sie aufs Kreuz legen will, oder ob er glaubt, daß zwei Menschen, die ihre Meinungsverschiedenheiten austragen, einander dadurch besser kennenlernen und verstehen.

Wenn Sie nun glauben, daß Ihnen zu Ihrem Lebensglück nur noch eine Stier-Frau fehlt, müssen Sie wissen, wo sie am ehesten zu finden ist. Sicher durchtanzt sie nicht in einer Disko die Nächte. Vielleicht hat sie sich einem Verein für Opernfreunde angeschlossen oder besucht einen Kochkurs für die *Haute Cuisine*. Da sie Gartenarbeit liebt, könnte sie auch in einer Baumschule zu finden sein. Sie gehört nicht zu den Frauen, die »angemacht« werden wollen. Bei ihr muß sich eine Beziehung langsam entwickeln. Wenn sie Ihnen von einem guten Freund vorgestellt wird, fühlt sie sich wahrscheinlich sicherer.

Sie ist nicht besonders energiegeladen. Im Urlaub liegt sie oft faul am Strand, und sie genießt das Après-Ski am Abend bei weitem mehr als das sportliche Rasen auf den Pisten.

Kaum wahrscheinlich, daß Sie sie als »Anhängsel« bei einer Verabredung mit anderen oder über ein Vermittlungsinstitut kennenlernen. Dazu müßte sie schon jemand überredet haben, der noch hartnäckiger ist als sie selbst. Sollten Sie sie dennoch auf diese Weise kennenlernen, wird sie Sie mit Fragen löchern, um sicherzugehen, daß Sie auch der Richtige sind.

Schnell um die Ecke was trinken gehen, entspricht nicht ihrer Vorstellung von Ausgehen. Ein Stier hat hochentwickelte Geschmacksnerven. Falls sie weiß, daß Sie es sich leisten können, zieht sie ein französisches Restaurant einer Kneipe in jedem Fall vor.

Sie mag zwar recht robust wirken, doch ist der Stier ein weibliches Zeichen, und dazu noch ein ziemlich romantisches. Die Stier-Frau liebt Seidenstoffe auf der Haut und verwöhnt sich gerne mit aromatischen Lotionen und Parfüms. Geschenke für sie zu finden, dürfte Ihnen leichtfallen, etwa eine große Flasche eines besonderen Parfüms, einen Kaschmirschal, ein Essen zu zweit in einem von ihr geschätzten Restaurant oder einen weichen Bademantel mit Monogramm.

Eine Stier-Frau läßt sich nicht über Nacht verführen. Sie fragen sich vielleicht sogar nach einiger Zeit, ob Sie sich überhaupt weiter um sie bemühen sollen. Aber wenn sie dann auf einmal eifersüchtig wird, weil Sie sich mit einer alten Flamme getroffen haben, wenn ihre Augen aufleuchten, sobald Sie mit einem Strauß ihrer Lieblingsblumen bei ihr aufkreuzen, und wenn sie schließlich doch ihre Hemmungen verliert und zeigt, wie ungeheuer warmherzig und liebenswürdig sie ist, werden Sie erkennen, daß Sie in ihr eine Traumpartnerin haben, die Sie auf hundert verschiedene Arten glücklich machen kann. Und all Ihre früheren Erfahrungen werden Millionen von Lichtjahren davon entfernt scheinen.

Wie Sie einen Stier von sich überzeugen

Wenn Sie einen Stier verführen wollen, dann
sollten Sie
- loyal, liebenswert und auch ein guter Zuhörer sein.
- Körpersprache lernen – es lohnt sich, dafür einige Mühe aufzuwenden.
- häufig Komplimente machen und das Ego dieses Traumpartners, wenn nötig, stärken.
- seine oder ihre Arbeit unterstützen.
- immer dasein, wenn Sie gebraucht werden, auch wenn Sie deswegen stundenlang neben dem Telefon sitzen müssen – Stiere sind verläßlich, nur manchmal etwas langsam.
- die sinnliche Seite Ihrer Persönlichkeit hervorkehren – aber ohne aufdringlich zu erscheinen.
- herausfinden, welche Musik und welche Gerichte sie oder er bevorzugt – das wird Ihnen hoch angerechnet.

sollten Sie nicht
- zu früh zu zielstrebig erscheinen – Stiere lassen sich nicht gerne drängen.
- je den Eindruck erwecken, daß Sie nur flirten wollen.
- ungerührt weiter Ihre Lieblingsserie anschauen, wenn Ihr Stier schmusen möchte.
- mit den Liebesabenteuern aus früheren Tagen protzen.

- die Gefühle Ihres Traumpartners mit der Bemerkung verletzen, er oder sie habe zugenommen – ein heikler Punkt.
- gehemmt reagieren, wenn der langsame Stier endlich im Bett seine Leidenschaft offenbart.
- unentschlossen reagieren, wenn der Stier zum Schluß gekommen ist, daß Sie der vollkommene Seelengefährte sind.
- diesen Traumpartner beim Liebemachen zur Eile antreiben.

Der Zwillinge-Mann

Sind Sie über die neuesten Ereignisse auf der Welt auf dem laufenden? Haben Sie den letzten Bestseller gelesen, den neuesten Film in der Stadt gesehen? Sind Sie eine gute Zuhörerin? Macht es Ihnen nichts aus, ständig unterbrochen zu werden? Sind Sie helle, schlagfertig und attraktiv und nicht nur an Kleidern interessiert oder daran, sich zu amüsieren?

Falls Sie jetzt schon den Kopf schütteln, sind Sie nicht die richtige Frau für einen Zwillinge-Mann. Er muß ständig stimuliert werden, und zwar nicht nur in sexueller Hinsicht. Merkur, der geflügelte Götterbote, beherrscht dieses Zeichen. Zwillinge legen deshalb vor allem Wert auf geistige Anregung durch den Partner. Wollen Sie einen solchen Mann erobern, müssen Sie seinen Geist genauso zufriedenstellen wie seine anderen Bedürfnisse. Es darf ihm niemals langweilig werden.

Zwillinge sind ein Luftzeichen, und der Zwillinge-Mann scheint in der Tat mit den Füßen immer über dem Boden zu schweben. Er ist der gesellige Schmetterling des Tierkreises, der von einer Blume zur nächsten flattert. Er flirtet unentwegt und redet pausenlos. Man kann viel Spaß mit ihm erleben, doch läßt er sich nur mit Mühe halten.

Das Symbol dieses Sternzeichens, die Zwillinge, weist auf die zwiespältige Persönlichkeit hin, die sich bei Zwillinge-Geborenen von Zeit zu Zeit bemerkbar macht. Menschen, die von einem Zwilling verletzt oder beleidigt worden sind, beschreiben sein Verhalten oft als doppelzüngig oder gar als schizophren. In der Tat haben alle Zwillinge- Geborenen mehr oder weniger etwas von Dr. Jekyll und Mr. Hyde, und zwar nicht nur die Männer.

Merkur, der Planet der Zwillinge, herrscht über den Verstand. Zwillinge sind gute Redner und häufig Persönlichkeiten des öffentlichen Lebens: Königin Victoria, Prinz Philip, John F. Kennedy, Henry Kissinger und Joan Collins sind in diesem Sternzeichen geboren. Die feinnervige Erregbarkeit von Zwillinge-Geborenen führt nicht selten zu Tragödien; man denke etwa an Judy Garland oder Marilyn Monroe. Um dieses Zeichen zu erkennen, braucht man kein Experte zu sein. Beobachten Sie, wie ausdrucksvoll Zwillinge beim Reden die Hände bewegen, wie enthusiastisch sie auf jemanden einreden, den sie gerade erst kennengelernt haben. Sie sind selten schüchtern, und wenn, können sie es erstaunlich gut überspielen. Sie reden ununterbrochen und springen dabei mit großer Leichtigkeit von einem Thema zum andern.

Ein Zwillinge-Mann bezaubert Sie im Handumdrehen. Das geht bei ihm ganz von selbst. Flirten scheint ihm so zur zweiten Natur geworden zu sein, daß man sich direkt vorstellen kann, wie er der Hebamme zugezwinkert hat, kaum war er auf der Welt. Er steckt voll frischer, unerschöpflicher Energie, ist aber nicht unbedingt sportlich. Er tummelt sich lieber auf dem Gebiet des Wortes – er verfügt hauptsächlich über geistige Energie. Die Kunst der Verführung beherrscht er hervorragend. Wenn Sie sich von seinem Geplauder nicht bezirzen lassen, greift er flugs zu einem anderen Mittel, und auch das wird nicht gerade das subtilste sein.

Der Anziehungskraft dieses Mannes kann man nur schwer widerstehen. Wenn Sie auch nur die Hälfte von all dem glauben, was er sagt – er verspricht stets das Blaue vom Himmel herunter und versprüht dabei den Charme eines entzückenden kleinen Jungen –, hängen Sie bereits an der Angel, bevor Sie es richtig merken, und haben auch schon das erstbeste Astrologiebuch gekauft, um in Erfahrung zu bringen, wie man mit dem Peter Pan des Tierkreises umgeht.

Sollten Sie das Zeichen wider Erwarten noch nicht erraten haben, fragen Sie ihn am besten danach, wie er seinen Lebensunterhalt verdient. Wenn er mit den Medien zu tun hat – also Journalist ist, beim Fernsehen, Rundfunk oder in einem Verlag arbeitet –, Vertreter oder Lehrer ist oder nach einem politischen Amt strebt und Sie mit Storys von seinen vielen Projekten, die er anscheinend alle gleichzeitig verfolgt, überhäuft, können Sie darauf setzen, daß er ein Zwilling ist. Natürlich üben nicht alle Zwillinge die gleiche Tätigkeit aus. Wie bei jedem anderen Sternzeichen hat auch jeder Zwilling sein individuelles Horoskop. Der Einfluß des Aszendenten sowie anderer Planeten und die verschiedenen Aspekte bewirken beträchtliche Unterschiede, und hier kann nur von allgemeinen Gemeinsamkeiten die Rede sein. Doch unabhängig davon, was ein Zwillinge-Mann tut, benutzt er auf jeden Fall seinen Geist und seine Stimme, und zwar reichlich.

Wetten, daß er auf einer Party ans Telefon gerufen wird? Oder daß er sich für einen Augenblick entschuldigt, weil er ein dringendes Telefonat führen muß? Auf Partys ist er übrigens vermutlich am leichtesten zu erkennen, da er an allen Ecken und Enden zugleich ist, sich jedem Eintretenden vorstellt und ihn oder sie mit allen anderen sofort bekannt macht: der ideale Partygast, der dem Gastgeber und der Gastgeberin viel Arbeit abnimmt.

Der Zwillinge-Mann kleidet sich flott, sei's zur Arbeit oder während der Freizeit. Seine Kleider kosten kein Vermögen und sind auch nicht der letzte Schrei. Sie wirken mehr durch die Art, wie er sie trägt. Er weiß, daß er gut aussieht, selbst wenn er ein kariertes Hemd zu einem Nadelstreifenanzug trägt. Zwillinge lieben auffallende Muster, zum Beispiel Karos oder Streifen, oft in Grau oder Olivgrün, aber nie leuchtende Farben. Das Haar trägt der Zwillinge-Mann modisch. Mit Schmuck behängt er sich nicht. Ein typischer Zwilling, der das Flirten eben nicht sein lassen kann, trägt nicht einmal einen Ehering.

Jetzt, da Sie Vertreter dieses Zeichens erkennen können, wollen Sie gewiß noch mehr über den Zwillinge-Mann wissen und wie Sie seine Unrast bezähmen können, damit er Ihnen nicht wieder davonflattert. Sie werden ihn vielleicht ein bißchen besser verstehen, wenn Sie sich nochmals in Erinnerung rufen, daß der ihn beherrschende Planet Merkur ist und daß er ein großes

Bedürfnis nach Kommunikation hat. Tief im Innersten hat der Zwilling nichts dagegen, sich festzulegen. Wie jeder andere Mann sucht auch er nach der Traumfrau. Allerdings muß ihn die ideale Seelengefährtin geistig *und* körperlich befriedigen. Das heißt natürlich nicht, daß Sie unbedingt auch ein Zwilling sein müssen. Zwei Zwillinge gehen einander oft ungeheuer auf die Nerven, da stets beide das letzte Wort haben wollen.

Für den Zwillinge-Mann muß jeder Tag aufregend sein. Routine ist ihm verhaßt. Nur die Abwechslung verschönert das Leben. Sie müssen also im Bett versiert sein, als Gesprächspartnerin geistreich, als Gastgeberin brillant, im Herzen ein Kind, wenn ihm nach Spielen zumute ist – und natürlich eine treuliebende Ehefrau und Mutter. Zuviel verlangt? Lohnt die Mühe? Verlieren Sie nicht den Mut. Auch ein Zwillinge-Traumpartner läßt sich zähmen – zumindest ein bißchen.

Es kommt natürlich in erster Linie darauf an, ob Sie für ihn das sein können und wollen, was er begehrt. Seien Sie also ehrlich zu sich selbst. Wenn Sie den Test jedoch mit fliegenden Fahnen bestanden haben, können Sie sich aufmachen und versuchen herauszubekommen, wo Sie dieses feurige Bündel geistiger Energie finden. Dies ist aber ganz einfach, denn der Zwillinge-Mann hält sich im allgemeinen überall dort auf, wo Menschen zusammenkommen. Er ist ganz entschieden kein Einzelgänger. Er kann sogar auch mal ein Ehevermittlungsinstitut in Anspruch nehmen, nur weil er das ungeheuer spaßig findet. Er lehnt kaum jemals eine Einladung zu einer Party ab, läßt keinen Betriebsausflug aus und ist Mitglied in jedem Ortsverein, selbst wenn er sich dort nicht aktiv betätigt, sondern nur gerade ein Auge auf die neuen Mitglieder wirft.

Im Urlaub besichtigt er wenn möglich fünf Städte in fünf Tagen. Am Strand werden Sie ihn nicht antreffen, höchstens am allerersten Tag der Reise. Meer und Strand öden ihn bald an, und er ist auch kein Sonnenanbeter. Sobald er die Sache kurz überblickt hat, verschwindet er in der nächsten Bar – nicht um etwas zu trinken, sondern um mit den Einheimischen zu schwatzen. Selbst wenn er von der Landessprache kein Wort versteht, weiß er sich zu verständigen.

Häufig bleibt es bei einer Urlaubsromanze, und wenn Sie ein Wiedersehen nach dem Urlaub vorschlagen, macht Ihre neue Eroberung unter Umständen geradewegs die Fliege. Er ist zwar nicht der Mann für nur eine Nacht, doch werden Sie inzwischen gemerkt haben, daß er sich frei fühlen will – genau wie das ihm entgegengesetzte Zeichen, der Schütze. Hat er den als Aszendenten oder stand bei seiner Geburt der Mond im Zeichen des Schützen, vervielfachen sich Ihre Schwierigkeiten. Dann brauchen Sie einen Astrologen, der Ihnen aus der Patsche hilft.

Wenn Sie also einen Zwillinge-Mann gefunden haben und sich für die Frau halten, die seine Wanderlust zähmen kann, bleibt immer noch die Frage nach dem Wie. Lieben Sie wie der Widder die Herausforderung, mag diese vielleicht größer sein, als Sie sich vorgestellt haben, kann aber eine Menge Spaß bringen. Machen Sie einen Blitzkurs im Schnellesen, damit Sie Ihren Zwilling auf seinem eigenen Feld schlagen können, indem Sie möglichst immer alles wissen.

Zeigen Sie ihm, daß Sie genauso beschäftigt sind wie er, daß Ihr Tag mit unzähligen Aktivitäten vollgestopft ist, Sie jedoch versuchen werden, sich für den Mittwoch kommender Woche für ihn freizumachen – oder tun Sie zumindest so. Das ist nämlich seine Art, mit Frauen umzugehen. Allerdings mag er es nicht besonders, wenn mit ihm auf gleiche Weise verfahren wird. Er möchte aber doch, daß Sie unabhängig sind, eigene Interessen und einen großen Bekanntenkreis haben (es stört ihn auch nicht, wenn er diese Leute nicht mag). Vermitteln Sie ihm auf keinen Fall das Gefühl, zu fest an ihm zu kleben. Er kann aber durchaus auch eifersüchtig reagieren.

Geburtstage und andere Feste pflegt er häufig zu vergessen. Sollte das aber Ihnen unterlaufen, stellt er sich an wie ein verzogenes Kind. Er ist auch nicht so unabhängig, daß er ohne Ihren Rat oder Ihre Unterstützung auskommt, wenn etwas schiefläuft. Er braucht Sie. Er fragt nur nicht gerne, weil er dann sein Gesicht zu verlieren meint. Helfen Sie ihm also unauffällig, wenn er deprimiert ist oder einen harten Arbeitstag hinter sich hat.

Einem Zwillinge-Mann Geschenke zu kaufen, macht viel Spaß. Er hat eine Vorliebe für technische Geräte, liebt Abonnements für eine neue Zeitschrift, ein neues Filofax, vertrackte Puzzles oder das größte Kreuzworträtsel, das Sie auftreiben können – alles, was den Geist eines Zwillings fordert. Auch das Neueste an Telefonmodell, Anrufbeantworter oder Minifernsehgerät wird ihm mit Sicherheit gefallen.

Vielleicht haben Sie nun den Eindruck gewonnen, es mit einem wankelmütigen, nichtsnutzigen, egozentrischen Kerl zu tun zu haben, der Frauen nur braucht, wenn ihm gerade der Sinn danach steht, und dem alles andere egal ist. Dann denken Sie daran, daß sich jeder Mensch mit einem Schutzwall umgibt, auch wenn er dies noch so vehement bestreitet. Das gilt besonders für den Zwillinge-Mann. Im Grunde hat er nichts als Angst davor, sich jemandem wirklich anzuvertrauen. Mag sein, er hat zu viele Ehen scheitern und vor dem Scheidungsrichter enden sehen, oder in seinem Elternhaus gab es andauernd Streit, so daß er sich geschworen hat, das nie erleben zu wollen. Solange Sie Ihren Zwillinge-Mann noch nicht richtig kennen – und vielleicht kann man die vielen unterschiedlichen Züge dieses Zeichens gar nie umfassend kennen –, sollten Sie ihn jedenfalls nicht vorschnell verurteilen.

Jede Beziehung muß gepflegt werden, und wenn sich herausstellt, daß Ihr Traumpartner ein Zwilling ist, wissen Sie zumindest, daß Sie sich nie langweilen werden – und das ist schon sehr viel wert.

Er wünscht sich im übrigen genauso wie andere Männer eine fürsorgliche, liebevolle Partnerin. Wenn Sie feststellen, daß Ihr Geist mehr gefragt ist als Ihr Körper, sollte Sie das nicht beunruhigen. Seine sexuelle Potenz wird Sie nicht enttäuschen, wenn Sie sich vielleicht auch an die unmöglichsten Gespräche bei den unmöglichsten Gelegenheiten gewöhnen müssen. Ihn stört es nun mal nicht, über Gott und die Welt nachzudenken, während er mit seiner Traumpartnerin Liebe macht, und es bedeutet mitnichten, daß er Sie geringschätzt.

Das Zusammenleben mit einem Zwillinge- Traumpartner hat extreme Höhen und Tiefen. Seine totale Unfähigkeit, Ihren festgefügten Lebensidealen zu entsprechen, wird Ihnen häufig die Sprache verschlagen. Sind Sie aber mit ihm schon so weit gekommen, wissen Sie wahrscheinlich auch längst, daß Sie in einem in Routine erstarrten Leben ohnehin nicht die geringste Lust hätten, morgens überhaupt aufzuwachen. Jetzt haben Sie immerhin einen Mann, der sich zwar nicht vollständig zähmen läßt, der aber für Überraschungen stets gut ist. Ist es wirklich eine Katastrophe, wenn er Ihren Geburtstag vergißt? Zum Ausgleich besitzen Sie einen Traumpartner, der Sie mit geistreichen Geschichten erheitert, Ihnen am Freitag nachmittag telefonisch mitteilt, daß Sie am Wochenende gemeinsam nach Paris fliegen, und der sich bestimmt sofort von Ihrer neuen Frisur begeistert zeigt.

Wiegt das nicht sein manchmal etwas kindisches Betragen und seine Temperamentsausbrüche auf, wenn er meint, Sie würden ihm nicht zuhören? Er ist zwar kein Heiliger, doch wird er Ihr Leben zu einem ständigen Abenteuer machen und ein liebenswürdiger Partner sein, sofern er die richtige Seelengefährtin gefunden hat.

Die Zwillinge-Frau

Ist Ihre Traumpartnerin ein Zwilling, herrscht auch über sie Merkur, der Planet des geistigen Austauschs. Wie der Zwillinge-Mann braucht auch sie in einer Beziehung geistige Anregung.

Wenn Sie zu den stillen starken Männern gehören, die immer noch der Auffassung sind, eine Frau sollte man sehen, aber nicht hören, dann lassen Sie lieber von Anfang an die Finger von ihr. Außerdem müssen Sie, selbst wenn Sie der umwerfendste Liebhaber seit Casanova wären, etwas anderes im Kopf haben als Sex, um für sie reizvoll zu erscheinen. Sie müssen ein Mann sein, mit dem sie ihre tiefschürfenden Gedanken diskutieren kann, und zwar auch noch um zwei Uhr nachts nach einer leidenschaftlichen Liebesorgie.

Aber dann erinnern Sie sich plötzlich, wie Sie ihr schon beim ersten Zusammentreffen verfallen sind. Vielleicht fing es gar nicht verheißungsvoll an. Sie zeigte unmißverständlich, daß sie nicht Ihrer Meinung war und widerlegte Sie mit schlagenden

Argumenten. Und Sie waren einfach nicht gewohnt, daß Frauen besser argumentierten als Sie selbst, und wußten noch nicht recht, ob Ihnen das paßte. Dann fiel Ihnen auf, wie blitzgescheit und lebhaft diese Frau war, und daß sie es fertigbrachte, alle anderen neben ihr langweilig erscheinen zu lassen.

Wenn sich also einer von Ihnen beiden als langweilig erweisen sollte, dann sind Sie es – sofern sie es überhaupt soweit kommen läßt. Denn eine Zwillinge-Frau erträgt nun mal keine Langeweile, auch nicht für einen Abend, es sei denn, sie hat sich so heftig in jemanden verliebt, daß sie seine Fehler nicht bemerkt. Das ist aber gar nicht ihre Art, und somit können Sie es getrost vergessen.

Eine Zwillinge-Frau bringt so viel Abwechslung in Ihr Leben, wie Sie es noch niemals erlebt haben. Sie ändert ihr Verhalten von einem Augenblick zum nächsten und verfügt über ein unglaubliches Maß an nervöser Erregbarkeit, was ihr Gefühlsleben nicht gerade immer einfach macht (Marilyn Monroe, Judy Garland und Joan Collins sind hier wiederum zu nennen). Möglich, daß dies mit dem tiefen inneren Bedürfnis nach einem Mann zusammenhängt, der ihr geistig wie auch im Bett ebenbürtig ist.

Wenn Sie das Herz einer Zwillinge-Frau gewinnen und sie davon überzeugen können, daß Sie der Partner sind, von dem sie immer schon geträumt hat, wird diese Frau Sie allerdings im Bett und auch sonst glücklich machen. An manchen Tagen wird zwar die Hausarbeit liegenbleiben, oder sie vergißt, daß Sie den Chef und seine Frau zum Essen eingeladen haben, oder versäumt, die Kinder von der Schule abzuholen, da sie in ein Telefongespräch mit einer Freundin vertieft ist, von der sie seit Jahren nichts gehört hat. Doch was wäre das Leben ohne Überraschungen?

Ist es nicht phantastisch, daß ihre schlechte Laune nie lange anhält, daß die zärtliche, romantische Frau neben Ihnen sich von einem Augenblick zum andern in eine leidenschaftliche Wildkatze verwandeln kann, daß sie Sie mit ihren endlosen Fragen nicht kontrollieren will, sondern einfach Interesse an allem hat, was Sie seit Ihrer Lausbubenzeit je erlebt haben? Sollte sie je ihre Taschen durchsuchen, dann höchstens, weil sie gerade dringend Bargeld für den Milchmann braucht und es nicht mehr rechtzeitig zur Bank geschafft hat. Für Eifersucht fehlt ihr die Zeit, denn sie ist mit zu vielen anderen Dingen beschäftigt.

Falls bei der letzten Bemerkung Ihre Augen aufgeleuchtet haben: Eine Freikarte zum Flirten für *Sie* bedeutet das nicht, auch nicht, daß es ihr nichts ausmachen würde – beileibe nicht. Denken Sie lieber dran, daß »Weiber zu Hyänen werden«, und lassen Sie sich warnen: Sie wird Sie mit Worten und vielleicht mehr – erschlagen. Gelten Zwillinge auch als doppelgesichtig und trügerisch – oft zu Unrecht –, so können sie doch gleiches bei anderen nicht ertragen.

Wenn Sie eine Frau kennengelernt haben, deren Sternzeichen Sie immer noch nicht erraten haben, obwohl sie zehn Minuten lang ohne Punkt und Komma auf Sie eingeredet hat, sollten Sie sich mal ihr Äußeres ansehen: wie sie Farben und Muster kombiniert, ohne daß dies chaotisch wirkt; wie vorteilhaft Make-up und Frisur ihr zu Gesicht stehen und sie jünger aussehen lassen, als Sie sie einschätzen. Sie wird um sich herum bewundernde Zuhörer haben, und doch kann es geschehen, daß sie plötzlich auf die Uhr schaut und sich mit einer anderen Verabredung entschuldigt.

Sind Sie jetzt immer noch interessiert daran, eine Zwillinge-Frau zu treffen? Sie können sie überall dort finden, wo sie sicher sein kann, mit vielen Menschen zusammenzukommen. Vielleicht hat sie eine Kontaktanzeige aufgegeben, ist Präsidentin eines Debattierklubs, arbeitet für einen Rundfunksender oder eine Werbeagentur, ist Empfangsdame oder Stewardeß.

Sie liebt überraschende Geschenke (wie der Widder sind Zwillinge im Grunde ihrer Seele Kinder geblieben). Versuchen Sie es mit einem Abonnement ihrer Lieblingszeitschrift, einem Anrufbeantworter oder ein paar Videos fürs Schlafzimmer. Sie hat auch eine Vorliebe für spontanes Ausgehen.

Auf den ersten Blick scheint sie nicht unbedingt leicht zu erobern zu sein. Doch wenn Ihr Kopf Ihren Muskeln ebenbürtig ist, wird sie die Erfahrung faszinieren. Die Zwillinge-Frau paßt nicht in das Bild einer »lieben kleinen Frau«, sondern hat ein großes Herz und ein breites Interessenspektrum, je mehr, desto besser. Abwechslung macht nicht nur ihr Leben süß, sondern ist eines ihrer Grundbedürfnisse.

Überlassen Sie ihr die Wahl des Urlaubsortes. Sie wird einen Ort abseits der ausgetretenen Pfade aussuchen, wo dennoch nachts viel los ist und Sie viele Geschäfte durchstöbern können, um ihr die originellen Geschenke zu machen, die sie so sehr schätzt.

Wenn Sie schon öfters von einer Frau geträumt haben, die sich ohne Herrschsucht in männlicher Gesellschaft behaupten kann, die selbst schlichte Erlebnisse zu aufregenden Abenteuern macht und auch in schwierigen Situationen ihr Lächeln bewahrt, brauchen Sie nicht länger zu suchen. Setzen Sie Ihr verführerischstes Lächeln auf, wappnen Sie sich mit dem neuesten Tratsch und internationalen Neuigkeiten, und machen Sie sich schleunigst auf den Weg.

Wie Sie einen Zwilling auf sich aufmerksam machen

Wenn Sie einen Zwilling verführen wollen, dann
sollten Sie
– im Bett genauso anregend sein wie außerhalb.
– wissen, was in der Welt vor sich geht, auch wenn Sie, um sich durch alle Zeitungen durchzuarbeiten, eine Stunde früher aufstehen müssen.
– den Worten Ihres Traumpartners immer aufmerksam zuhören, auch wenn Sie gar zu gern auch einmal selbst etwas sagen möchten.
– den Eindruck erwecken, ein faszinierender, phantasievoller Kumpel zu sein, der Spaß versteht, auch wenn Ihnen gerade etwas anderes im Kopf herumgeht.
– geistig anregend sein – der Kopf ist des Zwillings wichtigste erogene Zone.
– eine ständige Herausforderung sein und zuweilen auch etwas provozierend.
– so gern flirten wie Ihr Zwillinge-Traumpartner – was Ihnen

natürlich besonders leichtfällt, wenn Sie selbst auch ein Zwilling sind.
- an ihrem oder seinem Leben interessiert sein, ohne die Nase in alles hineinzustecken.
- nicht nur ein Traumpartner, sondern auch ein guter Freund sein.

sollten Sie nicht
- besitzergreifend sein.
- langweilig sein – noch schlimmer als besitzergreifend.
- erwarten, daß er oder sie sich an alles erinnert, was Sie ihm oder ihr erzählen.
- den Sex zum Dreh- und Angelpunkt Ihrer Beziehung machen – einem Zwilling muß man sehr viel mehr anderes bieten.
- Regeln aufstellen – sie werden ja doch nicht eingehalten.
- den neuesten Fimmel Ihres Traumpartners runtermachen, auch wenn Sie wissen, daß er nicht lange andauert.
- bei Liebesspielexperimenten zurückhaltend sein.
- immer zur Verfügung stehen – halten Sie das Interesse des Zwillings wach.

Der Krebs-Mann

Können Sie mit einem Mann leben, der im einen Augenblick zärtlich und liebenswert ist und im nächsten Augenblick unglaublich schlecht gelaunt? Können Sie mit einem Mann auskommen, der in Ihnen je nach Gefühlslage die Mutter, die Ehefrau oder die Geliebte sieht? Würde es Sie stören, wenn Ihr Traumpartner besser kochen könnte und höchstwahrscheinlich viel häuslicher wäre als Sie?

Da der Krebs vom Mond beherrscht wird, wechseln seine Launen wie die Gezeiten. Der Krebs ist ein Wasserzeichen, und als solches so sensibel, daß viele Astrologen ihn als »Kind des Mondes« bezeichnen. Wenn seine Gefühle verletzt werden, zieht er sich gleich in sein Schneckenhaus zurück, ohne sich auch nur noch einmal umzusehen.

Ganz wichtig ist, daß Sie von seiner Mutter akzeptiert werden oder daß diese zumindest davon überzeugt ist, daß Sie sich unter dem segensreichen Einfluß ihres Sohnes zu Ihrem Vorteil verändern. Viele Menschen sind der Meinung, nur südländische Männer hätten eine so tiefe Bindung an ihre Mutter, doch dem ist natürlich nicht so. Krebs-Männer aller Schattierungen, egal aus welchem Land sie stammen, haben eine unglaublich starke Mutterbindung. Lassen wir den Ödipuskomplex mal beiseite, doch denken Sie daran, daß Sie, wenn Sie sich in einen Krebs-Traumpartner verlieben, mehr oder weniger dem Ideal werden entsprechen müssen, das sich seine Mutter von seiner zukünftigen Frau macht – oder gemacht hat. Es wirkt noch über ihren Tod hinaus.

Wenn Sie einen Krebs-Mann erobern und halten möchten und nicht besonders häuslich sind, sollten Sie schleunigst einen Kurs über gesunde und nahrhafte Ernährung machen. Lassen Sie jetzt aber bloß nicht den Mut sinken, weil Sie sich an der Küchenspüle angekettet sehen, während all Ihre Freundinnen sich vergnügen, denn gerade das ist völlig unberechtigt. Dieser Mann ist nicht auf eine Dienstmagd aus. Er ist ein herrlich romantischer Liebhaber, der instinktiv weiß, was Ihnen gefällt. Seine Gefühle sind grenzenlos. Wenn er sein Herz verschenkt, dann soll es für immer sein. Er ist nicht nur ein Hochleistungssportler im Bett, sondern auch Weltmeister im Küssen und Schmusen. Kalte Winterabende wird er mit Vorliebe verträumt mit Ihnen am Kamin verbringen.

Wenn Sie sich schon oft nach einem Krebs-Mann gesehnt haben, weil er Ihnen das zufriedene, häusliche Leben bieten kann, von dem Sie immer geträumt haben, liegen Sie wahrscheinlich richtig. Doch woran können Sie ihn erkennen?

Die sprichwörtliche Wahrheit, daß Liebe durch den Magen geht – der Körperteil, der vom Krebs beherrscht wird –, trifft kaum auf irgend jemanden mehr zu als auf den Krebs-Mann. Ich weiß, auch Stiere lieben gutes Essen, aber mir scheint doch die rundliche Mitte für den Krebs so typisch zu sein, daß sie ihn häufig daran erkennen können. Natürlich ist das wieder eine Verallgemeinerung, die zwar auf Heinrich VIII. zutrifft, nicht aber auf, sagen wir mal, Ringo Starr. Außerdem verrät auch das Gesicht oft den Krebs-Mann, seine Form und die sanften sensiblen Augen, die Ihre Gedanken zu erraten scheinen, noch bevor Sie sie äußern.

Der Krebs-Mann ist aber kein Softie. Er ist ausdauernd und praktisch veranlagt, wie es auch dem ihm entgegengesetzten Sternzeichen, dem Steinbock, nachgesagt wird. Wie erwähnt, steckt ja in jedem von uns auch ein Stück des jeweils dem unseren entgegengesetzten Zeichens.

Falls Sie diesen ganz besonderen Traumpartner in einer seiner miesen Stimmungen kennenlernen, wenn er gerade seine schlechte Laune über alle Anwesenden ergießt, sollten Sie im Kalender nachsehen, ob Vollmond ist. Das beeinflußt ihn nämlich, da der Mond sein Zeichen beherrscht. Bei Vollmond verstärkt sich der Destruktionstrieb von Mondabhängigen.

Sie sollten das allerdings nicht überbewerten. Niemand will Ihnen einreden, Ihr Traumpartner könne zum Werwolf werden. Der Mond bewirkt aber nun mal die Gezeiten und übt dadurch auch eine beträchtliche Wirkung auf die Gefühle der Krebse aus. Wenn ein Krebs-Mann Sie also übersieht, ja sogar etwas rüde ist, sollten Sie sich das nicht zu sehr zu Herzen nehmen. Schon morgen kann er wie verwandelt sein.

Es ist nicht besonders schwer, das Sternzeichen dieses Mannes zu erraten, nicht wahr? Sollten Sie aber doch noch im dunkeln tappen, müssen Sie die Sache anders angehen: Fragen Sie ihn doch mal nach seiner Beschäftigung. Auch hierin ist er dem Steinbock verwandt, denn er kann ausgesprochen arbeitssüchtig sein. Sie können ihn am ehesten in folgenden Berufssparten antreffen: im Hotelmanagement, im Unterrichtswesen, in der Sozialarbeit, im Antiquitäten- oder Immobilienhandel oder in der Veterinärmedizin. Auch im Bankgeschäft sind Krebs-Männer erfolgreich. Was immer sie ernsthaft betreiben, machen sie gut, sofern ihre Umgebung stimmt. Allerdings mag, was er macht, nicht so einfach aus ihm herauszukriegen sein, denn Ihr Krebs-Traumpartner wird äußerst ungern etwas von sich erzählen, solange er Sie noch nicht richtig kennt. Sie müssen ihn daher auf eine andere Weise festzunageln versuchen.

Schauen Sie sich seine Kleidung an. Man darf ihn sicher nicht gerade als schlampig bezeichnen, doch er ist alles andere als ein Dressman. Er kleidet sich gern bequem, und zwar im Büro genauso wie abends am Kamin, wo er sich gern pfeiferauchend entspannt. Im großen und ganzen bevorzugt er saloppe Kleidung. Auf diese Weise kann er gleichzeitig die zahlreichen Sünden, die sich um seine Taille festgesetzt haben, verstecken. Sein Haar kann weich sein, allerdings verlieren Krebs-Männer das Haar häufig recht früh. Eine Glatze bringt das mondförmige Gesicht dann noch deutlicher zur Geltung.

Was haben Sie sich nun da also eingehandelt? Einen häuslichen Mann, der seine Mutter und gutes Essen liebt, eine praktische Ader hat und als aufmerksamer und gefühlvoller Liebhaber sehr versiert ist. Außerdem einen sehr loyalen Partner, der in jeder Lebenslage zu Ihnen stehen wird.

Ein Krebs-Mann weiß, was Einsamkeit und Zurückweisung bedeuten. Seiner Sensibilität wegen war er in seiner Jugend oft unglaublich schüchtern. Vielleicht wurde er in der Schule gehänselt, weil er keine Sportskanone war oder weil er immer schon nach Hause mußte, wenn die anderen Kinder noch draußen herumtoben durften. Deswegen wird er Sie in Ihren trüben Stunden stets tröstend beschützen und in die Arme nehmen, so daß Sie sich aufgehoben fühlen. Der Krebs-Mann ist ein echter Romantiker. Entschädigt das nicht ausreichend für seine sporadischen Launen – die, nebenbei gesagt, gar nicht so fürchterlich sind, sobald Sie sich ein wenig darauf eingestellt haben?

Wenn Sie sich also für einen Krebs-Mann entschieden haben und mit ihm der untergehenden Sonne entgegensegeln und wie im Märchen für immer glücklich zusammenleben wollen, bleibt noch die Frage zu klären, wo Sie ihn kennenlernen können. Als Wassertier schätzt er das Wasser, rudert zum Zeitvertreib oder treibt ernsthaften Segelsport, angelt im benachbarten Fluß oder Bach oder aber geht mit seinem Hund am Strand spazieren.

Leider ist der Krebs-Mann nicht besonders gesellig. Vielleicht lernen Sie ihn nur als den Sohn der besten Freundin Ihrer Mutter kennen, die ihn an die richtige Frau bringen will. Dabei kann Ihnen Ihre Mutter allerdings gute Dienste erweisen, indem sie Sie in den Himmel lobt.

Falls er geschieden ist und das Sorgerecht für die Kinder hat, könnten Sie sich anbieten, mit diesen mal was zu unternehmen, natürlich nur, wenn Sie ihn bereits kennen. Wenn die Kinder Sie akzeptieren, ist das für Sie natürlich ein großes Plus.

Sollten Sie im Urlaub einen Krebs kennenlernen, steht Ihnen eine richtige Romanze bevor: lange Spaziergänge Hand in Hand im Mondschein, wobei Sie sich gegenseitig süße Nichtigkeiten ins Ohr flüstern, während die Grillen zirpen und von fern aus einer Taverne romantische Balladen herüberwehen. Der Krebs-Mann scheint im Urlaub aus seiner Schale schlüpfen und sich etwas lockerer geben zu können. Sie entdecken dann seinen erfrischenden Humor, und Sie werden ihn sehr anziehend finden. Aber Vorsicht! Entspannt, wie er jetzt ist, können Sie sich nicht im Traum vorstellen, wie launisch er sein kann. Solange kein Vollmond ist, ist er ein wahres Ideal.

Sie merken schon bald, daß er es an einer Frau schätzt, wenn Sie sich um die Nebensächlichkeiten des Lebens kümmert, ihm sagt, welche Farbe sein Hemd und seine Socken haben sollten. Krebs- Männer lassen sich gern bemuttern, obwohl einige das niemals zugeben würden.

Was geschieht, wenn Sie einen solchen Mann durch Ihre Verführungskünste dazu gebracht haben, sich Hals über Kopf in Sie zu verlieben? Sich sogar bereit erklärt haben, seiner Mutter vorgestellt zu werden, und wissen, was Sie erwartet? Sich auf ein paar Stimmungstiefs eingestellt und sich seine guten und schlechten Eigenschaften immer wieder vergegenwärtigt haben?

Wenn Sie eine Frau sind, der die Karriere wichtig ist, sollten Sie sich vorsehen. Ein Krebs-Mann möchte lieber heute als morgen Vater werden. Sein romantischer Traum vom perfekten häuslichen Glück besteht in einem gemütlichen Heim, wo eine große Familie auf ihn wartet, wenn er von der Arbeit nach Hause kommt. Sie sollten aber daran denken, daß es ihm keineswegs gefällt, wenn die Kinder ihn nachts mit ihrem Geschrei wecken oder zu Ihnen ins Bett klettern, wenn er es sich dort gerade bequem machen will. *Sie* haben dafür zu sorgen, daß die Kinder sich gut benehmen, auch wenn er sie schrecklich verwöhnt.

Aber seine guten Eigenschaften wiegen die schlechten immer auf. Sie können sich kaum einen liebevolleren Vater vorstellen als ihn. Er hat einen unglaublichen Vaterinstinkt. Kinder aller Altersstufen beten ihn an, weil er so warmherzig und einfühlsam ist und kindliche Schüchternheit und Aufgeregtheit so gut nachempfinden kann.

Doch bevor Sie an Kinder denken können, müssen Sie sich darauf einstellen, daß er zwar viel Sinn für Humor hat – wenn ihm danach zumute ist –, aber auch sehr eifersüchtig sein kann. Eifersüchtig ist vielleicht nicht ganz das richtige Wort; er ist vielmehr besitzergreifend im wahrsten Sinn dieses Wortes. Sie sollten daher auf der Hut sein, jemals den Eindruck zu erwecken, daß Sie mit einem anderen flirten. Der Krebs-Mann baut sein Nest auf Lebenszeit. Er verabscheut Trennungen und Scheidungen, besonders wenn Kinder betroffen sind. Sollten Sie den Fehler begangen haben, sich in einen verheirateten Krebs zu verlieben, und er Ihre Gefühle erwidert, müssen Sie versuchen, seine Skrupel, eine Familie zu zerstören, zu verstehen. Falls Ihre Affäre zu etwas Ernsthafterem wird, fühlt er sich womöglich für den Rest seines Lebens schuldig.

Da der Krebs so außergewöhnlich sensibel ist, bedeuten ihm kleine Aufmerksamkeiten nicht nur viel, sondern sind für ihn *wesentlich.* Schreiben Sie auf Ihre Ansichtskarten immer speziell liebevolle Worte. Suchen Sie sorgfältig nach dem richtigen Geschenk: einer antiken Karaffe, einem Grillbesteck für den Garten, einer Kaffee- oder Teemaschine speziell für das Schlafzimmer, einem weichen Kaschmirpullover, einem wollenen Schlafrock für gemütliche gemeinsame Winterabende am Kamin, einer Sturmlaterne oder einer neuen Angel für den Krebs-Fischer. Und vergessen Sie um Gottes willen *niemals* den Geburtstag seiner Mutter!

Ebenfalls nicht vergessen dürfen Sie, daß Ihr Krebs- Traumpartner, dieser warmherzige, großzügige, mitfühlende Mann, wirklich an den siebten Himmel und ein immerwährendes

Glück glaubt. Er ist kein Playboy. Für das häusliche Glück ginge er bis ans Ende der Welt. Warum zeigen Sie ihm nicht, daß er so weit gar nicht zu gehen braucht – sofern Sie glauben, seinen Vorstellungen genügen zu können? Wenn Sie erst einmal damit klarkommen, daß er sich an bestimmten Tagen wie ein Brummbär benimmt, können Sie mit einem Krebs-Traumpartner die angenehme und sichere Seite des Lebens trotz der gelegentlichen Tiefs sehr genießen. Denn Sie haben einen außergewöhnlichen Mann im Haus.

Die Krebs-Frau

Sie ist Ihnen unter vielen Partygästen aufgefallen. Und als sie bemerkte, daß Sie sie anstarren, errötete sie. Ja, auch heute noch gibt es Krebs-Frauen, die rot werden, wenn sie die Aufmerksamkeit auf sich ziehen. Aber noch kennen Sie ja ihr Sternzeichen nicht.

Sollte sich Ihre Traumpartnerin aber als Vertreterin des vom Mond beherrschten Wasserzeichens Krebs herausstellen, ist zumindest eines sicher: Sie werden immer gut zu essen bekommen. Wahrscheinlich kann sie Kuchen und Plätzchen backen, seit sie groß genug ist, um die Küchenwaage zu bedienen.

Bei einer Krebs-Frau fühlt man sich fast sofort wohl. Sie strahlt all die Wärme und Sensibilität aus, die so manchem andern Zeichen zu fehlen scheinen. Und selbst wenn sie ebenso abweisend aufzutreten versucht wie die anderen, werden Sie rasch merken, daß sie nur schauspielert. Denn unter ihrer Schale ist sie oft unglaublich unsicher.

Krebs-Geborene haben ein großes Talent dafür, die Probleme anderer anzuziehen. Zwar ist der Krebs ein Wasserzeichen, doch ist die Krebs-Frau eine echte Erdmutter. Manchmal muß man ihr verzeihen, daß sie sich in ihr Haus zurückzieht. Sie muß sich einfach von Zeit zu Zeit von der Welt absondern, um ihre Batterien wieder aufzuladen und den restlichen Tag überstehen zu können.

Wenn Sie das Herz einer solchen Frau erobern wollen, sollten Sie sie nicht mit großen Reden überfallen. Sie durchschaut das sofort. Denn nach Skorpion und Fische ist der Krebs eines der Sternzeichen mit der größten Einfühlungsgabe. Sobald die Krebs-Frau merkt, daß Sie nur einen netten Abend verbringen wollen, verliert sie ihre Schüchternheit und fährt Ihnen mit ein paar vernichtenden Bemerkungen über den Mund.

Bei einer Krebs-Frau müssen Sie vorsichtiger vorgehen. Sie läßt sich gern auf gute alte Art umwerben. Sie ist aber durchaus nicht prüde und schreit »Vergewaltigung«, sobald ein Mann sie anrührt. Sie ist nur romantisch veranlagt. Und im richtigen Augenblick wird sie Ihnen schon deutlich machen, daß Sie Sex genauso schätzt wie die anderen elf Tierkreiszeichen. Doch bis es soweit kommt, vergeht geraume Zeit. Sie muß sicher sein, daß Sie sie aufs heftigste begehren.

Eine Krebs-Frau bezieht unzählige Male am Tag Abwehrposition. Ist sie jedoch einmal Ihre Traumpartnerin, können Sie sich nicht mehr vorstellen, wie Sie je ohne sie haben leben können.

Sollte diese Traumpartnerin eines Tages Ihre Frau werden, wird immer ein sauberes Hemd bereitliegen und ordentliches Essen auf dem Tisch stehen. Sie will und wird im wahrsten Sinn des Wortes für Sie sorgen. Dabei kann sie zuweilen etwas zu besitzergreifend sein, Sie mit ihrer Liebe ersticken. Dann läßt sie sich nur widerstrebend klarmachen, daß Sie kein kleiner Junge mehr sind. Krebs-Frauen wollen Männer aller Altersstufen gern bemuttern, und die Fetzen können fliegen, falls Sie sich vorher viele Jahre lang allein durchs Leben geschlagen haben und das auch weiterhin vorhaben.

Sie ist zwar nicht grundsätzlich eifersüchtig, doch sollte sie jemals Untreue bei Ihnen vermuten, wird sie Ihnen die Flötentöne beibringen. Sie braucht nun mal die Sicherheit, daß Sie immer zu ihr stehen.

Sollten Sie ihr Sternzeichen immer noch nicht durchschaut haben, obwohl Sie sich eine halbe Stunde lang mit ihr unterhalten haben, müssen Sie wohl mit ein paar Vorurteilen aufräumen. Zum Beispiel mit dem, Krebs-Frauen seien hausbakken. Sie können nämlich durchaus den letzten Schrei mitmachen wie Prinzessin Diana und Jerry Hall, zwei Krebse, die ihr gesellschaftliches und häusliches Leben hervorragend unter einen Hut bringen bzw. brachten. Im großen und ganzen ist eine Krebs-Frau aber nicht übermäßig extravagant, was ihre Kleidung betrifft, da sie mit ihrem Geld gewöhnlich zuerst einmal die Familie durchfüttert und den Ausverkauf abwartet, bevor sie sich selbst mit dem eindeckt, was sie braucht. Sie bevorzugt ausgesprochen feminine Kleidung, was für Sie ein Hinweis auf ihr Sternzeichen sein könnte. Im Gegensatz zu den beiden oben genannten berühmten Krebsen sind übrigens viele Krebs-Frauen eher mollig.

Versetzt dieses »Hausmütterchen« Sie jetzt in Panik? Das ist nicht nötig. Hat sie erst einmal begriffen, daß sie nicht zuviel um Sie hermachen darf, wird sie den Fehler nicht ein zweites Mal machen. Außerdem ist sie nicht *immer* nur auf die Rolle des Hausmütterchens aus. Krebs-Frauen können nicht nur ein gemütliches Heim schaffen, sondern sind auch in allem anderen geschickt. Sie haben eine praktische Ader, sind aber auch sehr kreativ. Wenn Sie sich für eine Krebs-Frau entscheiden, bekommen Sie in Ihr also eine Partnerin, die Ihnen in vieler Hinsicht ebenbürtig ist.

Sie kann auch hervorragend mit Kindern umgehen, doch sollte sie Heranwachsenden etwas mehr Spielraum lassen. Krebs-Mütter sind häufig überfürsorglich, und deshalb gibt es öfter Streit.

Wohin können Sie sich wenden, wenn Sie eine Krebs-Frau kennenlernen wollen? Sie kann gut Krankenschwester oder Sozialarbeiterin sein. Häufig übt sie eine Tätigkeit aus, bei der sie für Menschen sorgen kann, sie unterrichtet oder ist an einer archäologischen Ausgrabung beteiligt (sie liebt Geschichte über alles).

Ihre Vorlieben und Abneigungen sind von ihrer jeweiligen Stimmung abhängig. Sie läßt sich zum Beispiel gern mit einem riesigen Blumenstrauß oder einer Einladung zum Essen in ihrem Lieblingsrestaurant überraschen, damit sie einmal nicht selbst kochen muß. Auf eine Ansichtskarte mit einer Liebeserklärung darauf reagiert sie sogar noch überschwenglicher als ihr männliches Gegenstück.

Die Krebs-Frau möchte hin und wieder besonders umsorgt werden, und das hat sie auch verdient. Trotz großer Belastungen ist sie stets die Starke, und es kommt nur zu oft vor, daß andere ihr eine Menge aufhalsen.

Während der Widder mit den Worten »Hoppla, jetzt komm ich« in die Welt tritt, verhält sich der Krebs still, empfindet aber tief – vielleicht tiefer, als wir je ermessen können, da Krebse ihre Gefühle kaum offenbaren, besonders dann nicht, wenn sie schon etliche Male verletzt worden sind.

Die Krebs-Frau liebt romantische Filme und Bücher, ißt gern gut in Gesellschaft von Freunden, verbringt den Urlaub gern am Meer oder tuckert mit einem Boot über Kanäle. Am wohlsten fühlt sie sich jedoch zu Hause im Kreise ihrer Lieben – sie findet die Erfüllung ihrer Wünsche nicht an exotischen Orten. Geschenke, die Sie ihr machen, sollten immer liebevoll ausgesucht sein. Sie brauchen nicht sündhaft teuer zu sein oder irrsinnig originell, denn für die Krebs-Frau zählt die gute Absicht mehr als alles andere. Vielleicht findet sie an einem alten Medaillon Gefallen, an den Perlen Ihrer Großmutter, einem silbernen Bilderrahmen, romantischen Geschichten oder auch an einer Nudelmaschine.

Auch wenn Sie diese Frau verführen wollen, zählt hier die Absicht hinter Ihren Handlungen. Sind Sie nur auf eine leidenschaftliche Nacht aus, liegen Sie bei Ihr völlig falsch. Liebe und Sex müssen bei ihr im richtigen Verhältnis zueinander stehen – und wenn das der Fall ist, hängt der Himmel für Sie voller Geigen.

Wie Sie einen Krebs aus dem Gehäuse locken

Wenn Sie einen Krebs verführen wollen, dann
sollten Sie
– Einfühlung entwickeln und warm, zärtlich und liebenswert sein, also Mutter, Vater und Therapeut in einem.
– sich in Geduld üben.
– in jeder Hinsicht hilfsbereit sein.

- häuslich sein und kein Partylöwe – dafür brauchen einige von Ihnen vielleicht ein bißchen Schauspielunterricht.
- gut kochen können oder genug Geld haben, um in Restaurants essen zu können, in denen »Muttern« den Kochlöffel schwingt: Gute Hausmannskost gewinnt das Herz dieses Sternzeichens.
- deutlich machen, daß Sie zum Kuscheln in kalten Winternächten geradezu prädestiniert sind.
- sinnlich sein, aber nicht grob – mit Zärtlichkeit erreichen Sie bei einem Krebs viel.
- gefühlvoll und feinfühlig sein und immer an alle Jahrestage denken.
- zeigen, daß Sie im Innern ein echter Romantiker sind.

sollten Sie nicht
- einen Krebs zu oft necken – Krebse sind überempfindlich.
- ihm oder ihr bei Vollmond zu nahe kommen, wenn die gefürchteten üblen Launen auftreten.
- verschwenderisch sein – der Krebs ist praktischer, als Sie denken.
- zuviel flirten, wenn Sie diesen Traumpartner erobern wollen.
- zu herrschsüchtig auftreten – der Krebs will keinen Chef.
- seine Zeit vergeuden, falls Sie nur auf einen Flirt aus sind – Krebse wollen sich häuslich niederlassen.
- prüde sein – der Krebs ist im Bett nicht gerade schüchtern.
- mit anderen herumtändeln, um ihn oder sie auf diese Weise zu fangen – dies hat mit Sicherheit die gegenteilige Wirkung.

Der Löwe-Mann

Sind Sie bereit, einen Mann wie einen König zu verehren? Können Sie sich loyal, liebenswürdig und bereitwillig den Marotten dieses königlichen Herrschers unterwerfen? Können Sie zurückstehen und einen anderen befehlen lassen? Fällt es Ihnen leicht, sein Loblied zu singen – selbst wenn Sie Ihre Zweifel haben, ob es auch gerechtfertigt ist?

Der Löwe ist das zweite Feuerzeichen und zweifellos der König des Tierkreises. Da er von der Sonne regiert wird, ist seine Ausstrahlung sonnengleich und machtvoll. Er läßt nicht mit sich spaßen, es sei denn, Sie sind auch ein Löwe und können ebensolaut brüllen und toben wie er.

Er ist ein noch größerer Jäger als der Widder, aber genauso romantisch. Selbst Krebs und Fische können nur schwer mit seinem romantischen Idealismus mithalten, wenn er die Partnerin seiner Wahl gefunden hat. Doch sobald er sie gefunden hat, droht nach dem Gesetz der Wildnis jedem Fürchterliches, der versucht ihm, dazwischenzufunken. Der Löwe verteidigt sein Territorium mit Klauen und Zähnen.

Der Löwe hat im Sommer Geburtstag, wenn die Sonne am höchsten steht. Und das ist auch die Zeit, in der er so richtig in seinem Element ist. Er scheint die Sonne in der Tat mehr als andere Sternzeichen zu brauchen. Graue Regentage umschatten sein Wesen, und nur die Helligkeit eines strahlenden Sommertages bringt seine Lebenskraft voll zur Entfaltung.

Und natürlich braucht er die Liebe. Auch wenn er noch so stark ist, in der Liebe ist er wie ein Kind. Er wird zur Schmusekatze, die zufrieden schnurrt und das Brüllen verlernt zu haben scheint. Astrologisch ist der Löwe dem Herzen zugehörig, und wenn ein Löwe-Mann sein Herz *verschenkt,* ist es für immer – solange Sie seinen Erwartungen genügen.

Der Löwe ist das Sternzeichen, das am engsten mit dem Showgeschäft verbunden ist. Zu erwähnen wären etwa Alfred Hitchcock, Danny La Rue, Mick Jagger, Madonna und Sean Penn (zwei Löwen zusammen, kein Wunder, daß die Funken stoben). Auch Prinzessin Margaret und Prinzessin Anne sind im Zeichen des Löwen geboren.

Haben Sie sich mit Haut und Haaren in einen Mann verliebt, der ständig Charme versprüht und Sie anstarrt, als wären Sie die einzige Frau auf der Welt? Achten Sie auf seine Haartracht – erinnert sie nicht an eine Löwenmähne? Hat er einen Bart? Ob Sie es glauben oder nicht: Alle Löwe-Männer, die ich kenne, protzen mit einem Bart oder haben zumindest einmal einen getragen.

Der Löwe tritt immer wie ein König auf und sieht in allen anderen die Höflinge. Schon die ersten Schreie nach Nahrung klingen wie Gebrüll. Dem Löwe-Säugling scheint Warten auf Nahrung noch mehr verhaßt zu sein als anderen, ganz zu schweigen davon, wenn sie ihm verwehrt würde. Und wenn sein sonniges, niedliches Gesichtchen sich plötzlich verzieht, nachdem Fremde sich über seinen Kinderwagen gebeugt haben, haben diese ihn wahrscheinlich nicht genügend hofiert.

Wenn also ein schöner, bärtiger Mann mit einem Lächeln, das sein ganzes Gesicht überstrahlt, quer durch den Raum auf Sie zukommt, Sie nach Ihrem Namen fragt, im gleichen Atemzug alle übrigen Gäste für langweilig erklärt und Sie bittet, mit ihm woanders hinzugeben, dann haben Sie richtig geraten – er ist Löwe. Natürlich trifft diese Beschreibung von Aussehen und Verhalten nicht auf jeden Löwe-Mann gleichermaßen zu. Sie verstehen inzwischen gewiß soviel von Astrologie, um zu wissen, daß die Persönlichkeit eines Menschen auch von Zeit und Ort seiner Geburt abhängig ist, vom Mond, vom Aszendenten und von der Konstellation der übrigen Planeten in seinem Horoskop. Doch eines, so behaupte ich unverbrüchlich, haben sie alle gemeinsam: Es gibt keinen einzigen Löwen, der nicht darauf besteht, die Führung zu übernehmen.

Haben Sie in letzter Zeit jemanden kennengelernt, auf den meine Beschreibung zwar nicht im Detail zutrifft, bei dem Sie aber doch den Verdacht nicht loswerden, er könnte ein Löwe sein, dann versuchen Sie sein Sternzeichen herauszubekommen, ohne ihn direkt zu fragen. Erkundigen Sie sich, ob er gern ins Theater geht oder in jüngster Zeit einen guten Film gesehen hat. Nicht jeder Löwe kann im Showgeschäft tätig sein, doch lieben die meisten zumindest Glitter und Glanz und sind immer auf dem laufenden. Die nächste halbe Stunde wird dann vielleicht mit Filmklatsch ausgefüllt sein. Damit befinden Sie sich bereits auf so sicherem Boden, daß Sie ganz nonchalant fragen können, ob er Ende Juli oder im August Geburtstag hat.

Sie können ihn auch über seine Arbeit aushorchen. Wenn er nicht bereits Unternehmer ist oder gerade eine Firma übernimmt, hat er ganz sicher eine leitende Position. Läßt er sich darüber voller Enthusiasmus aus, gehört aber trotzdem nicht zu denen, die bis in den Abend hinein im Büro bleiben, falls irgendwo etwas Interessantes los ist, können Sie fast sicher sein, daß er Löwe ist. Weitere bevorzugte Berufe von Löwen sind Schauspieler, Filmregisseur und Geschäftsführer, sei es in der Modebranche, Werbung oder dem Theatermanagement.

Sollten Sie sich jetzt noch immer über sein Sternzeichen im unklaren sein, schauen Sie sich mal seine Kleidung an. Was er auch verdienen mag, der Löwe ist immer fürstlich gekleidet. Er sammelt geradezu Statussymbole. Er besitzt eher nur ein einziges Modell von Gucci, Hermes oder Giorgio Armani als ein halbes Dutzend von einem weniger bekannten Designer. Er ist aber kein Snob, er fühlt sich einfach nur wohler in Kleidern von bekannten Modeschöpfern. Deswegen spart er daran selbst dann nicht, wenn er es sich eigentlich nicht leisten kann. Der Löwe ist eines der besonders extravaganten Sternzeichen.

Er zieht aber die Aufmerksamkeit nicht nur durch die Kleidung auf sich. Dieser Mann ist sich seines guten Aussehens bewußt, und wie der Löwe der Wildnis besitzt er große Anziehungskraft und Stärke. Sie spüren förmlich, wie er seine Beute taxiert, sprungbereit lauert, um sich auf das meist nur allzu willige Opfer zu stürzen. Das herrliche, strahlende Lächeln ist unwiderstehlich, ebenso die Art, wie er alle beherrscht. Er ist der König auf der Suche nach seiner Königin. Sie haben also einen wahrhaften Traumpartner gefunden.

Sie werden natürlich bald feststellen, daß er auch wie ein König behandelt werden will. Für diese Rolle fühlt er sich geboren. Wenn Sie sich für einen Löwe-Traumpartner entscheiden, dürfen Sie sich von ihm ruhig ein wenig herumkommandieren lassen. Sie wissen ja, daß er im Grund ein Schmusekater ist, der zeigen will, daß er Sie auf seine Weise gezähmt hat. Er mag übrigens Schmeicheleien und Komplimente sehr – solange sie aufrichtig gemeint sind.

Glauben Sie, daß er der richtige Mann für Sie ist? Sind Sie bereit, auf jedes Nicken zu spuren – in vernünftigen Grenzen natürlich? Halten Sie ihn für den warmherzigsten, freundlichsten und großzügigsten Mann, den Sie seit langem kennengelernt haben? Genießen Sie es, mit jemandem zusammenzusein, der offensichtlich stolz auf Sie ist? Wenn ja, wo sollen Sie ihn aufspüren, falls er bis jetzt nur in Ihren Träumen existiert? Zuerst einmal überall dort, wo die Sonne scheint. Oder zumindest an Orten, wo er sich in seinem eigenen Glanz sonnen kann. Er liebt Feste, ist ein großartiger Gastgeber, vielleicht auch die Leuchte der örtlichen Theatergesellschaft. Wenn er Sport treibt, könnte er wohl am ehesten in einem Tennisclub zu finden sein, wo er mit seinem Stil brillieren kann. Ein bestimmter Ort läßt sich für diesen Mann nicht angeben, doch wird er immer da sein, wo etwas los ist – wenn er nicht gerade seinen faulen Tag hat. Obwohl er ein Feuerzeichen ist, entspannt sich der Löwe sehr gern, mehr, als Sie vielleicht erwartet hätten.

Wenn Sie im Urlaub einen Löwen kennenlernen möchten, sparen Sie am besten für einen erstklassigen, ausgesprochen luxuriösen. Ein Löwe hält sich nicht in einer kleinen Pension auf, es sei denn, sie ist geradezu ein Juwel. Mehr noch als sonst will er im Urlaub königlich behandelt werden, und er erwartet geradezu, daß die Sonne für ihn scheint, am Meer genauso wie an einem See oder in den Bergen. Wenn Sie ihn im Urlaub kennenlernen, haben Sie viel Spaß miteinander und werden eine höchst romantische Zeit erleben. Die Kunst der Verführung bedeutet dem Löwen viel, und Sie können darauf wetten, daß er im Urlaub, sofern er allein ist, nach einer Traumpartnerin Ausschau hält. Während dieser Zeit gibt er sich locker und denkt nicht an seine Arbeit.

Falls er sich ernsthaft in Sie verliebt, ist er ein höchst aufmerksamer Liebhaber. Doch wehe Ihnen, wenn er Sie mit einem anderen flirten sieht! Dieser Mann beansprucht im Bett wie außerhalb die Herrscherrolle. Doch ist er selbst einem netten Gespräch mit einer anderen Frau durchaus nicht abgeneigt – und natürlich mag er es überhaupt nicht, wenn Sie etwas dagegen einzuwenden haben. Was sich für Jupiter schickt, schickt sich schließlich noch lange nicht für den Ochsen. So sieht es jedenfalls der Löwe.

Lassen Sie sich davon aber nicht zu sehr beunruhigen. Ein Löwe, der die richtige Frau gefunden hat, hört auf, herumzustreunen. Er trachtet genauso nach Liebe, wie er sie zu verschenken bereit ist. Ist er sich einmal Ihrer Gefühle sicher und empfindet er für Sie das gleiche, schaut sich dieser König der Tiere nicht mehr nach einer anderen Gefährtin um.

Obwohl er recht herrschsüchtig ist, mag er es nicht, wenn seine Partnerin vor Ehrfurcht vor ihm versinkt. Er liebt starke Frauen – solange sie ihn nicht an Stärke übertreffen. Er bewundert die Unabhängigkeit anderer – solange sie wissen, daß sie auf seinen Wink hin zu erscheinen haben. Mag sein, daß er zuweilen selbstsüchtig wirkt, doch das scheint nur so, denn er ist im Grunde äußerst großzügig. Sein Stolz verbietet ihm einfach, eine untergeordnete Rolle zu spielen, also muß er überall dominieren. Nur eine Löwe-Frau kann ernsthaft darauf hoffen, ihn wirklich zu zähmen. Versuchen Sie also nicht, ihn auf seinem eigenen Feld zu schlagen. Zeigen Sie immer, wie stolz Sie auf ihn sind, außer er benimmt sich so daneben, daß Sie allen Grund haben, selbst laut zu brüllen.

Der Löwe-Mann hat ein goldenes Herz. Er wird Ihnen alles geben, was in seiner Macht steht. Allerdings erwartet er, daß Sie es ihm darin gleichtun. Er läßt sich sehr gern beschenken, auch wenn es sich um »kleine« Aufmerksamkeiten handelt – denn für ihn zählt in erster Linie die Absicht. Versuchen Sie es mit einem Eau de Cologne von Giorgio Armani, oder geben Sie ihm einen Champagnerkorb. Er wird entzückt sein, wenn Sie sich an den Jahrestag Ihres ersten Rendezvous erinnern, überraschend ein Fest mit seinen besten Freunden organisieren, weil er befördert worden ist, oder Karten für ein Musical besorgen, das er schon immer gerne sehen wollte. All dies ist ihm wichtig. Der Löwe trägt auch überaus gern Gold – falls Sie sich derartige Geschenke leisten können –, denn Gold ist seine Farbe und sein Lieblingselement.

Läuft Ihnen mal ein Löwe-Mann über den Weg, der, ohne daß Sie sich den Grund erklären können, merkwürdig gedämpft wirkt, muß es mit der Liebe zu tun haben. Ein Löwe kann es nämlich schlicht nicht vertragen, wenn er zurückgewiesen wird. Hat er eine gescheiterte Liebesaffäre mit jemandem hinter sich, für den er die Welt erobern wollte, ist er am Boden zerstört und braucht lange, um sich davon wieder zu erholen. Dann dauert es unter Umständen eine Weile, bis Sie ihn davon überzeugt haben, daß *Sie* ihn nicht im Stich lassen werden. Forschen Sie ihn nie über seine Vergangenheit aus. Da er ein sehr offener Mensch ist, erzählt er Ihnen ohnehin alles, was er Sie wissen lassen will. An den Rest aber sollten Sie nicht rühren. Wenn er Ihnen traut und Sie zu ihm stehen, haben Sie ihn auf Dauer gewonnen.

Vielleicht fragen Sie sich jetzt noch, ob ein Löwe, der sich fest gebunden hat, nicht noch herrschsüchtiger wird und in allem und jedem seinen Kopf durchsetzen will. Ein Pantoffelheld wird er zwar nie werden, aber wenn Sie mal mit ihm zusammenleben, wird er sich auch nicht ins Gegenteil verkehren, denn sonst hätte er Ihnen Ihre Koffer schon gleich am Anfang vor die Tür gesetzt. Sie brauchen sich also wirklich keine Sorgen zu machen, denn ein wahrhaft glücklicher Löwe brüllt nur hin und wieder. Er bleibt der wunderbare romantische Liebhaber, in den Sie sich verliebt haben. Und seine Unterhaltung im Schlafzimmer wird Sie gewiß nie langweilen.

Sie müssen allerdings auch *Ihren* Teil dazu beitragen. Vergessen Sie nie, daß ein Löwe stolz sein will auf die Frau, die sein Herz erobert hat. So wie er selbst von anderen bewundert werden will, sollen die auch Sie bewundern. Schließlich ist er überzeugt, daß *er* Sie erwählt hat, auch wenn Sie insgeheim wissen, daß *Ihre* Verführungskunst ihn in die Falle gelockt hat. Dieses kleine Geheimnis sollten Sie aber für immer für sich behalten.

Das Leben mit einem Löwe-Traumpartner kann zuweilen entnervend sein, vor allem, wenn er gerade eine seiner Herrscherlaunen hat oder wenn die Bank bei ihnen anruft, weil das gemeinsame Konto überzogen ist und das nicht an Ihnen liegen kann, oder wenn er Sie um fünf Uhr nachmittags anruft, daß er einen sehr wichtigen Kollegen und dessen Frau für diesen Abend zum Essen eingeladen hat. Doch mit dem Löwen ist das Leben zumindest nie langweilig und meist voller Sonnenschein und Liebe. Was will man also noch mehr?

Die Löwe-Frau

Denken Sie an Jackie Onassis, Madonna, Prinzessin Margaret, Prinzessin Anne, Lucille Ball oder Susan George. Keine von diesen Frauen gehört bzw. gehörte zu denen, die man sieht, aber nicht hört. Wenn Sie also eine Traumpartnerin suchen, die immer ja sagt und den Boden unter Ihren Füßen anbetet, kommt eine Löwe- Frau für Sie nicht in Frage. Zumindest scheint es auf den ersten Blick so. Lassen Sie sich aber von der beherrschenden Art der Löwe-Frau nicht einschüchtern. Es kann nämlich gut sein, daß Sie sie am sichersten für sich gewinnen, wenn Sie sie Ihrerseits etwas herumkommandieren. Im Grunde weiß sie nämlich, daß sie manchmal großartiger auftritt, als es ihr guttut. Häufig ist ihr ein Mann, der ihr auch mal zeigt, wo es langgeht, nicht unwillkommen, solange sie ihn respektieren kann und er ihr Anerkennung zollt, wo sie ihr zusteht.

Auch die Löwe-Frau wird von der Sonne regiert, und sie hat natürlich vieles mit dem Löwe-Mann gemein, vor allem die starke Ausstrahlung. Ihr Haar gleicht noch mehr einer Mähne als das des Löwe-Mannes, da sie gewöhnlich mehr davon hat. Es fällt ihr oft ins Gesicht, und zwar in genau berechneter Unordnung, so daß es nicht ungepflegt wirkt, denn das würde ihrer königlichen Erscheinung Abbruch tun. Die Löwe-Frau hat viel Sex-Appeal – und sie ist sich dessen durchaus bewußt.

Sie muß der große Star sein, der Mittelpunkt des Geschehens. Sie gehört ins Rampenlicht. Sollen andere den Chor bilden, Löwe-Damen wissen, daß ihnen der vorderste Platz an der Rampe zusteht.

Wollen Sie das Herz einer Löwe-Frau erobern, muß sie Sie nicht nur achten können, sondern Sie sollten auch in der Liebe – und beim Sex – zeigen können, was Trumpf ist. Mit eigensüchtigen Liebhabern gibt sie sich nicht ab. Deswegen müssen Sie absolut Spitze sein.

Doch wenn Sie nun annehmen, bei einer arroganten, entnervenden Xanthippe zu landen, haben Sie sich gründlich getäuscht. Wie der Löwe-Mann hat auch die Löwe-Frau ein großes

Herz. Ihr Gebrüll dröhnt zwar gewaltig, aber dahinter verbirgt sich eine Katze, die gestreichelt werden will.

Eine Löwe-Frau hat es als Feuerzeichen nicht gerade leicht. Sie gilt als stark, kraftvoll, dominant und herrschsüchtig. Sie ist eine Führernatur. Manchmal fällt es ihr wirklich schwer, sich zurückzuhalten, denn das Anordnen geht ihr nun mal leicht von den Lippen. Sie war mit Sicherheit schon als Kind die Bandenchefin, und daran hat sich nicht viel geändert. Sie hat wohl auch stets erreicht, was sie wollte. Doch zu leicht errungene Siege werden mit der Zeit schal, und das ist auch der Grund, weshalb sie sich mit Männern oft so schwertut.

Die Löwe-Frau verliebt sich gern – und sie sucht in der Liebe Erfüllung. Leider verliert sie aber ihr Herz zu leicht an Männer, die ihr nur durch die äußere Erscheinung imponieren oder weil sie phantastisch im Bett sind. Es ist, als wollte sie damit Statussymbole sammeln. Ein gutaussehender, elegant gekleideter Mann, der mit ihr die richtigen Geschäfte und Veranstaltungen aufsucht, hat diese stürmische Frau schon halb erobert.

Um aber ihr Herz wirklich zu gewinnen, brauchen Sie mehr. Der Traumpartner einer Löwin muß Ausdauer haben und intelligent sein, um ihr gewachsen zu sein. Außerdem muß er auch befehlen können – allerdings nicht zu ausgiebig –, nur so viel, daß sie spürt, wer der Boß ist.

Wenn Ihre Traumpartnerin auch Ihre Lebensgefährtin wird, tut sie alles, was in ihrer Macht steht, um Sie glücklich zu machen. Sie ist eine wunderbare Gastgeberin, und ihre Feste sind Stadtgespräch. Sie ist eine liebevolle, warmherzige Mutter, die sich allerdings darauf vorbereiten sollte, ihren Sprößlingen nicht zu sehr vor dem Licht zu stehen, wenn sie heranwachsen.

Können Sie von ihrer Frisur oder der modischen Kleidung – sie trägt im allgemeinen von Kopf bis Fuß die Namen italienischer oder französischer Modeschöpfer – nicht auf ihr Sternzeichen schließen, dann mit Sicherheit von ihrer kraftvoll strahlenden Persönlichkeit. Geben Sie acht: Eine Löwe-Frau wird *Sie* verführen, wenn Sie ihr nicht zuvorkommen. Sie hat keine Hemmungen, sich zu nehmen, was sie haben möchte. Sie ist eine Jägerin. Und falls Sie ihre Beute sind, erwartet Sie eine aufregende Zeit.

Wo aber können Sie sie antreffen? Gut möglich, daß sie in gehobener Stellung in der gleichen Firma wie Sie arbeitet. Sie kann eine zielstrebige Karrierefrau, eine begabte Schauspielerin oder eine großartige Werbeberaterin sein. Wo immer in der Stadt ein Fest stattfindet oder eine Disko röhrt, ist eine Löwe-Frau nicht weit. Sie arbeitet hart, spielt aber auch genauso eifrig. Sie liebt alles, was mit dem Showgeschäft zu tun hat. Sie schätzt Ferien in einem sonnigen, exotischen Klima, wo sie natürlich wie eine Königin behandelt werden will.

Sind Sie zu einem Fest mit ihr als Gastgeberin eingeladen, sollten Sie ihr Champagner mitbringen, am besten einen mit Jahrgang. Löwen lieben Geschenke, alle Arten von Geschenken. Eine Tasche von Louis Vuitton vielleicht, Jeans von Armani oder teures französisches Parfüm. Sie brauchen aber nicht zu verzweifeln, wenn Ihr Bankkonto so aufwendige Geschenke nicht zuläßt. Für die Löwin zählt in erster Linie die Idee, die hinter dem Geschenk steht. (Wenn Sie es sich leisten können, schenken Sie ihr Goldschmuck, sie liebt Gold.)

Auch wenn es sehr schwierig zu sein scheint, eine Löwin wirklich zu verführen, lohnt sich die Mühe. Sie werden eine äußerst loyale und liebevolle Gefährtin bekommen, sobald Sie ihre Herrscherallüren bezähmt haben. Zeigen Sie ihr nie, daß Sie um ihre Schwächen wissen. Sie möchte nun mal ihrer starken Persönlichkeit wegen geachtet und wie eine Königin behandelt werden – das ist schließlich das Geburtsrecht der Löwen.

Wie Sie einen Löwen bändigen

Wenn Sie einen Löwen verführen wollen, dann
sollten Sie
– sich möglichst zahlreiche Komplimente ausdenken (auch wenn sie vielleicht nicht immer ganz echt sind), denn Löwen sind äußerst eitel.

- spüren lassen, daß hinter der Fassade Ihrer Bewunderung ein warmes, leidenschaftliches Herz schlägt.
- vor Dynamik und Energie sprühen – solange Sie den Löwen nicht ausstechen.
- viel Humor haben.
- dem Löwen immer die Führung überlassen – oder ihm zumindest das Gefühl geben.
- deutlich machen, daß Sie an Vergnügungen aller Art Spaß haben.
- den Löwen immer in den Mittelpunkt stellen – auch wenn Sie denken, jetzt sei die Reihe endlich mal an Ihnen –, zumindest bis Sie das Verführungsspiel gewonnen haben.
- Ihrem Löwe-Traumpartner Erfolg und Anerkennung erringen helfen – das beweist, wieviel er Ihnen bedeutet.
- stets alles dafür tun, daß die Sonne scheint – wenn Sie erreichen könnten, daß sie immer scheint, hätten Sie den Löwen für ewig gewonnen.

sollten Sie nicht
- Ihren Löwen herumkommandieren – sich ihm aber auch nicht willenlos unterwerfen.
- Ihren Löwe-Traumpartner vor aller Ohren kritisieren – das würde seinen Stolz zu sehr verletzen.
- ihn je fühlen lassen, daß Sie sich für den besseren Liebhaber halten – auch das verträgt sein Stolz nicht.
- an seiner Extravaganz herummäkeln, wenn er es sich leisten kann, Sie zu verwöhnen, dann genießen Sie es auch.
- vergessen, daß Löwen zwar gern verspielt sind, aber auch ein stürmisches Liebesleben mögen.
- diesen Traumpartner vernachlässigen und ihn jemals im Stich lassen.

Der Jungfrau-Mann

Können Sie gut Kritik vertragen? Kommen Sie mit einem Mann zurecht, den jede Kleinigkeit aufregen kann, dessen Eßgewohnheiten heikel sind und der bei der geringsten Erkältung fürchtet, an der asiatischen Grippe zu sterben? Natürlich sind das Verallgemeinerungen, doch kann ich aus eigener Erfahrung behaupten, daß ein Jungfrau-Mann nicht gerade der einfachste Traumpartner ist.

Die Jungfrau ist das »Zeichen des Dienens«, und das weiß sie auch genau. Beherrscht von Merkur, dem Planeten des Verstandes, ist sie das zweite Erdzeichen. Eine Jungfrau besitzt in hohem Grad die Fähigkeit zu analysieren und zu differenzieren. Sie ist deshalb eine äußerst ausgeprägte Kritikerin, spürt Fehler auf, übersieht aber immerhin auch das Positive nicht.

Wenn Sie den Erwartungen eines Jungfrau-Mannes zu entsprechen vermögen, kann eine glückliche Beziehung entstehen. Er gehört nicht zu denen, die mit anderen Frauen herumtändeln. Er bleibt einer Frau treu und glaubt an die Unantastbarkeit von Ehe und Familie. Wird er dennoch aus irgendeinem Grund geschieden, fühlt er sich häufig schuldig, auch wenn es an sich keinen Grund dafür gibt.

Sollten Sie jemanden kennenlernen, der nicht schüchtern wirkt, aber vieles unausgesprochen läßt, dann denken Sie daran, daß eine Jungfrau zwar an anderen heftig herumnörgeln kann, aber auch mit sich selbst hart ins Gericht geht. Sie setzt – sich selbst, aber auch anderen gegenüber – ihren eigenen Wert oft herab. Wenn Sie sehr flott und smart auf andere wirken, braucht der Jungfrau-Mann, auch wenn er sich noch so stark von Ihnen angezogen fühlt, wahrscheinlich geraume Zeit, bis er den Mut faßt, Sie um ein Rendezvous zu bitten.

Er ist ein ziemlicher Kleinkrämer und regt sich fürchterlich auf, wenn irgendwas nicht ganz zu stimmen scheint. Peter Sellers war das beste Beispiel dafür, wie jemand, der etwas von seinem Handwerk versteht, trotzdem unsicher wirken kann. Oder Greta Garbo, die die Öffentlichkeit floh wie die Pest. Welch starke Sexualität sich hinter der äußerlichen Kühle der Jungfrau verbirgt, enthüllen D. H. Lawrence in seinen Romanen und auf der Leinwand Sophia Loren.

Ein Jungfrau-Mann beeindruckt oft schon bei der ersten Begegnung durch sein charakteristisches Aussehen. Seine klaren Gesichtszüge sind sehr einprägsam, und wenn er auch nicht unbedingt ein ausgesprochen schöner Mann ist, fällt er doch irgendwie positiv auf.

Wenn Sie einen Jungfrau-Traumpartner einfangen wollen, dürfen Sie nie außer acht lassen, daß er sich nicht gern bedrängen läßt. Er nimmt dann gewöhnlich an, dahinter stecke noch ein anderes Motiv. Er ist bedächtig, weiß aber genau, was er will. Warten Sie deshalb, wann immer Sie können, auf seine Initiative, da Sie ihn sonst eventuell vertreiben und aus einer vielversprechenden guten Beziehung nichts wird.

Sie haben also einen interessanten Mann kennengelernt, der kühl und distanziert wirkt, bei dem sich aber untergründig eine Menge abspielt, und wissen nun, daß er Jungfrau sein könnte. Er kleidet sich gewöhnlich selbst in der Freizeit tadellos, doch folgt er nicht blind der Mode, ja er macht sich eigentlich nicht einmal etwas aus Mode. Er möchte einfach von Kopf bis Fuß sauber und adrett aussehen.

Bald werden Sie auch merken, daß diese erdhafte Jungfrau in praktischen Angelegenheiten mit beiden Beinen fest auf dem Boden der Wirklichkeit steht. Wie die beiden anderen Erdzeichen Stier und Steinbock wirft die Jungfrau nicht mit Geld um sich – selbst wenn sie jemanden zu verführen sucht. Wenn Sie nun jemanden kennengelernt haben, der zwar einige, aber nicht alle der eben genannten Eigenschaften besitzt, sollten Sie bedenken, daß jedes individuelle Horoskop auch von anderen Einflüssen geprägt wird. Wie bei allen anderen Traumpartnern kann ich auch hier nur allgemeine Wesenszüge aufzeigen.

Sollten Sie immer noch beim Ratespiel sein – und fürchten, daß der Jungfrau-Mann beim Thema Sternzeichen höchstens die Nase rümpft, da er viel zu nüchtern und skeptisch ist, um an die Kunst der Astrologie zu glauben, fragen Sie ihn über seine Arbeit aus. Ein Jungfrau-Mann ist häufig als Buchhalter, Treuhänder, Theaterkritiker oder im Verlagsgeschäft oder aber in

Heil- und Pflegeberufen tätig. Er wechselt seinen Arbeitsplatz nur ungern – und entspricht damit seiner Bestimmung im »Zeichen des Dienens«. Er nimmt oft Stellen an, die andere Menschen im allgemeinen eher langweilig finden, denn ihm ist Routine nicht unangenehm, ganz im Gegenteil. Er gilt im allgemeinen nicht als allzu ehrgeizig, und manche Kollegen finden es nicht immer ganz einfach, mit ihm zusammenzuarbeiten.

Ein Mann, der sich über den Zigarettenrauch vor seiner Nase beschwert oder über den Luftzug vom offenen Fenster her, der ihm bestimmt einen steifen Nacken bescheren wird, ist mit größter Wahrscheinlichkeit eine Jungfrau. Gut möglich, daß er selbst raucht und Ihnen den Rauch in die Augen bläst, aber das ist dann schon in Ordnung. Vielleicht bin ich jetzt unfair, doch fallen mir zwei oder drei Jungfrau-Männer ein, die sich exakt so verhalten. Der Himmel möge Ihnen beistehen, sollten Sie je während einer Autofahrt mit ihm das Beifahrerfenster öffnen und zuviel frische Luft hereinlassen.

Sie werden bald einsehen, daß Sie ein recht kompliziertes Wesen kennengelernt haben. Allerdings nörgelt ein Jungfrau-Mann durchaus nicht nur ausgiebig an anderen herum, sondern bemerkt auch die meisten seiner eigenen Fehler. Einige Jungfrau-Männer sind sogar allzu selbstkritisch.

Wenn Sie einen Jungfrau-Traumpartner kennengelernt haben, brauchen Sie sich übrigens nicht allzu lange ängstlich zitternd zu fragen, ob Sie vor seinem kritischen Blick bestanden haben. Die Anwort wird Ihnen nicht lange verborgen bleiben, denn bei ihm gibt es keinerlei Zeitverschwendung. Und wenn Ihr neuer Traumpartner manch schönen Augenblick im Leben verpaßt, weil er sich zu viele Gedanken macht, *Sie* dürfen sich darüber freuen, ihm beizubringen, wie man sich entspannt.

Wo können Sie nun nach einem solchen Mann Ausschau halten, wenn er sich nicht gerade am benachbarten Schreibtisch in Ihrem Büro abrackert? Sport ist kein typisches Hobby für einen Jungfrau-Mann. Er würde höchstens vor dem Bildschirm kritisch anmerken, daß McEnroe sich mal wieder danebenbenimmt. Er ist eher der intellektuelle Typ, gehört vielleicht zu einem Debattierklub oder läßt sein analytisches Auge über die neueste Ausstellung der nächstgelegenen Kunstgalerie gleiten. Er verbringt auch kaum Zeit mit Freunden beim Bier. Jungfrauen trinken nicht viel, und zwar nicht zuletzt, weil sie um ihre Gesundheit fürchten.

Wenn Sie ihn im Urlaub kennenlernen, könnte er einer von denen sein, die sich am Hotelempfang gerade über etwas beschweren und im Restaurant höchst skeptisch die Speisekarte studieren: Diese schrecklichen ausländischen Gerichte sind nichts für ihn, nein danke! Grund dafür mag jedoch durchaus sein, daß er sehr behütet aufgewachsen ist oder seine Eltern seine Empfindlichkeit noch unterstützt haben. Denn eine Jungfrau tut Pingeligkeit beim Essen schon im zartesten Alter kund, und wechselt man nicht sofort die schmutzigen Windeln, brüllt sie los, daß man glauben könnte, sie würde mißhandelt.

Wenn es einer nötig hat, daß man ihm beibringt, wie man den Urlaub genießt, dann der Jungfrau-Mann. Wenn Ihnen also im Urlaub eine männliche Jungfrau ohne Anhang über den Weg läuft, dann nutzen Sie die Gelegenheit und helfen Sie ihm auf die Sprünge und dabei, eine neue Seite seines eigenen Wesens kennenzulernen. Allerdings wird er kaum auf eine reine Urlaubsromanze aus sein – vermutlich ist seine Meinung über Paare, die so etwas genießen, nicht gerade die beste. Und es wird auch im Urlaub geraume Zeit dauern, bis er Sie um ein Rendezvous bittet. Hoffentlich haben Sie Geduld – und noch genügend viele Urlaubstage vor sich.

Die Leidenschaft entwickelt sich bei einem Jungfrau-Mann zwar erst allmählich, doch ist er ein recht raffinierter Liebhaber, sobald er in Ihnen die richtige Frau für sich erkannt hat. Er kann ein wirklich großer Romantiker sein. Allerdings müssen Sie stets auf ein paar kritische Bemerkungen über Ihre ganz speziellen Techniken gefaßt sein, aber wenn Sie darauf vorbereitet sind, können Sie sich ja mit einigen sarkastischen Retourkutschen revanchieren.

Wenn Ihrem neuen Traumpartner früher einmal das Herz gebrochen wurde, wird er alles daransetzen, daß er so was in Zukunft nicht noch einmal erlebt. Das mag mit ein Grund dafür sein, daß er Sie so intensiv unter die Lupe nimmt – er möchte einfach auf keinen Fall noch einmal so tief verletzt werden. Zwar sagt man dem Skorpion nach, er vergesse niemals etwas, doch gilt im Grunde oft dasselbe auch von der Jungfrau. Eine seelisch verletzte Jungfrau kritisiert sich selbst oft noch erbarmungsloser, und das macht sie entsprechend unsicherer.

Dies mag also ein weiterer Grund sein, warum der Jungfrau-Mann so lange braucht, bis er den ersten Schritt tut. Gut möglich, daß Sie bereits denken, er mache sich gar nichts aus Ihnen. Und dann, endlich, gerade wenn Sie aufgeben wollen und die Eroberung eines Jungfrau-Traumpartners als hoffnungslosen Fall betrachten, bittet er Sie überraschend um ein Rendezvous.

Verstehen Sie mich bitte nicht falsch. Das Leben mit einem Jungfrau-Mann ist nicht etwa langweilig, nur dauert es manchmal recht lange, bis es wirklich aufregend wird. Wenn Sie sein Herz erobert haben und er weiß, daß Sie nicht nur auf einen kurzen Flirt aus sind, können Sie viel Schönes mit ihm erleben.

Er vergißt nichts – alles ist in seinem Kopf gespeichert. Sie werden sich nie zu beklagen haben, daß er Ihren Geburtstag oder den Tag, an dem Sie einander kennengelernt haben, vergißt. Natürlich erwartet er das gleiche auch von Ihnen. Sollten Sie also eher chaotisch veranlagt sein, ändern Sie das am besten sofort. Er erwartet, daß Sie an das denken, was *ihm* etwas bedeutet. Auch wenn Sie ihn nicht für besonders romantisch halten, müssen Sie ihm am Valentinstag Blumen schicken. Sonst gibt es Ärger.

Der Jungfrau-Mann ist sehr fürsorglich und wird Sie stets beschützen. Wenn er gerade seinen Hypochondrien nachhängt, mögen Sie sich manchmal fragen, wie Sie das nur aushalten sollen. Doch wenn *Sie* sich nicht wohl fühlen und ein paar Tage im Bett bleiben müssen, wird er Sie aufopfernd umsorgen und all Ihre Wünsche befriedigen, ohne sich zu beklagen. Er genießt es förmlich, für andere zu sorgen.

Zwingen Sie einen Jungfrau-Mann nie zu etwas, das er nicht will, sonst kommt eine ungemein störrische Ader zum Vorschein. Auch schätzt er es gar nicht, wenn Sie ihn kritisieren, zumindest solange Ihre Beziehung noch nicht ganz gefestigt ist.

Wenn Sie ihm etwas kulinarisch Außergewöhnliches bieten wollen, sollten Sie achtgeben, daß ihm die Küche des von Ihnen vorgeschlagenen Restaurants zusagt. Er gehört nun einmal zu den Männern, die nach jedem üppigen Mahl mit Bauchweh rechnen. Mit Geschenken – etwas zum Anziehen ist immer willkommen – ist es auch so eine Sache: Sie werden vermutlich unendlich lange brauchen, bis Sie das Richtige gefunden haben, denn er schätzt weder, daß Sie zuviel ausgeben, noch, daß Sie ihm etwas Gewagtes geben. Er haßt alles Ausgefallene. Er arbeitet hart für sein Geld und will es deshalb nicht verschleudern. Vorzuschlagen wären etwa ein Schreibtischset, ein batteriebetriebenes Streßmeßgerät, ein Ionisator und ein Luftbefeuchter oder die neueste Software für seinen Computer.

Sie dürfen nie vergessen, daß der Jungfrau-Mann trotz seiner analytischen und kritischen Fähigkeiten genauso wie jedes andere Sternzeichen das Leben genießen kann. Er muß zu seinem Glück nur etwas mehr gezwungen werden. Er kann wirklich unglaublich leidenschaftlich sein, und über zuwenig Sex werden Sie sich nicht zu beklagen haben. Lassen Sie ihn aber auf alle Fälle im Glauben, er habe Ihnen alles beigebracht, was Sie wissen. Die Jungfrau ziert sich vielleicht wie eine echte Jungfrau, doch in der Liebeskunst ist der Jungfrau-Mann kein schüchterner kleiner Junge.

Einen Jungfrau-Traumpartner davon zu überzeugen, daß Sie die richtige Partnerin für ihn sind, ist gewiß nicht einfach. Er kann einen zuweilen herunterputzen wie ein dummes Schulmädchen. Doch seine guten Eigenschaften überwiegen, und seine zärtlichen Liebesbeweise werden Sie nicht nur tausendfach entschädigen. Sie werden dabei sogar feststellen, daß das wirkliche Leben noch schöner sein kann als ein Traum.

Die Jungfrau-Frau

Ist Ihre Traumpartnerin Jungfrau, befindet sie sich in guter Gesellschaft – Greta Garbo, Sophia Loren, Lauren Bacall und Twiggy sind in diesem Zeichen geboren. Sie werden aber bald merken, daß es alles andere als einfach ist, die Jungfrau-Frau davon zu überzeugen, daß Sie der richtige Partner für sie sind.

Eine Jungfrau-Frau stellt ganz neue Anforderungen an Sie. Ihre bewährten Tricks können Sie also getrost vergessen – die durchschaut sie nämlich sofort. Sie muß weder Astrologin noch Hellseherin sein, um zu erkennen, was Sie motiviert. Sie ist genauso analytisch, kritisch und urteilsfähig wie ihr männliches Gegenstück, ja vielleicht übertrifft sie es darin sogar noch, da ihr zusätzlich ihre weibliche Intuition zur Verfügung steht.

Vielleicht fühlen Sie sich schon deshalb von ihr angezogen, weil Sie »Jungfrau« mit Unschuld in Verbindung bringen. Vergessen Sie das! Eine Jungfrau-Frau kann impulsiv wie ein Widder sein, flirten wie ein Zwilling und so provozierend auftreten wie der Skorpion, das Sexsymbol des Tierkreises. Sie mag beim ersten Treffen etwas zu brav und ordentlich wirken, wird sich aber bei gegenseitiger Zuneigung als gewiefte, willige und fähige Partnerin erweisen.

Ist die Beziehung zu einer Jungfrau-Frau ernsthaft und einmal gefestigt, brauchen Sie nicht zu befürchten, daß sie auch andern schöne Augen macht. Jungfrau ist das zweite Erdzeichen, und eine Jungfrau-Frau bindet sich fest an den geliebten Menschen und ist ihm treu. Es ist deshalb besonders wichtig, sich auch ihr gegenüber absolut loyal zu verhalten. Eine Jungfrau, die einmal betrogen worden ist, traut so schnell niemandem mehr über den Weg. Selbst wenn sie sich noch so weit eingelassen hat, wird sie ein Verhältnis sofort beenden – auch wenn es ihr sehr zu Herzen geht –, wenn sie glaubt, auf das falsche Pferd gesetzt zu haben.

Das Leben mit einer Jungfrau-Frau wird nicht ganz einfach sein, wenn Sie zu den Männern gehören, die nie ein Staubtuch anrühren und ihre Hosen beim Zubettgehen einfach fallen lassen. Die Jungfrau beiderlei Geschlechts ist perfektionistisch. Alles muß seine bestimmte Ordnung haben. Und selbst wenn Ihnen die Jungfrau-Frau total verfallen ist und Ihnen ewige Liebe schwört, erwartet sie trotzdem, daß Sie Ihren Anteil an Hausarbeit erledigen.

Wo können Sie eine Jungfrau-Frau kennenlernen? In einer

Gruppe erkennen Sie sie daran, daß sie jeden von Kopf bis Fuß mustert, sobald sie sich unbeobachtet fühlt. Sie *hören* sie beinahe im Geist das Aussehen aller Anwesenden kritisieren – natürlich auf nette Art. Falls Sie sie später damit aufziehen, wird sie erröten und vermutlich alles abstreiten. Im Gespräch verrät sie sich durch entschiedene Ansichten zu jedem Thema, und sollten Sie ihr widersprechen, beweist sie Ihnen vermutlich mit Leichtigkeit, daß ihre analytischen Fähigkeiten größer sind als Ihre.

Achten Sie auch auf die Kleidung einer Jungfrau-Frau. Nie wird sie mit ungeputzten Schuhen oder einem schiefen Rocksaum auf die Straße gehen. Wahrscheinlich wird sie auch nicht gerade die ausgefallensten Modelle tragen, doch hat sie einen guten Geschmack in modischen Dingen und versteht es, verschiedene Kleidungsstücke geschickt miteinander zu kombinieren.

Sie wirkt wesentlich unabhängiger, als sie ist. Da die Jungfrau-Frau soviel mehr zu wissen scheint als die anderen, sind Sie vielleicht eingeschüchtert. Ihr durchdringender Blick mag Ihnen das unbehagliche Gefühl vermitteln, durch ein Mikroskop betrachtet zu werden. Auch können Sie sie sich kaum unbeschwert verliebt vorstellen, so sehr sieht sie aus, als würde sie niemals die Kontrolle über ihre Gefühle verlieren. Und Sie fürchten vielleicht sogar, mit verflossenen Liebhabern verglichen zu werden und dabei schlecht abzuschneiden. Beruhigen Sie sich. Sobald Sie sie erst einmal näher kennen, werden Sie merken, daß sie unter ihrer überkritischen Fassade nicht halb so hart und kühl ist.

Wo können Sie sich nach einer Jungfrau- Traumpartnerin umsehen? Da Sie ja schon wissen, daß die Jungfrau als das »Zeichen des Dienens« gilt, können Sie sich ausrechnen, daß sie sehr pflichtbewußt und überall da zu finden ist, wo Arbeit ansteht. Sie gehört zu den Frauen, die das Büro als erste betreten und als letzte verlassen. Auf einer Party können Sie sie deshalb vermutlich höchstens an einem Freitag- oder Samstagabend kennenlernen, weil sie am darauffolgenden Tag weniger Pflichten hat. Sie könnte ehrenamtlich in einer Arztpraxis oder in einer Klinik arbeiten, über der Kartei einer Bücherei sitzen, bei Bekannten auf die Kinder aufpassen, turnen oder Yoga treiben oder in einem Fitneßcenter anzutreffen sein.

Ihre Vorlieben und Abneigungen sind ausgeprägt und leicht festzustellen. Bei bestimmten Speisen ist sie unglaublich wählerisch. Männer, die zuviel trinken und viel um sich hermachen, mag sie nicht. Auch zeigt sie ihre Gefühle nicht gern demonstrativ in der Öffentlichkeit – wenn Sie mit ihr allein sind, läßt sie ihnen jedoch freien Lauf. Sie läßt sich gern mit Geschenken überraschen und mag ganz besonders nette Postkarten mit verschlüsselten Mitteilungen, aus denen sie schließen kann, daß Sie stets an sie denken.

Daß sie so kühl und distanziert wirkt, heißt nicht, daß sie nicht verführt werden möchte. Bei einer Jungfrau-Frau muß die Kunst der Verführung allerdings wirklich als Kunst betrieben werden. Die Jungfrau ist ein weibliches Zeichen, und diese Dame ist ganz Frau, wenn sie will.

Wenn Sie sie ausführen, sollten Sie mit ihr in ein gutes Theaterstück oder einen interessanten Film gehen. Sie ist kulturell sehr interessiert und hat vermutlich viel mehr gelesen als Sie. Sonnenbaden am Strand ist keine Urlaubsbeschäftigung für sie, denn ihr wird dabei bald langweilig. Auch ist sie kein Diskotyp. Sie braucht anregende Unterhaltung und gutes Essen. Befindet sich dann noch der richtige Mann an ihrer Seite, vergißt sie sogar ihre kritische Ader.

Kaufen Sie ihr doch einen Pullover mit einem gewagten Ausschnitt statt mit einem braven, wie sie ihn gewöhnlich trägt, wenn Sie ihr etwas schenken wollen. Oder seien Sie großzügig und schenken Sie ihr eine Woche auf einer Gesundheitsfarm. Auch eine Saftpresse ist nicht schlecht, damit sie sich immer frischen Orangensaft zubereiten kann. Besorgen Sie Bettücher aus Satin fürs Schlafzimmer oder extravagante Seidenunterwäsche, die sie sich niemals selbst kaufen würde, und lassen Sie sie spüren, daß sie die wundervolle und liebenswerte Frau ist, auf die Sie Ihr ganzes Leben gewartet haben . . .

Wie Sie eine Jungfrau verführen

Wenn Sie eine Jungfrau verführen wollen, dann
sollten Sie
- in jeder Hinsicht perfekt sein – oder zumindest so scheinen.
- psychisch stark sein – für die Tage, an denen die Jungfrau pausenlos an Ihnen herumnörgelt.
- Freundschaft beweisen, bevor Sie mit Verführen anfangen – das richtet sich allerdings nach der individuellen Art der betreffenden Jungfrau.
- sich darauf einstellen, daß die Jungfrau sich bis zum Verfolgungswahn über etwas aufregen kann – und zwar über alles.
- kühl, ruhig und gefaßt sein – und ein reines Gemüt haben.
- deutlich machen, daß Sie nicht nur herumtändeln wollen – die Jungfrau ist weder Playboy noch Playgirl.
- ihre harte Arbeit anerkennen und bewundern.
- diesem Zeichen intellektuell ebenbürtig sein – es muß zu einer wahren Vereinigung der Geister kommen.

sollten Sie nicht
- ebenfalls anfangen herumzunörgeln – was schwer ist, wenn Sie selbst Jungfrau sind.
- eine Jungfrau zu Speisen überreden, die sie nicht mag – auch nicht, wenn Sie sich eine aphrodisiakische Wirkung davon versprechen.
- ihr Selbstvertrauen erschüttern – ihre Unsicherheit kann manchmal geradezu Schiffe versenken.
- etwas Abschätziges über ihre Liebesspiele äußern – auf ihre Liebestechnik ist die Jungfrau sehr stolz.
- mit andern herumtändeln, auch wenn Sie damit nur ihre Aufmerksamkeit erregen wollen.
- sich darüber beklagen, daß sie jemand anderem helfen mußte, obwohl sie doch mit Ihnen verabredet war.
- sie in aller Öffentlichkeit in Verlegenheit bringen – das ist privat schon schlimm genug.
- einen wichtigen Gedenktag vergessen – dieses Sternzeichen denkt an alles.

Der Waage-Mann

Der Charme in Person – was diesen Mann betrifft, so ist das die Untertreibung des Jahres. Die Waage wird von Venus, der Göttin der Liebe, beherrscht, und ihr Symbol sind die beiden Waagschalen. Viele Waagen nehmen sich denn auch ungewöhnlich viel Zeit, um jede Entscheidung auszubalancieren und jedes Für und Wider viele Male gegeneinander abzuwägen; sie gelten deswegen im allgemeinen als unentschlossen.

Wenn Sie Ihr Herz an einen Waage-Traumpartner verloren haben und er seines an Sie, brauchen Sie sich allerdings über seine Unentschlossenheit keine Gedanken mehr zu machen. Dann zieht er nämlich genausoschnell mit wie ein Mann, der in irgendeinem anderen Zeichen geboren ist. Die Waage ist zwar ein Luftzeichen, doch kann ein Waage-Mann gegebenenfalls ebenso stürmisch sein wie ein Feuerzeichen.

Es kann manchmal den Anschein haben, als brauchte ein Waage-Mann ewig, bis er endlich zur Sache kommt. Aber er kann nicht anders. Er muß Sie einfach erst mal richtig einschätzen, um sicherzugehen, daß Sie auch wirklich zu ihm passen. Der Waage-Mann ist ein echter Kenner und Genießer. Das Beste ist gerade gut genug für ihn. Nicht etwa aus Einbildung, auch nicht, weil er schon bestimmte Vorstellungen hat, von denen er auf keinen Fall abrücken will, sondern eher, weil sein Sinn für Romantik außerordentlich entwickelt ist und er – vielleicht unbewußt – recht hohe Mindestanforderungen stellt. Tief im Inneren sucht auch er nach seiner Traumpartnerin. Die Waage hegt fast noch intensiver als die andern Sternzeichen den innigen Wunsch nach dem idealen Partner und ist mit Sicherheit nicht gern zu lange allein.

Der Waage-Mann hat Stil und meistens auch das dazugehörende gute Aussehen. Außerdem verfügen Waage-Menschen unzweifelhaft über große kreative Begabungen. Denken Sie an John Lennon, Sting, Anthony Newley oder Harold Pinter.

Doch wie können Sie diesen heiteren, charmanten und kreativen Mann nun erkennen? Vielleicht an der lässigen Art, wie er mit Ihnen flirtet – und zwar nicht nur mit Blicken oder Worten . . . Vielleicht strahlt er nicht gerade so viel Sex-Appeal aus wie ein Skorpion, aber er wird Ihnen sofort klarmachen, daß er ein ganzer Mann und sein Interesse für Sie beileibe nicht nur geistiger Natur ist. Er blickt Sie unverwandt zärtlich an, und Sie spüren seine verborgene Sinnlichkeit in der Art, wie er mit sanfter Konsequenz erreicht, daß Sie aus sich herausgehen. Er tritt selten forsch und arrogant auf, der Typ ist er nicht, es sei denn, sein individuelles Horoskop weist durch die speziellen planetarischen Einflüsse bei seiner Geburt gegensätzliche Eigenschaften auf (was Sie mit einem Astrologen klären müßten). Er ist dem weiblichen Geschlecht im allgemeinen sehr zugetan und nimmt bestimmt Notiz von jedem hübschen Mädchen, das vorübergeht. Natürlich nicht auffällig. Sie müssen schon genau hinsehen, um es zu bemerken. Und oft macht er es so diskret, daß es Ihnen überhaupt nicht auffällt.

Wenn Sie nicht viel über Waage-Männer wissen und auf einer Party einen Mann kennenlernen, der im Zeichen der Waage geboren sein könnte, den Sie aber nicht nach seinem Sternzeichen fragen wollen, können Sie ihn vielleicht daran erkennen, daß er lässig auf einer Couch lagert, während Sie und alle anderen um ihn herumstehen. Kaum eine Waage läßt sich allerdings gern der Trägheit bezichtigen, und es gibt auch tatsächlich äußerst energiegeladene Waagen. Aber um ehrlich zu sein: Sie sind eher die Ausnahme als die Regel. Schlägt jemand vor, woanders hinzugehen, und der lässige Herr auf der Couch braucht für seine Entscheidung länger als alle anderen, können Sie eigentlich ganz sicher sein, daß es sich um einen Waage-Mann handelt.

Eine Warnung: Waage-Männer mögen friedfertige Partnerinnen. Sollten Sie zu den Frauen gehören, die zum Aufbrausen neigen, heftige Auseinandersetzungen führen und auch nicht nachgeben, wenn sie im Unrecht sind, sollten Sie sich einen Traumpartner suchen, der in einem anderen Sternzeichen geboren ist. Die Waage ist das Zeichen von Frieden und Harmonie. Ein Waage- Mann haßt Streitigkeiten aller Art. Er macht sich eher aus dem Staub, als daß er sich mit einer Frau einläßt, die einen Streit nur deswegen vom Zaun bricht, weil er mal anderer

Ansicht ist. Und selbst wenn Sie im Recht sind, sollten Sie stets darauf bedacht sein, äußerst behutsam zu argumentieren. Ein Waage-Mann geht Diskussionen – besonders unangenehmen – am liebsten aus dem Weg.

Wenn Sie einen sehr attraktiven Mann kennengelernt, sein Sternzeichen aber immer noch nicht sicher in Erfahrung gebracht haben, sollten Sie ihn nach seinem Beruf fragen. Ich gehe jede Wette ein, daß seine Tätigkeit nicht zu aufreibend ist, wenn er eine Waage ist. Eine Waage tendiert außerdem zu künstlerischen Berufen. Natürlich ist nicht jeder Waage-Geborene ein Künstler, Dichter oder Musiker. Viele sind als Diplomaten oder Juristen erfolgreich. Der Hang zum Kreativen zieht Waage-Männer häufig auch zur Frisierkunst hin. Natürlich kann die Konstellation bei der Geburt einer Waage von planetarischen Aspekten bestimmt sein, die bewirken, daß der Waage-Mann eine völlig andere Karriere anstrebt. In diesem Fall müssen Sie mit anderen Mitteln vorgehen, um herauszufinden, ob Sie es wirklich mit einer Waage zu tun haben.

Da Sie ja nun endlich weiterkommen müssen, sollten Sie sich deshalb kurz vergegenwärtigen, wie ein typischer Waage-Mann sich kleidet. Er bevorzugt sowohl in der Freizeit als auch während der Arbeit elegante und legere Kleidung. Die Art, wie er sie trägt, verleiht ihm ein gewisses Flair. Er ist zwar nicht gerade in sich selbst verliebt, doch kann er, um ehrlich zu sein, nur selten an einem Spiegel vorübergehen, ohne sich durch einen raschen Blick davon zu überzeugen, daß er attraktiver ist als die meisten Anwesenden. Auch gelingt es ihm immer – und er freut sich königlich darüber –, jünger auszusehen, als er ist.

Haben Sie sich auf einen Waage-Traumpartner eingelassen, kann das Leben für Sie zu einer wahren Lustpartie werden. Er ist der perfekte Liebhaber. Waren Sie bisher davon überzeugt, daß der Skorpion das Sexsymbol des Tierkreises und damit im Liebemachen führend sei, werden Sie bald merken, daß auch der Waage-Mann allerhand zu bieten hat. Sie können sicher sein, daß er nach dem Liebesakt nicht sofort einschläft und zu schnarchen anfängt. Er schmust vielmehr noch eine Weile mit Ihnen herum und schläft erst ein, wenn er sicher ist, daß Sie glücklich und zufrieden sind. Er ist selbst dann noch liebenswert und aufmerksam, wenn der Wecker ihn morgens schrill aus dem Schlaf reißt – allzufrüh darf das aber nicht sein, denn er ist im allgemeinen nicht gerade ein Frühaufsteher. Ein Waage-Mann braucht schließlich einiges an Schönheitsschlaf, um sich sein jugendliches Aussehen zu erhalten.

Obwohl er kein Casanova ist, fällt ihm jedes hübsche Gesicht auf. Sollten Sie ihn je vernachlässigen, kann sich ein lockerer Flirt mit einer anderen Frau durchaus in etwas Ernsthaftes verwandeln. Sitzen Sie ihm aber um Gottes willen nicht ständig eifersüchtig und argwöhnisch im Nacken, denn das kann ein Waage-Mann überhaupt nicht leiden. Sie dürfen ihn schon anhimmeln, sollten aber gleichzeitig eher kühl und distanziert bleiben – nicht gerade einfach, falls Sie selbst unter einem leidenschaftlichen, feurigen Sternzeichen geboren sind. Natürlich kann ein Waage-Mann sich kaum mit der Vorstellung anfreunden, daß auch Sie gern flirten. Er mag in den meisten Dingen für Gleichberechtigung sein, aber seine Frau sieht er nur sehr ungern mit einem andern Mann herumtändeln.

Wenn Sie noch nie mit einem Waage-Mann befreundet waren, aber gern einen kennenlernen möchten, werden Sie es nicht so einfach haben, gezielt einen zu finden. Da er nicht gerade strotzt vor Energie, brauchen Sie auf Tennis- oder Fußballplätzen – falls er nicht zufällig ein begeisterter Zuschauer ist – gar nicht erst Ausschau zu halten. (Allerdings wäre er bei seinem Sinn für Fairneß ein guter Schiedsrichter.) Nein, Kricket oder Golf entsprächen ihm schon eher, aber nur bei schönem, warmem Wetter. Vielleicht begegnen Sie ihm in einer Sauna oder mit ein paar Freunden in einer Disko, wo er durch seine modische, legere Kleidung garantiert auffällt.

Da ein Waage-Mann sich gern in Gesellschaft aufhält, treffen Sie ihn auch kaum auf einsamen Wanderungen am Strand oder im Wald. Viel eher unterhält er sich mit Freunden in einem Lokal, oder er läßt sich am Strand von der Sonne bräunen – was mich darauf bringt, vom Waage-Mann im Urlaub zu sprechen. Im Urlaub ist er noch romantischer als sonst. Wahrscheinlich hat es endlos gedauert, bis er den Urlaubsort ausgesucht hatte.

Sonnenschein ist ein absolutes Muß, außerdem gutes Essen und ein wirklich bequemes Bett. Er ißt gern in kleinen, romantischen Restaurants, bei Kerzenlicht und leiser Musik.

Ein Waage-Mann ist fernab der Alltagsroutine sexuell noch anziehender als ohnehin schon. Sie können mit ihm herrliche Sonnenuntergänge erleben, falls er Ihnen zum Beispiel während eines Urlaubs auf einer griechischen Insel über den Weg läuft. Sonnenaufgänge hingegen bekommen Sie mit ihm kaum zu Gesicht. Zu dieser Zeit liegt er nämlich noch im Bett, und zwar auch, wenn es am Abend vorher gar nicht spät geworden ist. Genießen Sie es, wenn er Sie zärtlich mit einem Kuß weckt und Sie freundlich anlächelt. Der Waage-Traumpartner hat als Kind sicherlich glückstrahlend im Kinderwagen vor sich hin gegluckst, während andere Kinder sich heiser schrien, und so von klein auf gelernt, daß charmantes und liebenswertes Verhalten am ehesten belohnt wird. Das hat er sich gut gemerkt.

Können Sie mit einem Mann zurechtkommen, den andere Frauen stets umschwärmen? Zucken Sie nicht unwillkürlich zusammen, wenn Sie ihn am Strand ein wunderschönes, barbusiges Mädchen betrachten sehen? Und können Sie zu seinen Freunden so charmant sein wie zu Ihren?

Können Sie besser mit Geld umgehen als er? Der Waage-Mann ist nämlich nicht besonders praktisch veranlagt. Wenn es darauf ankommt, kann er sogar wahnsinnig extravagant sein. Auch gehört er zu den Menschen, die garantiert vergessen haben, zur Bank zu gehen, wenn kein Pfennig Bargeld mehr im Haus ist.

Doch da er einen ausgeprägten Sinn für schöne Dinge hat, wird er Ihnen herrliche Komplimente machen, nie das frische Blumenarrangement in der Vase übersehen und anerkennend nach Ihrem neuen Parfüm schnuppern. Er kann auch hervorragend mit Kindern umgehen; Ihnen Disziplin und Konsequenz beizubringen allerdings wird er nur zu gern anderen überlassen.

Der Waage-Mann erstrebt eine ausgewogene Partnerschaft. Er begehrt denn auch nicht auf, wenn seine Frau Karriere macht, solange er sicher spürt, daß er in ihrem Herzen nicht den zweiten Platz einnimmt. Es ist allerdings ratsam, ihm das immer mal wieder zu bestätigen!

Er läßt sich an Geburtstagen, Jahrestagen gemeinsamer Erlebnisse und an Weihnachten gern verwöhnen. Sie brauchen deswegen nicht viel Geld auszugeben, denn ihm bereitet das Auspacken der Geschenke am meisten Spaß. Auch ist es leicht, für einen Waage-Mann Geschenke auszusuchen. Das kann zum Beispiel ein Pullover in der Farbe seiner Augen sein, sein bevorzugtes Rasierwasser, ein Seidenschal mit Namenszug, besonders gestylte Krawatten oder auch ein elektrischer Getränkemixer. Zudem sollten Sie ihm unbedingt auf einer Karte mitteilen, daß Sie ihn immer noch genauso lieben wie am ersten Tag . . .

Vermeiden Sie um alles in der Welt, an ihm herumzunörgeln. Wenn es etwas gibt, das er haßt wie die Pest, dann dies. Er hat nun mal seinen eigenen Rhythmus, und den will er einhalten. Falls Ihnen das nicht paßt, sollten Sie sich einen Traumpartner suchen, der in einem anderen Sternzeichen geboren ist. Bedrängen Sie ihn nicht, und buttern Sie ihn nicht unter. Er ist nicht über Nacht zu erobern. Er nimmt sich bei der Wahl seiner Seelengefährtin Zeit. Er weiß, daß ihm nicht bestimmt ist, allein zu bleiben. Und Venus, die Göttin der Liebe, hilft ihm in allen Liebesdingen. Sie können drauf wetten, daß er die Frau seiner Träume findet.

Um diesen Traumpartner an sich binden zu können, müssen Sie sich von der besten Seite zeigen. Wenn er Sie für die Richtige hält, tut er alles, um Sie glücklich zu machen. Ein Leben an seiner Seite werden Sie nicht zu bereuen haben. Pflegen Sie aber unbedingt die Romantik in Ihrer Beziehung, denn sowie das Leben zu alltäglich wird, beginnen seine Augen auf der Suche nach Abwechslung umherzuschweifen, und mit dem idealen Traumpartner ist es dann nicht mehr so weit her. Da Waage-Männer aber die Welt verzaubern können, da sie besonders romantisch und zärtlich und in so vieler Hinsicht wirklich perfekte Partner sind, könnten Sie weit schlimmere Mißgriffe tun, als sich für einen von ihnen zu entscheiden.

Die Waage-Frau

Mit einer Waage-Frau als Traumpartnerin können Sie sich wirklich glücklich schätzen. Wenn man mich fragte, welches Sternzeichen ich für das beste halte, würde ich ohne Zögern sagen: Waage.

Männliche und weibliche Waagen sind vom gleichen Planeten beherrscht, nämlich von Venus, der Liebesgöttin. Sie haben viele Eigenschaften gemeinsam, doch fühlt und denkt die Waage-Frau ganz anders als der Waage-Mann. Sie bemüht sich mehr als irgend jemand um die vollkommene Beziehung zu dem Mann, den sie liebt.

Die Waage-Traumpartnerin ist sehr feminin und von einer zarten sinnlichen Aura umgeben. Sie hat einen tadellosen Geschmack, oft künstlerische Fähigkeiten und eine ruhige, liebenswerte Art, so daß man sich gern in ihrer Nähe aufhält. Sie ist ein echter Schatz. Doch seien Sie von vornherein gewarnt. Sie braucht oft ziemlich lange, bis sie sich für den Mann, mit dem sie ihr Leben verbringen will, entscheidet.

Einer Waage-Frau fehlt es gewöhnlich nicht an Bewerbern. Sie braucht daher hinter keinem herzulaufen, was in unserer freizügigen Zeit eher ungewöhnlich ist. Sie kann sich bei der Eroberung eines Traumpartners auf ihre sexuelle Ausstrahlung und ihren Charme verlassen. Die Waage beherrscht die Kunst der Verführung so vollkommen, daß Sie davon möglicherweise gar nichts bemerken. Niemand weiß einen Telefonanruf geschickter abzuwarten als die Waage-Frau. Vielleicht hebt sie nicht ab, damit Sie denken, sie sei an diesem Abend ausgegangen, obwohl Sie Ihren Anruf angekündigt hatten. Eine Widder- oder Zwillinge-Frau würde das nie fertigbringen.

Wenn Sie das Herz einer Waage-Frau erobern wollen, müssen Sie sich auf einiges gefaßt machen. Sie ist zwar nicht gerade ein Snob, aber sie stellt ihre Ansprüche. Unter den Damen, die in diesem Zeichen geboren sind, befinden sich recht erlauchte Namen: Brigitte Bardot, Britt Ekland, Julie Andrews und Sarah, die Herzogin von York. Diese Frauen sagen nicht zu allem ja und amen, und jede von ihnen strahlt den anziehenden Charme der Waage auf ihre Weise aus.

Ihnen gemeinsam ist ihr Vertrauen auf die Fähigkeit, alle Menschen bezaubern zu können, mit denen sie zusammenkommen. Auch als hart arbeitende Karrierefrau oder glühende Feministin verliert eine Waage-Frau nie ihre weibliche Art. Als Waage ist sie außerdem immer in der Lage, Pro und Kontra gegeneinander abzuwägen, ein ausgewogenes Urteil zu fällen – auch wenn sie recht lange dazu braucht – und einer Auseinandersetzung aus dem Weg zu gehen, was auch immer ihr Gegenpart für Argumente vorbringen mag.

Denken Sie nun nicht etwa, weil eine Waage-Frau so gründlich taxiert und so lange abwägt, ob Sie zu ihr passen oder nicht, daß das Resultat dann eher enttäuschend sei. Auch dürfen Sie sich vom zarten, empfindlichen Äußeren einer Waage-Frau nicht täuschen lassen. In der Liebe und im Bett kann sie Sie höchst angenehm überraschen – wenn Zeit und Ort stimmen. Es muß allerdings der *ihr* genehme Zeitpunkt sein, denn sie stürzt sich nicht kopflos in eine Liebesaffäre. Sie möchte Sie als ihren potentiellen Traumpartner zuerst auf alle Fälle näher kennen, um Ihre Vorlieben und Abneigungen wissen und sichergehen, daß Sie sie nicht nur verführen wollen, um Ihren sexuellen Heldentaten einen weiteren Sieg hinzuzufügen.

Die Waage-Frau ist nicht auf leidenschaftliche Abenteuer aus, die am Ende doch zu nichts führen. Sie versucht nicht jeden Mann zu Fall zu bringen, der ihr gefällt. Doch bewußt oder unbewußt hält sie nach einem Partner fürs Leben Ausschau.

Faszinierend an einer Waage-Frau ist, wie sie sich, nachdem eine Ehe oder Partnerschaft zerbrochen ist, wieder aufraffen kann und mit der Situation zurechtkommt, ohne aus dem Gleichgewicht zu geraten, und zwar obwohl sie sich ohne den richtigen Partner stets irgendwie unvollständig fühlt. Weder gerät sie in Panik, noch veranstaltet sie ein großes Theater. Sie zuckt nur die Achseln und meint lakonisch, beide seien im Recht gewesen, es gehe ihr zwar nicht gut, aber das sei nun mal nicht zu ändern.

Angenommen, Sie haben eine Frau kennengelernt, die Sie für

die Liebenswürdigkeit in Person halten, kennen aber ihr Sternzeichen noch nicht. Da sich an der Kleidung eine Menge ablesen läßt, werden Sie sicherlich weiterkommen, wenn Sie darauf achten, wie sie sich anzieht. Bei einer Waage-Frau sieht alles sehr feminin und sexy aus, wirkt aber niemals aufgesetzt oder herausfordernd. Die Ausgeglichenheit der Waage befähigt sie dazu, Kleidung nach Farbe und Stil so zu kombinieren, daß alles perfekt harmoniert und absolut fraulich wirkt. Nur ganz untypische Waage-Frauen kleiden sich aufdringlich oder provokativ oder aber bieder. Im allgemeinen schlägt eine Waage-Frau den goldenen Mittelweg ein. Das sorgfältig aufgetragene Make-up ist ebenfalls genau auf die Kleidung abgestimmt. Da die Waage-Frau viel für Mode übrig hat, sollten auch Sie nicht zu schäbig herumlaufen. Sonst geht es mit ihr möglicherweise nicht lange gut.

Sie brauchen nicht zu befürchten, daß die Waage-Traumpartnerin mit ihrer etwas kritischen Art Ihr Leben total verändern will. Sie ist bei weitem nicht so nörglerisch wie die Jungfrau. Sie hat aber sehr viel Sinn für Ästhetik, und dementsprechend findet sie Gefallen an allen schönen Dingen. Und was wäre dagegen schon einzuwenden? Denn mehr als jedes andere Sternzeichen tut eine Waage-Frau alles, um eine Beziehung für beide Seiten schön und harmonisch zu gestalten. Sie hackt mit Sicherheit nicht wegen Kleinigkeiten auf Ihnen herum, es sei denn, diese eskalierten zu echten Problemen zwischen Ihnen.

Ein vielen Männern wahrscheinlich sympathischer Zug an ihr ist, daß sie Unterstützung und Aufmunterung durch den perfekten Traumpartner braucht, um sich wirklich gut zu fühlen. Das liegt daran, daß die Waage das siebte Zeichen des Tierkreises ist, das für Partnerschaft steht.

Wenn Sie nun überzeugt sind, daß Sie mehr als alles andere eine Waage-Frau in Ihrem Leben brauchen – wo können Sie nach ihr Ausschau halten? Sie hört gern entspannt Musik oder unterhält sich mit interessanten Leuten. Sie liegt gern faul am Strand und genießt auch den Abend in einer Disko, solange die Musik nicht zu laut und wild ist. Eine Waage hält sich überall dort auf, wo Menschen zusammenkommen. Sie grast Kunstgalerien ab, besucht Konzerte und macht vorzugsweise dort Urlaub, wo sie von Streß und Alltagsrummel nicht behelligt wird.

Für eine Waage-Frau Geschenke einzukaufen, ist ein wahrer Genuß. Sie läßt sich gern verwöhnen. Sie mag elegante Schals, Schmuck, Schallplatten mit romantischen Liedern, Seiden- und Satinunterwäsche – am liebsten von ihrem Lieblingsdesigner – oder auch arbeitssparende Geräte für den Haushalt.

Überlegen Sie sich vorher gut, wie Sie Ihre Waage-Frau zu verführen gedenken, denn Sie wird jede Ihrer Bewegungen genau registrieren. Soll sich die Waagschale zu Ihren Gunsten senken, gehen Sie am besten langsam, behutsam und mit viel Gefühl zu Werke.

Wie Sie für eine Waage unwiderstehlich sind

Wenn Sie eine Waage verführen wollen, dann
sollten Sie
– nett sein, verständnisvoll und sich von Ihrer besten Seite zeigen.
– merken, wenn der entscheidende Augenblick da ist, und den ersten Schritt tun.
– Waage-Traumpartnern stets das Gefühl geben, daß Sie ihren Rat brauchen, das schmeichelt ihrem Ego – und sie sind echt gut darin, das Leben anderer wieder ins Gleichgewicht zu bringen.
– an Kunst interessiert sein – die meisten Waage-Geborenen haben einen Lieblingsmaler oder schätzen ein bestimmtes Musikstück ganz besonders.
– sicher sein, ein ruhiges, friedliches und entspanntes Leben führen zu wollen.
– Ihren Waage-Traumpartner in jeder Hinsicht verwöhnen.
– deutlich machen, daß Sie eine Partnerschaft anstreben, in der Gleichberechtigung herrscht.
– Waage-Traumpartner von Anfang an wissen lassen, daß Sie Streitigkeiten genauso hassen wie sie.

sollten Sie nicht

- einer Waage sagen, daß sie älter aussieht – dieses Zeichen ist auf sein jugendliches Aussehen sehr stolz.
- Entscheidungen gegen den Willen Ihres Partners erzwingen.
- in irgendeiner Form drängen, wenn auf die ersten Annäherungsversuche keine Reaktion erfolgt – eine Waage sagt Ihnen höchst ungern ins Gesicht, daß Sie damit nur Ihre Zeit vergeuden.
- dem Vorurteil glauben, alle Waagen seien entsetzlich träge.
- jemals einem Waage-Traumpartner Wankelmut vorwerfen – dies könnte ihn nämlich erst dazu treiben . . .
- einem Waage-Traumpartner je das Gefühl geben, Sie wollten sich lediglich amüsieren.
- beim ersten Rendezvous ungepflegt erscheinen – die Waage hat immer einen ausgeprägten Schönheitssinn und wird das übel vermerken.
- nachlassen in Ihren Bemühungen, der perfekte Liebhaber zu sein.

Der Skorpion-Mann

Ich Tarzan, du Jane! Natürlich tritt nicht jeder Skorpion-Mann in Ihr Leben, indem er sich von Liane zu Liane schwingt und seine Muskeln vor Ihnen spielen läßt, daß Ihnen die Knie weich werden. Doch ist sich der Skorpion-Mann durchaus bewußt, daß er gemeinhin als die »Sexbombe« des Tierkreises gilt, und er glaubt natürlich, diesem Macho-Image entsprechen zu müssen. Der Skorpion wird von zwei Planeten beherrscht, nämlich von Mars, dem Kriegsgott, und von Pluto (in der griechischen Mythologie Hades), dem Herrn der Unterwelt. Der bedauernswerte Skorpion ist wohl das Zeichen des Tierkreises, dem – oft zu Unrecht – am meisten Böses nachgesagt wird. Jeder spricht sofort von Stachel des Skorpions, dabei erweisen sich gerade Skorpion-Männer, in schlimmen wie in guten Zeiten, als unglaublich loyale Freunde.

Der Skorpion ist ein Wasserzeichen, obwohl es angesichts

seiner sexuellen Ausgeprägtheit naheliegender wäre, an Feuer zu denken. Er ist wesentlich sensibler, als ihm nachgesagt wird. Wird er in seinen Gefühlen verletzt, kann er das nur schwer verwinden. Ihm wird manchmal unterstellt, er könne nicht gut vergeben. Genau betrachtet ist es jedoch nicht das Vergeben, das ihm äußerst schwerfällt, sondern eher das Vergessen einer Kränkung.

Er verfügt über unglaubliche innere Kräfte, weshalb ihn viele Astrologen als nahezu unbesiegbar beschreiben. Oberflächlich gesehen stimmt das sogar. Der Skorpion hat zwar nicht gerade eine gespaltene Persönlichkeit, aber er neigt mit Sicherheit dazu zu verschleiern, was er wirklich denkt und fühlt. Er erfaßt Situationen instinktiv und intuitiv, als ob er Gedanken lesen könnte. Andererseits ist er so eifersüchtig und besitzergreifend, daß es manchmal nur schwer zu ertragen ist, besonders da er umgekehrt von Ihnen nicht in der gleichen Art behandelt werden will.

Der Skorpion dringt tief in das Leben ein, dessen Geheimnisse faszinieren ihn. Manchmal betreibt er dies allerdings so intensiv, daß Menschen, die mehr auf dem Boden der Tatsachen stehen, zurückschrecken. Falls Sie jemanden kennenlernen, dessen animalischer Magnetismus Sie erschreckt und gleichzeitig fesselt und dessen magischem Blick Sie sich nicht entziehen können, und falls Sie eine leidenschaftliche, das Lebensgefühl steigernde Beziehung mit einem »richtigen« Mann eingehen möchten, dann ist er mit Sicherheit ein perfekter Traumpartner für Sie.

Viele faszinierende Männer sind im Zeichen des Skorpions geboren, darunter Pablo Picasso, Richard Burton und Prinz Charles. Auch Ihr Skorpion kann faszinierend sein, vorausgesetzt, Sie tricksen ihn auf seinem ureigenen Gebiet aus.

Haben Sie sich etwa schon gefragt, woran Sie diesen betörenden Mann erkennen können? Das dürfte nicht allzu schwerfallen. Seine Augen geben häufig den deutlichsten Hinweis: Er scheint einem bis auf den Grund der Seele zu blicken, während er sich in seiner unnachahmlichen Weise der Kunst der Verführung hingibt.

Wenn er sich von Ihnen angezogen fühlt, macht er vermutlich von Anfang an unmißverständlich seine Absichten klar. Romantik ist ja schön und gut, doch für den Skorpion-Mann zählt in erster Linie das, was unter der Bettdecke passiert. Als schüchterner, sensibler Fisch zum Beispiel, der gern im Mondschein spaziert und sich dabei Zärtlichkeiten ins Ohr flüstern läßt, müssen Sie sich auf eine härtere Gangart einstellen. Nicht daß der Skorpion-Mann etwas gegen Romantik hätte – im Gegenteil, oft ist er sogar romantischer, als man annimmt. Aber irgendwie schafft es der Skorpion-Mann nie ganz, daß man sein Macho-Image vergißt – und oft will er das auch gar nicht. Obwohl er, sobald sein Bartflaum hart geworden ist, merkt, daß es im Leben noch mehr gibt als nur sexuelle Eskapaden, fällt es ihm häufig schwer, sich zu ändern. Seine Verhaltensweisen sind meist so eingefahren und er hat sich so sehr daran gewöhnt, die nächste sexuelle Eroberung abzuhaken, daß er nur schwer zu einem geregelten familiären Leben findet.

Natürlich bleibt nicht jeder Skorpion-Mann sein Leben lang ein Playboy – und genau da kommen Sie ins Spiel. Haben Sie also festgestellt, daß der aufregendste Mann, dem Sie je begegnet sind, der Mann, der Ihr Herz mühelos im Sturm erobert hat, im Zeichen des Skorpions geboren ist, sollten Sie unbedingt noch einmal Ihren Fragebogen überprüfen und im Kapitel »Selbsterkenntnis ist der beste Weg zum anderen« nachschauen, ob Sie sich damit auch nicht übernehmen.

Angenommen, Sie haben einen Skorpion kennengelernt, dessen Geburtskonstellation Aspekte aufweist, die seine Persönlichkeit so beeinflußt haben, daß er auf Anhieb nicht als Skorpion zu identifizieren ist – er also weder übermäßig sexy wirkt noch einen besonders eindringlichen Blick hat –, dann müssen Sie sein Sternzeichen auf andere Weise herausbekommen. Sprechen Sie mit ihm über seine Arbeit. Skorpione sind häufig gute Chirurgen, Naturwissenschaftler, Psychiater, Juristen, Reporter oder auch Geistheiler. Es wird Ihnen gewiß Spaß machen, herauszufinden, ob er einen von diesen Berufen ausübt, und wenn ja, welchen. Dazu müssen Sie allerdings wissen, daß Skorpione im allgemeinen und männliche Skorpione im besonderen nicht gern viel von sich preisgeben, obwohl sie über andere am liebsten alles herausfinden möchten und dabei schonungslos bis in die Intimsphäre vordringen. Wenn er also Ihre beiläufigen Fragen mit einem »Nein, aber warum erzählen Sie mir nicht etwas über Sie?« abtut und fragt, ob Sie verheiratet sind oder mit einem Mann zusammenleben, dann sollten Sie sich wirklich vorsehen.

Der Skorpion-Mann – und das gilt auch für die meisten Skorpion-Frauen – liebt die Gefahr (lassen Sie *nie* Streichhölzer in der Nähe eines Skorpion-Kindes liegen; das Spiel mit dem Feuer ist auf dieses Sternzeichen bezogen keine bloße Redensart). Wenn ein Skorpion darauf aus ist, eine Frau zu verführen, die sich bis zu diesem Augenblick noch für keinen Mann erwärmt hat, geht er sofort aufs Ganze. Nehmen Sie sich in acht! *Er* wird mit einem kurzen Abenteuer wahrscheinlich gut fertig, aber vielleicht *Sie* nicht. Es gibt noch anderes, auf das Sie sich bei einem Skorpion-Mann einstellen müssen. Es ist gut möglich, daß er zu Hause Frau und Kinder hat, dies aber nicht an die große Glocke hängt. Nach einem Ehering an seinem Finger brauchen Sie erst gar nicht zu suchen. Wenn er als Romeo umherschweift, sind seine Finger ohnehin stets nackt und bloß.

Haben Sie nun einen Mann kennengelernt, den Sie für einen Skorpion halten, sind sich aber noch nicht ganz sicher, dann sollten Sie sich seine Kleidung ansehen. Obwohl sich nicht jeder Skorpion-Mann in enge Jeans zwängt, die der Phantasie nur noch wenig Spielraum lassen, trägt er ganz bestimmt etwas, was Sie zweimal hinschauen läßt. Er wird es vielleicht nicht auffällig tun, doch betont er seine Sexualität immer, wenn oft auch nur indirekt. Wenn etwa einer schwarzes, ungebändigtes Haar und blitzende dunkle Augen hat und Ihnen seinen männlichen Brustkasten aus dem bis zur Taille offenen Hemd entgegenstreckt, muß es sich einfach um einen Skorpion-Mann handeln. Ein Großteil der männlichen Skorpione besitzt eine geradezu animalische Anziehungskraft.

Falls Sie bis hierhin gelesen haben und zum Schluß gekommen sind, daß Ihr Leben mit einem Skorpion- Mann endlich abenteuerlicher verlaufen könnte, möchten Sie sicher wissen, wo Sie einen solchen finden können. Ist das Interesse eines Skorpions an irgend etwas einmal erwacht, steigert es sich rasch zur Leidenschaft. Meist ist er vielseitig interessiert. Sie können ihn deshalb in einem Karateklub (wo er sich seine sexy Muskulatur zulegt) ebenso finden wie an Gruppentreffs, bei denen über Gott und die Welt diskutiert wird, er taucht aber auch überraschend auf Partys auf in der Hoffnung, dort jemanden kennenzulernen. Eindeutige Jagdgründe lassen sich für einen Skorpion nicht angeben. Er plant nicht gern lange im voraus, da das Unbekannte ihn am meisten lockt.

Im Urlaub schnorchelt oder taucht er mit Vorliebe in der Tiefsee, immer auf der Suche nach etwas Neuem. Er liebt die Gefahr, denn sie macht den Reiz seines Lebens aus. Ruhige, romantische Spaziergänge am Strand liegen mit ihm normalerweise nicht drin. Sollte er sich aber doch einmal dazu hergeben, dürfen Sie nicht vergessen, daß er als der Sexprotz des Tierkreises gilt und erwartet, daß Sie auf seine Avancen entsprechend reagieren. Dennoch sucht er nicht grundsätzlich nur nach Frauen, mit denen er sich lediglich ein paar schöne Stunden macht. Insgeheim sucht er wie jeder andere Mann nach der idealen Traumpartnerin. Vermutlich hat er bereits mehrere wilde Affären mit Frauen hinter sich, unter denen sich einfach nicht die richtige befand.

Sie kommen wahrscheinlich besser mit einem Skorpion-Mann klar, wenn Sie ihn erst eine Zeitlang hinzuhalten vermögen. Je mehr Sie sich anfangs zieren, desto mehr steigert sich seine Begierde. Ein solches Pokern kann sich deshalb auf Dauer durchaus bezahlt machen.

Wenn Ihre Rechnung aufgeht und die Beziehung zu Ihrem Skorpion-Traumpartner ernst wird, müssen Sie darauf gefaßt sein, daß er ungeheuer eifersüchtig sein wird. Und Vorsicht! Auch Sie müssen ein Auge auf ihn haben, denn selbst wenn er Sie heiraten oder mit Ihnen zusammenleben will, fällt ihm ausschließliche Treue sehr schwer. Sie dürfen also in Ihrer Wachsamkeit nicht nachlassen und Ihre Leidenschaft nicht erkalten lassen, denn sonst wird er schon bald nach Gras auf anderen Weiden Ausschau halten.

Er braucht eine Frau, die einerseits ihren eigenen Kopf hat, aber gleichzeitig unterhaltsam, sexy und romantisch ist. Auch wenn der Skorpion-Mann in vieler Hinsicht nicht zu rühren ist, ist er seltsamerweise doch sehr verletzlich und innerlich unsicher. Er braucht deshalb auch eine Frau, die nicht bloß seine körperlichen Bedürfnisse versteht, sondern auch seine seelischen. Da er über sehr viel Intuition verfügt, kann er in Ihnen lesen wie in einem Buch.

Auch wenn er Sie mit seinen ewigen Flirts manchmal fast zur Verzweiflung treibt, haben Sie in ihm doch auch einen äußerst gefühlvollen Partner. Regen Sie sich also nicht auf, wenn er einer Verflossenen zum Geburtstag gratuliert. Er vergißt nun mal nicht so leicht etwas, selbst wenn es ihm, seit er Sie kennt, nichts mehr bedeutet.

Der Skorpion-Mann ißt gern in schummrigen Restaurants, wo man nach dem Essen eng umschlungen tanzen kann. Er liebt Badehöschen, ein elektronisches Bridge- oder Schachspiel, Krimis (oder wenn Sie Geld haben, ein schnelles Auto). Er freut sich wie ein Kind, wenn er erfährt, daß Sie stundenlang gesucht haben, um das Richtige zu finden.

Wenn er auch nicht gerade auf provozierend aufgetakelte Frauen steht, so möchte er doch öffentlich zeigen, wie aufreizend er Sie findet, ohne daß Sie darüber verlegen werden. Er sieht Sie gern in Kleidern, die die Figur betonen (achten Sie also auch auf Ihre Figur). Schützen Sie beim Zubettgehen bloß nie Migräne vor. Das würde ihn ungeheuer verletzen.

Der Skorpion-Mann versteht sich wie kein anderer auf die Kunst der Verführung und bekommt im allgemeinen bald, was er will. Deswegen müssen Sie das Feuer in Ihrer Beziehung stets schüren und dürfen es niemals ausgehen lassen. Das Leben mit einem Skorpion-Traumpartner ist nicht immer eitel Sonnenschein. In manchen Augenblicken werden Sie halb verzweifelt denken, Sie seien an den leichtfertigsten Schürzenjäger aller Zeiten geraten. Sie müssen dann unter Beweis stellen, daß Sie die Traumpartnerin sind, nach der er immer gesucht hat. Falls Ihnen das gelingt, können Sie glücklicher werden, als Sie es je für möglich gehalten hätten.

Die Skorpion-Frau

Falls Ihre Traumpartnerin im Zeichen des Skorpions geboren ist, sind Sie an die *femme fatale* des Tierkreises geraten. Sie ist imstande, fast jeden ungebundenen Mann einzufangen, und selbst wenn sie, wie Grace Kelly, wie ein Eisberg wirkt, lodert in ihrem Innern ein Vulkan.

Die überaus sinnliche Skorpion-Frau will schon in jungen Jahren wissen, worum es im Leben geht. Sie verfügt über sehr viel Einfühlungsvermögen und kann in den Menschen lesen wie in einem Buch. Sie riskiert Dinge, die keine andere Frau riskieren würde, da sie sich, ebenso wie der männliche Skorpion, von der Gefahr angezogen fühlt. Sex ist ihr unglaublich wichtig, doch weder flüstert sie hinter vorgehaltener Hand darüber, noch ist sie davon so besessen, daß sie sich mit jedem Fritz, Hans oder Joe, der ihr über den Weg läuft, einlassen würde. Wenn Sie das Herz einer Skorpion-Frau erobern und behalten wollen, muß der Sex zwischen Ihnen beiden stimmen und gut sein, sonst werden Sie sie mit Sicherheit verlieren.

Von einer Skorpion-Frau fühlt man sich im allgemeinen spontan angezogen, da sie deutlich aus einer Menge heraussticht. Erstaunlich viele Frauen, die in diesem Sternzeichen geboren sind, haben wunderschöne Augen, in denen man liebend gern ertrinken würde, wenn sie einem nur gnädig einen Blick gewährten. Da sie um den Zauber ihrer Augen wissen, bringen sie sie natürlich möglichst vorteilhaft zur Geltung.

Wer das Herz einer Skorpion-Frau erobern will, muß sich als ganzer Mann erweisen – was nicht heißt, daß Sie sofort Ihre Muskeln spielen zu lassen und in den ersten fünf Minuten zum Entscheidungskampf anzutreten hätten. Auch brauchen Sie sich keine besondere Verführungsstrategie auszudenken, denn wenn sie an *Ihnen* interessiert ist, wird sie Ihnen schon zeigen, wo es in dieser Beziehung langgeht. Jemanden zu verführen fällt ihr auf alle Fälle leichter, als eine Fremdsprache zu lernen.

Die Skorpion-Frau kennt keine falsche Bescheidenheit. Sie macht aus ihrem Herzen keine Mördergrube, sondern sagt ihre Meinung frei heraus. Gleichzeitig ist sie aber auch sehr für Geheimnisse, und vor allem auch dafür, welche zu knacken. So findet sie mit sicherem Instinkt schlicht alles über andere heraus (und dazu noch ganz unaufdringlich). Aber wehe, Sie versuchen in ihre Vergangenheit einzudringen! Dann verschließt sie sich wie eine Auster und macht Ihnen eindeutig klar, daß Sie das alles nicht das mindeste angeht.

Nicht daß sie in jedem Fall unbedingt etwas zu verbergen hätte. Doch schon als kleines Kind hat sie einen Platz für sich beansprucht, den niemand betreten durfte, solange sie es nicht ausdrücklich erlaubte.

Diese Einstellung behält sie – in geistiger und körperlicher Hinsicht – ihr ganzes Leben über bei. Je mehr Sie diese Eigenheit an ihr respektieren, desto mehr Respekt wird Sie Ihnen entgegenbringen.

Ist die Skorpion-Traumpartnerin Ihre Frau geworden, müssen Sie sich auch weiterhin an faire Regeln halten. Sollten Sie sich je mit anderen Frauen einlassen, ist das der Anfang vom Ende. Sie findet absolut nichts dabei, auf den Verdacht hin Ihre Taschen nach Beweisstücken für Ihre Techtelmechtel zu durchsuchen. Sie brauchen nun aber nicht zu befürchten, an eine eifersüchtige, besitzergreifende Ziege geraten zu sein. Hat die Skorpion-Frau Herz und Hand an den Mann, den sie liebt, einmal verschenkt, steht sie treu zu ihm – erwartet dann aber allerdings das gleiche von ihm.

Daß ihr Sex so wichtig ist, bedeutet nicht, daß sie keinen Sinn für Romantik hätte. Sie ist im Grunde sehr romantisch veranlagt und feinfühlig. Leidenschaftliche Nächte sind für sie eine wichtige Sache, doch kommt es auch darauf an, was davor und hinterher geschieht.

Nach all dem Gesagten vermuten Sie jetzt vielleicht, eine Skorpion-Frau wolle in einer Beziehung stets dominieren. Dieser Schluß liegt nahe, ist aber nicht unbedingt richtig. Die Skorpion-Frau ist längst nicht so dominant wie die Löwe-Frau und auch weniger aggressiv als die Widder-Frau. Auch wenn sie weiß, was sie will, ist es ihr ganz lieb, einen Partner zu haben, auf dessen innere Stärke sie sich verlassen, dessen Urteile sie respektieren und der sie außerdem noch zum Lachen bringen kann. Die Skorpion-Frau ist häufig so sehr mit den ernsten Seiten des Lebens befaßt, daß sie sich nur schwer entspannen und vergnügen kann. Oft ist sie auch für übersinnliche Einflüsse besonders empfänglich – Skorpione sind von Theorien über Reinkarnation und Geister, von Astrologie und Magie (manchmal weißer und schwarzer) fasziniert und wollen stets zu den Wurzeln der Dinge vordringen, um sie besser zu verstehen.

Eine Skorpion-Frau ist nicht schwer zu erkennen. Über ihre Augen wissen Sie schon einiges, und ihr aufreizendes Benehmen kann Ihnen eigentlich nicht entgehen. Obwohl nicht jede Skorpion-Frau mit einem tief ausgeschnittenen Kleid herumläuft, trägt Sie garantiert etwas, das der Phantasie nicht mehr viel Raum läßt (außer bei der Arbeit natürlich). Skorpion-Frauen sind stolz auf ihre Figur und bemühen sich heftigst, kein Gramm Fett zuviel zu haben. Am liebsten möchten sie zeit ihres Lebens so sexy aussehen wie nur möglich.

Die Skorpion-Frau scheint jede Situation zu beherrschen und tut es meist auch. Das Feuer, das man in ihr lodern spürt, ist beinahe beängstigend. Doch wenn Sie ihren Vorstellungen entsprechen, werden Sie bald erleben, wie sich die Tigerin in ein schnurrendes Kätzchen verwandelt, sobald sie sich verliebt hat.

Doch wo können Sie dieses sinnliche Geschöpf denn nun finden? Gut möglich, daß sie gern spielt, und wenn sie gewinnt, wird das ihre Lust noch steigern. Sie findet auch absolut nichts dabei, ein Ehevermittlungsinstitut aufzusuchen, allein in eine Disko zu gehen oder sich aufs Geratewohl zu verabreden. Routine liegt ihr nicht. Sie braucht Abwechslung und Betrieb im Leben. Deshalb plant sie auch nicht lange im voraus. Falls sie eine besonders energiegeladene Skorpion-Frau ist, mag sie die Gelegenheit nutzen und ihre Reize an einem Swimmingpool, in einem Fitneßcenter oder auf einem Tennisplatz zur Schau stellen. Sie hat meist auch nichts dagegen, sich am Strand oben ohne zu zeigen, da sie ja weiß, wie gut sie aussieht.

Sobald die Beziehung zu Ihrer Skorpion- Traumpartnerin enger geworden ist, wird es Ihnen Spaß machen, sie zu beschenken: mit schwarzer Reizwäsche, schwarzer Satinbettwäsche, Moschusparfüm, einem Wasserbett, dem neuesten erotischen

Roman, ihren Lieblingsfilmen auf Video, die Sie sich aneinandergekuschelt im Bett zusammen anschauen, einer tollen Sonnenbrille oder ein paar Jazzkassetten. Sie mag T-Shirts, die die Figur betonen, und ganz, ganz enge Jeans, meist einer bestimmten Marke.

Über einen Wochenendtrip nach Paris oder Amsterdam, wo Sie zusammen das Nachtleben genießen können, wird sie sich bestimmt freuen, doch gefällt ihr sicherlich auch eine idyllische kleine Insel im Süden, wo sie mit einem Minimum an Kleidung auskommt und nackt sonnenbaden kann.

Spätestens wenn Sie im Mond- und Sternenschein mit ihr an einem einsamen Strand entlanggehen, fällt Ihnen auf, daß Ihre Skorpion-Traumpartnerin eine unendlich romantische Sehnsucht in sich trägt. Ihre Seele will genauso begehrt sein wie ihr Körper. Sie müssen also die Persönlichkeit einer Skorpion-Frau bis in ihre Tiefen erforschen, um ihr wirklich nahe zu kommen, behutsam, Schritt für Schritt. Treten Sie ihr aber nie allzu nahe, etwa indem Sie sie aushorchen. Denn ihre Privatsphäre will sie nicht angetastet wissen.

Wundern Sie sich nicht, wenn die Skorpion-Frau die Kunst des Verführens besser beherrscht als Sie (wenn Sie nicht selbst ein Skorpion sind). Vergessen Sie nicht, daß Sie die gleiche Hingabe von Ihnen erwartet, mit der sie sich Ihnen hingibt. Lügen oder Halbwahrheiten durchschaut sie erstaunlich schnell. Riskieren Sie niemals, daß sie von ihrem Stachel Gebrauch macht, etwa indem Sie mit einer ihrer Freundinnen flirten. Sie wird Ihnen – vielleicht – vergeben, aber sie wird es mit Sicherheit nie vergessen.

Wie Sie einen Skorpion entflammen

Wenn Sie einen Skorpion verführen wollen, dann
sollten Sie
– in jeder möglichen und unmöglichen Situation sexy aussehen, allerdings nicht auf billig provozierende Art.
– ein Exemplar des *Kamasutra* erbetteln, ausleihen oder steh-

len (nicht wörtlich zu nehmen), falls Sie Ihr Herz an diesen Traumpartner verloren haben.

– darauf vorbereitet sein, daß Sie über die Liebesspiele, die Sie am meisten erregen, reden müssen – wer das nicht kann oder will, muß die Konsequenzen frühzeitig ziehen.

– Ihr Gegenüber mit tiefen Blicken fixieren können, damit Sie gegenseitig darin wetteifern können.

– auf Ihre Figur achten – dieser Traumpartner will eine Menge davon sehen.

– ganz zufällig baldmöglichst ein neues Wasserbett geliefert bekommen.

– den Skorpion-Traumpartner immer ein bißchen im ungewissen lassen – Neugier hält das Interesse des Skorpions wach.

– sich mit Telepathie befassen und Ihren Traumpartner mit Ihren hellseherischen Einblicken in seine Persönlichkeit in Erstaunen versetzen.

– ein Nachtmensch werden – der Skorpion wird nachts lebendig.

sollten Sie nicht

– Eifersucht zeigen.

– die sexuellen Heldentaten des Skorpions kritisieren, sonst ist die Affäre beendet, bevor sie richtig angefangen hat.

– zu intensiv oder theatralisch sein – das ist höchstens einem andern Skorpion erlaubt.

– gegen dieses Zeichen kämpfen – es ist das unbesiegbarste von allen.

– an der Loyalität eines Skorpions zweifeln – Sie werden bald merken, wie stark sie ist.

– sich mit einem einlassen, wenn Sie Angst vor Leidenschaft, Kraft und – vielleicht – Intrigen haben.

– versuchen, einen Skorpion-Traumpartner zu halten, wenn Sie spüren, daß Sie sexuell nicht zusammenpassen – das kann nicht gutgehen.

– vergessen, daß der Skorpion sich manchmal zurückziehen will.

Der Schütze-Mann

Beherrscht von Jupiter, dem Planeten des Glücks, scheint dem Schützen oft mehr als der ihm eigentlich zustehende Anteil an Glück zuzufallen.

Wenn Sie einen Schütze-Traumpartner einfangen wollen, dürfen Sie eines nie vergessen: Dieser Mann braucht das Gefühl, frei zu sein. Auch wenn er der unproblematischste Hans im Glück zu sein scheint, ist er doch in Sekundenschnelle auf und davon, wenn er auch nur den Anflug eines unsichtbaren Stricks um den Hals zu spüren glaubt.

Der Schütze ist der ewige Optimist, ein besonders positives und selbstbewußtes Sternzeichen. Er hat viel Humor, und das weiß er auch. Leider bildet er sich aber auch ein, über alles und jedes Bescheid zu wissen, und mag es überhaupt nicht, wenn man ihn verbessert. Obwohl er nicht so halsstarrig ist wie der Widder oder so dominant wie der Löwe, kann man auch ihn sogleich als Feuerzeichen erkennen. Stets bewahrt er sich sein sonniges Gemüt, selbst wenn meterhoch Schnee liegt oder aus einem tristen, grauen Himmel der Regen herniederrauscht.

Wenn Sie sich von einem Mann angezogen fühlen, der über viel Humor und ein jungenhaftes Lächeln verfügt, Sie schon nach wenigen Minuten der Bekanntschaft behandelt, als würde er Sie schon seit langem kennen, begeistert von seinen Hobbys und sportlichen Aktivitäten erzählt und Sie seinen Freunden vorstellen will, handelt es sich wahrscheinlich um einen Schützen. Und wenn er Sie zum Lachen bringt wie noch keiner vor ihm, können Sie eigentlich sicher sein. Woody Allen, Sammy Davis Junior, Jonathan King und Billy Conolly sind in diesem extravertierten Sternzeichen geboren.

Das Sternzeichen eines Schütze-Mannes dürfte wirklich unschwer zu erraten sein. Nicht daß er ununterbrochen Witze zum Totlachen erzählen oder Humor und Charme versprühen oder daß jeder Schütze-Mann über unversiegbare Quellen der Energie verfügen würde, selbst wenn er gerade stundenlang seinem Lieblingssport gefrönt hat. Nein, Sie spüren einfach instinktiv, daß Sie sich mit diesem Mann entspannt vergnügen können und nie von einem besitzergreifenden, eifersüchtigen Liebhaber eingesperrt werden. Wenn auch Sie Ihre Freiheit lieben, ist das geradezu ein Geschenk des Himmels.

Sie fühlen sich so vertraut, als hätten Sie ihn schon immer gekannt. Sein jungenhafter Charme, seine offene und ehrliche Art gefallen Ihnen – so lange, bis er Ihnen mitteilt, daß ihm Ihr Kleid nicht gefällt oder daß Sie Ihr Make-up zu dick aufgetragen haben. Ja, auch daran können Sie ihn gut erkennen. Er sagt seine Meinung immer sehr frei heraus. Mit dem Ausdruck »taktlos« ließe er sich wohl treffend beschreiben, doch müßte er je feststellen, daß er Sie mit seiner offenen Art (ernstlich) verletzt, wäre er entsetzt. Er hat nämlich mitnichten eine böswillige Ader, es sei denn, jemand verdiene ein paar gezielte Hiebe (aber selbst dann fällt es ihm sehr schwer). Dennoch können seine humorvollen und witzigen Bemerkungen einen Stachel enthalten, den Sie normalerweise eher mit dem ihm vorangehenden Sternzeichen, dem Skorpion, in Verbindung bringen.

Wenn also der Mann, den Sie gerade kennengelernt haben und der Sie interessiert, der Mittelpunkt und die Seele der Party zu sein scheint, optimistisch und abenteuerlustig ist, ein bißchen der Spielertyp, der Sie aber – manchmal höchst unangebracht – darüber zu belehren versucht, was Sie im Leben anders machen sollten, obwohl er Sie kaum kennt, können Sie ihn getrost direkt fragen, ob er Schütze sei.

Das Symbol des Schützen ist der Bogen. Sicher ist Ihnen schon aufgefallen, daß der Schütze seine Pfeile treffsicher ins Ziel lenkt. Es gelingt ihm, sich in den Mittelpunkt zu stellen und seinen Zuhörern die schönsten Abenteuergeschichten zu erzählen. Es gelingt ihm, sein Publikum mit Leichtigkeit zu fesseln. Die Leute hängen förmlich an seinen Lippen, so unterhaltsam erzählt er. Und auch dies weiß er nur zu genau.

Der Schütze-Mann redet zwar sehr viel, hört aber nur ungern zu, wenn er etwas für langweilig hält. Er ist nicht ganz so ruhelos wie der Zwillinge-Mann, aber nicht viel weniger. Wenn Sie sich seine Aufmerksamkeit erhalten möchten, müssen Sie sich ordentlich ins Zeug legen.

Der Schütze-Mann hält sich gern im Freien auf. Viele Schützen treiben ausgiebig Sport. Falls Ihr Schütze-Traumpartner eine Ausnahme ist, muß das an der planetarischen Konstellation zum Zeitpunkt seiner Geburt liegen, denn ich habe selten einen Schützen kennengelernt, der lieber in einem Buch schmökert, als sich körperlich auszutoben – außer im Fernsehen wird Sport übertragen.

Fällt es Ihnen trotz alledem schwer, das Sternzeichen des faszinierenden Mannes, den Sie vor kurzem kennengelernt haben, zu erraten, und fürchten Sie, er werde Sie nur verspotten, wenn Sie nach seinem Geburtstag fragen, könnte Ihnen seine Arbeit einen Hinweis geben. Schützen sind mit Vorliebe Philosophen, Anwälte, Lehrer, Sportveranstalter, Politiker, Übersetzer, Autoren und Reiseveranstalter.

Wenn Ihr Schütze-Traumpartner in keines dieser Berufsbilder paßt, sollten Sie sich zusätzlich seine Kleidung ansehen. Der Schütze-Mann trägt gern legere, bequeme Kleidung. In Hemd, Krawatte und Nadelstreifenanzug fühlt er sich nicht besonders wohl, obwohl er so etwas aus beruflichen Gründen oft tragen muß. Er mag lieber Jeans und Sweatshirt. Modebewußt ist er nicht gerade, und er macht sich auch nichts aus Markenzeichen. Er kauft am liebsten, was bequem ist.

Der Schütze-Traumpartner ist von ganz besonderer Art. Er heitert Ihr Leben auf und bringt das Flair von Abenteuer hinein, das er von Natur aus hat. Er liebt alles Aufregende, ist aber leider auch ein geborener Spieler. Ja, das Leben selbst ist für ihn nichts als ein ewiges Spiel. Er nimmt Risiken auf sich wie kein anderer, da er weiß, daß er unter einem glücklichen Stern steht. Auch wenn er nichts von Astrologie versteht, vertraut er gefühlsmäßig stets darauf, eher Glück als Pech zu haben.

Daß er dessen so sicher ist, macht den Menschen um ihn herum das Leben manchmal schwer. Er kann nicht mit Geld umgehen und überzieht dauernd sein Konto, weil er darauf vertraut, daß es schon gutgehen wird. Wenn Sie mit einem Schütze-Traumpartner zusammenleben, kann es deshalb vorkommen, daß Sie sich zuweilen in schlaflosen Nächten verzweifelt fragen, wie Sie nur alle Rechnungen bezahlen sollen, während er wie ein Säugling sorglos selig schläft. Und da er ein Schütze ist, geht denn letztendlich auch alles trotzdem gut.

Der Schütze-Mann ist allerdings nicht in jeder Hinsicht so romantisch veranlagt, wie Sie vielleicht gehofft haben. Ebenso wie die beiden anderen Feuerzeichen Widder und Löwe kann er sich jedoch Hals über Kopf verlieben, und zwar sehr leidenschaftlich. Doch wo er Ihnen gerade noch ewige Liebe geschworen hat, erfahren Sie im nächsten Moment, daß er bereits einen Wochenendausflug mit seinen Kumpanen in die Wege geleitet hat. Sie brauchen sich allerdings für gewöhnlich keine Sorgen zu machen, er könnte Ihnen untreu werden. Es geht ihm viel mehr darum, sich nicht angebunden zu fühlen. Er ist ein freier Geist und will das auch bleiben.

Eine kluge Frau respektiert dieses Bedürfnis ihres Schützen, und sie wird ihm ermöglichen, sich jung und frei wie ein Vogel zu fühlen, ihm aber auch ihre eigene Unabhängigkeit beweisen und daß ihr das gleiche zusteht. Sie wird sich nie besitzergreifend und eifersüchtig zeigen (selbst dann nicht, wenn ihr insgeheim danach ist). Sie hat es im allgemeinen aber auch nicht nötig, denn der Schütze-Mann ist nicht auf Partnerwechsel aus. Wenn er sich mit Haut und Haaren verliebt hat, soll es für immer sein.

Wenn Sie nun annehmen, das Leben mit einem Schütze-Mann müsse ziemlich aufreibend sein, haben Sie recht; manchmal ist es das wirklich. Aber der Schütze-Traumpartner ist eben auch ein großmütiger und begeisterter Liebhaber, der Sie zur glücklichsten Frau der Welt machen will.

Haben Sie sich einmal mit dem Gedanken angefreundet, sich einen lustigen Schützen an Ihre Seite zu holen, müssen Sie wissen, wo Sie ihn am ehesten finden können. Seine Jagdgründe sind sicher überall dort, wo Sport getrieben wird. Vielleicht läuft er Ihnen auch über den Weg, wenn Sie beide Ihren Hund ausführen (ein Schütze-Mann hat gerne Tiere um sich). Eventuell trainiert er auch in einem lokalen Club seine athletischen Muskeln, oder er spielt in einer Fußballmannschaft mit. Es ist auch gut möglich, daß Sie ihm vorgestellt werden, wenn Sie mit ein paar Bekannten eine Kneipe oder Weinstube aufsuchen. Er ist sehr gesellig und sagt Einladungen auch noch im letzten Moment zu.

Der Schütze ist das Zeichen, das die meisten Weltenbummler hervorbringt. Fast jeder Schütze-Mann bricht gern zu neuen Ufern auf. Sein Gepäck scheint immer bereitzustehen, denn das Reisen ist ein fester Bestandteil seines Lebens. Wenn Sie einen Schützen im Urlaub kennenlernen, können Sie ein paar phantastische Wochen erleben. Denn unter dem nächtlichen Sternenzelt wird selbst er romantisch. Doch aufgepaßt! Vielleicht sucht er hier nur nach einem Abenteuer. Und obwohl er sonst ehrlich ist, erzählt er Ihnen vielleicht trotzdem nicht, daß zu Hause jemand auf ihn wartet. Wie die beiden anderen Feuerzeichen handelt er impulsiv, wenn er einer begehrenswerten Frau begegnet. Da er ein Glückskind ist, erwartet er überdies, daß Sie ihm, ohne an morgen zu denken, in die Arme sinken. Wenn auch Sie nur auf eine Ferienromanze aus sind, ist ja alles in Ordnung. Andernfalls besteht für Sie ein geringeres Risiko, wenn Sie den Schützen zu Hause und nicht – zum Beispiel – auf einem Flug nach Griechenland kennenlernen.

Auch wenn Sie mit einem Schütze-Mann eine glückliche Beziehung unterhalten, läßt er Sie höchstwahrscheinlich lange warten, bis er das Hochzeitsdatum festlegt. Manchmal müssen Sie sogar sehr, sehr lange warten. Dieser Traumpartner kann sich einer Frau sehr verbunden fühlen und trotzdem seine Freiheit behalten wollen. Die Beziehung von Woody Allen mit Mia Farrow war ein Beispiel dafür: Er wollte seine eigene Wohnung auch dann noch behalten, als sie bereits ein Kind von ihm erwartete. Vielleicht war ihr das aber auch gerade recht, denn sie ist ein Wassermann, und Menschen, die in diesem Zeichen geboren sind, schätzen ihre Freiheit fast ebenso sehr.

Der Schütze kann ein äußerst aufmerksamer Liebhaber, aber wie der Wind auf und davon sein, wenn Sie anfangen, über eine feste Partnerschaft zu reden. Beweisen Sie ihm möglichst bald, daß Sie eine fröhliche, unkomplizierte Frau sind, die so gut wie nie schlechte Laune hat. Denn da er selbst so positiv eingestellt ist, könnte er mit einer Partnerin, die immer oder häufig negativ reagiert, gar nicht auskommen. Er ist stets davon überzeugt, daß aus den Wolken von heute der Sonnenschein von morgen wird. Für eigene Fehler – die er höchst ungern eingesteht – hat er nur ein Achselzucken übrig. Er ist ja so sicher, daß er mit jeder Widrigkeit fertig werden kann. Wenn Sie selbst Unterstützung und Beistand nötig haben, erweist er sich deshalb stets als große Hilfe. Außerdem gelingt es ihm, düstere Stimmungen im Nu zu vertreiben.

Der Schütze-Traumpartner ruft Sie vermutlich vom ersten Tag Ihrer Bekanntschaft an andauernd an. Unterstehen Sie sich, das gleiche zu tun! Er könnte sich, zu seinem Schrecken, auch in diesem Fall unfrei und kontrolliert vorkommen.

Der Schütze-Mann freut sich über Geschenke, doch sollten Sie nicht übertreiben. Er könnte sonst denken, Sie wollten ihn auf diese Weise binden. Geschenke für ihn lassen sich leicht finden, besonders wenn er Sportler ist: ein neuer Tennis- oder Golfschläger, der neueste Typ eines Trainingsrads, ein praktischer Reisekoffer oder ein Weltatlas sind immer willkommen. Er freut sich übrigens besonders über witzige Geschenke.

Glauben Sie nun über all das zu verfügen, was die richtige Gefährtin für einen Schütze-Traumpartner vorweisen muß? Würden Sie gern ein höchst bewegtes Leben führen, das ganz sicher nie langweilig wird? Bringen Sie es fertig, sich bei vier von fünf Auseinandersetzungen ins Unrecht setzen zu lassen, nur damit er zufrieden ist? Nicht daß er eine Frau möchte, die immer nur zustimmend nickt, aber er betrachtet Sie einfach gern als Sparringspartnerin und freut sich, wenn Sie sich für Ihre Ansichten so richtig ins Zeug legen. Würden Sie ihm dauernd zustimmen, würde er sich mit Sicherheit schon bald langweilen. Solange er aber überzeugt ist, daß er letztlich *fast* immer im Recht ist, wird er zufrieden sein. Bei Meinungsverschiedenheiten mit anderen müssen Sie natürlich seine Partei ergreifen. Er selbst wird immer zu Ihnen halten und erwartet dies auch von seiner Partnerin.

Es mag Zeiten geben, da er Ihnen völlig verantwortungslos vorkommt. Er ist im Herzen ein Kind, ein Mann, der seine letzten Pfennige für ein Geburtstagsgeschenk ausgibt. Andererseits stellen Sie rasch fest, daß dieser Traumpartner sein unnachahmliches Gefühl von Jugend auf Sie überträgt. Und wenn Ihr Zusammenleben mit ihm noch so viele Tiefs haben sollte: Sie alle werden neben den ebenso zahlreichen Höhepunkten mehr als verblassen. Der Schütze-Mann vermag immer wieder ein Lächeln auf Ihr Gesicht zu zaubern, und Sie werden einfach glauben *müssen,* das Glück sei ihm hold. Wie gut, daß es das auch wirklich ist.

Die Schütze-Frau

Die Schütze-Frau ist Ihre ideale Traumpartnerin, wenn Sie schon immer von einer Frau geträumt haben, die besonders humorvoll und optimistisch ist, die schon immer ein halber Junge war und an Ihren Aktivitäten rege teilnehmen will. Wenn es Ihnen nichts ausmacht, mit einer Frau zusammenzuleben, über deren recht unordentliche Art Ihre Mutter wahrscheinlich die Hände über dem Kopf zusammenschlagen würde, die immer dann ohne Geld dasteht, wenn Sie auch gerade nichts außer der Reihe von der Bank abgeholt haben, und die sich ihre Unabhängigkeit bewahren will (wenn sie auch recht viel aufzugeben bereit ist, wenn sie sich einmal richtig verliebt hat), dann brauchen Sie nicht weiter zu suchen.

Über ihre Unabhängigkeitsliebe lohnt es sich allerdings, etwas genauer nachzudenken. Vielleicht glauben Sie, viele Frauen täuschten nur vor, sie seien von niemandem abhängig, damit es nicht so aussieht, als wollten sie Sie in die Falle locken. Vielleicht glauben Sie auch, Sie hätten jede Frau bald soweit, daß Sie sie nach Belieben lenken können, sobald Sie nur ihr Herz erobert haben. Auf Ihre Schütze- Traumpartnerin trifft das alles nicht zu, denn sie ist wirklich frei und ungebunden. Sie läßt sich nicht gern einengen, einschließen oder auf eine bestimmte Schiene setzen. Sie macht sofort Schluß, wenn sie spürt, daß ihr Partner ihre Art zu denken und zu fühlen nicht versteht, besonders dann, wenn sie entschlossen ist, noch einiges zu erleben, ehe sie sich endgültig festlegt.

Und auch dann will sie noch so oft wie möglich reisen. Vielleicht gibt es Schütze-Frauen, die ihr ganzes Leben lang zufrieden an einem Ort bleiben, doch würde ich gern deren Horoskop sehen. Ich bin sicher, daß das auf ihren Aszendenten oder die Stellung des Mondes und der anderen Planeten, unter deren Einfluß ihr persönliches Horoskop steht, zurückzuführen ist.

Ich will Ihnen nun nicht weismachen, Sie hätten sich eine Frau eingehandelt, die Ihnen untreu wird, sowie Sie ihr den Rücken zukehren. Sie hat keine sexuellen Abenteuer nötig. Falls Sie einander lieben und Sie ihre sexuellen Bedürfnisse in jeder Hinsicht befriedigen, wird sie auch nicht mit einem anderen ins Bett gehen. Eine Schütze-Frau haßt es aber mehr als jede andere, ein Gewohnheitstier zu sein. Deswegen packt sie ihr Leben so mit Aktivitäten voll, daß es nie zur bloßen Routine erstarrt. Viele Frauen beneiden sie, da sie ein so positives Flair verströmt. Natürlich gibt es auch Augenblicke, in denen es ihr schlechtgeht oder sie deprimiert ist. Doch läßt sie sich das nicht anmerken. Ist sie sichtbar verzweifelt über etwas, muß es ernste Ursachen haben. Was anderen das Herz bricht oder sie in Depressionen stürzt, gleitet an der Schütze-Frau ab. Sie bricht selten in Tränen aus. Aber wenn sie unglücklich ist, sollte das auf keinen Fall an Ihnen liegen.

Nie würde Ihre Schütze-Traumpartnerin Sie anlügen. Dazu ist sie zu offen und ehrlich. Sie sagt Ihnen genau, was sie über Ihre Person und Ihren Lebensstil denkt, darunter auch Dinge, die Sie wahrscheinlich nicht gerade gern hören. Sie ist aber nicht in der gleichen Art kritisch wie die Jungfrau. Sie merkt nämlich gar nicht, daß sie kritisiert. Sie teilt Ihnen ja lediglich mit, was sie denkt (so sieht *sie* das jedenfalls). Sie läßt sich auch nicht gern herumkommandieren. Auch wenn sie sich Hals über Kopf in Sie verliebt hat, will sie dadurch nicht unter Ihre Knute geraten.

Ist Ihre Traumpartnerin Ihre Ehefrau geworden, dürfen Sie keineswegs ein so geordnetes Leben erwarten, wie Sie es (möglicherweise) von früher her gewohnt sind. Die Schütze-Frau mag äußerst aktiv sein, die Hausarbeit gehört aber in der Regel nicht zu ihren Lieblingsbeschäftigungen. Sie erledigt sie zwar, aber eben erst dann, wenn es ihr in den Kram paßt. Dennoch brauchen Sie sich keine Sorgen zu machen, falls Sie einmal Ihren Chef und seine Frau zum Essen einladen wollen. Die Schütze-Frau kann eine wunderbare Gastgeberin sein und so delikat kochen, daß Sie stolz darauf sein können. Schließlich ist sie viel in der Welt herumgekommen und kennt meist viele internationale Rezepte, die sie auf ihren Reisen gesammelt hat.

Auch in einem vollbesetzten Raum ist eine Schütze- Frau unschwer auszumachen. Sie erzählt bestimmt gerade allen amüsante Geschichten oder fabuliert von ihrer letzten Weltreise. Sie strahlt Vitalität und Selbstbewußtsein aus und gibt sich stets locker. Obwohl nicht jede Schütze-Frau sportlich durchtrainiert ist, spürt man doch ihre erstaunliche Energie. Auch die Art, wie sie etwa einen weniger extravertierten Neuling einführt, wird Sie ansprechen, und ebenso die freundlich-beiläufige Art, in der sie sich nach Ihnen umdreht, um Sie kurz abzuschätzen und sich dann wieder ihren Zuhörern zuzuwenden. Vielleicht haben Sie den Eindruck, sie sei einem flüchtigen Abenteuer von Zeit zu Zeit nicht abgeneigt. Doch die Schütze-Frau kennt den Unterschied zwischen einer Bettgeschichte im Anschluß an eine durchgefeierte Nacht und einer ernsthaften Liebesbeziehung genau. Wenn Sie einem Mann ihr Herz schenkt, setzt sie die Sache nicht leichtfertig aufs Spiel, indem sie mit anderen herumturtelt. Sie hat eine freie, unkomplizierte Art, aber dies führt nicht dazu, daß sie dem Mann, den sie liebt, untreu wird. Werfen Sie ihr deshalb auch nie dergleichen vor, nur weil sie, ob Sie ihr den Rücken zukehren oder nicht, zu anderen nett und freundlich ist. Denken Sie daran, wie ungern sie sich einengen läßt.

Wenn Sie das Sternzeichen der Frau, die Ihren Blick auf sich gezogen hat, immer noch nicht erraten haben, sollten Sie ihre Kleider etwas näher anschauen. Bei einer Schütze-Frau können sie ganz salopp sein und trotzdem sehr teuer aussehen. Sie macht sich nichts aus der neuesten Mode und gibt auch nicht Unmengen für ihre Garderobe aus. Sicher ist sie auch nicht zu stolz, um im Secondhand-Laden nach günstigen Gelegenheiten Ausschau zu halten – und bei ihrem sprichwörtlichen Glück findet sie garantiert etwas Besonderes. Genausogut kann sie aber auch in einem plötzlichen Anfall von Extravaganz etwas kaufen, das ein Vermögen kostet und das sie nach einem Monat nicht mehr sehen kann. Da sie sehr unabhängig ist, akzeptiert sie auch von keinem Mann, daß er ihr etwa deswegen Vorhaltungen macht.

Vielleicht fragen Sie sich nun etwas unsicher, ob Sie mit dieser feurigen, vitalen Frau überhaupt zurechtkämen. Doch sie wird Ihre Zweifel bald zerstreuen, denn Ihr Leben wird durch sie um so vieles interessanter, daß Sie weder Zeit noch Lust haben, sich weiter mit dieser Frage zu beschäftigen.

Sollten Sie nach einer Schütze-Traumpartnerin Ausschau halten, können Sie sie überall da finden, wo etwas los ist. Sie ist der Typ, der spontane Einladungen begeistert annimmt, mit dem Rucksack auf dem Rücken Indien durchwandert, übers Wochenende nach Rom oder Paris fliegt, morgens um sieben im Park einen Dauerlauf macht oder in ihren ohnehin schon vollen Terminplan noch ein paar Gymnastikstunden quetscht.

Jane Fonda und Chris Evert sind gute Beispiele für die Vitalität der Schütze-Frau, ebenso Pamela Stephenson mit ihrem clownesken Humor.

Die Schütze-Frau liebt Überraschungen und läßt sich gern beschenken, besonders mit Dingen, die sie zum Lachen bringen. Sie können es aber auch mit einem Trainingsanzug, einem Hund für lange Spaziergänge (natürlich nur, wenn sie Tiere mag) oder einer automatischen Kamera versuchen.

Der Schütze gilt als männliches Sternzeichen, ebenso wie Widder und Löwe, die beiden andern Feuerzeichen. Dies heißt jedoch – ebenso wie bei den übrigen Sternzeichen – nicht etwa, daß die Schütze-Traumpartnerin nicht durch und durch Frau wäre. Und im entsprechenden Augenblick ist sie so gefühlvoll, wie Sie sich das nur wünschen können. Gut möglich, daß sie Ihre Versuche, sie zu verführen, nicht ganz so ernst nimmt wie Sie selbst. Doch wenn Sie die Schütze-Frau wirklich zu der Ihren machen wollen, müssen Sie zusammen lachen (selbst darüber) und dem Leben seine lustigen Seiten abgewinnen können.

Wie Sie einen Schützen festnageln

Wenn Sie einen Schützen verführen wollen, dann
sollten Sie
- die Rolle eines Freundes genauso beherrschen wie die eines Liebhabers (es lohnt sich, daran zu arbeiten).
- stets die positive Seite Ihrer Persönlichkeit hervorkehren, da der Schütze nur daran interessiert ist.
- diesem Traumpartner das Gefühl von Freiheit geben, und zwar nicht nur am Anfang, sondern immer.
- seine offenen und manchmal freimütigen Äußerungen akzeptieren und nicht empfindlich darauf reagieren.
- von einer Sekunde zur anderen Ihren Koffer packen können, da dieser Traumpartner gern jede Gelegenheit zum Reisen wahrnimmt.
- zeigen, daß Sie über genausoviel Energie verfügen wie er oder zumindest annähernd.
- an allem und jedem interessiert sein, das auch diesen Traumpartner interessiert, ohne sein Territorium zu verletzen, wenn es offensichtlich unerwünscht ist.
- sehr viel Sinn für Humor haben und abenteuerlustig sein.
- das Leben amüsant finden – und das muß sich auch auf das Liebesleben beziehen.
- daran denken, daß der Schütze (angeblich) alles weiß – wie Sie damit fertig werden, ist Ihre Sache.

sollten Sie nicht
- sich diesem Traumpartner in schlechter Laune präsentieren – ein Schütze haßt es, die negative Seite des Lebens zu sehen.
- einen Schützen zu viel spielen lassen, speziell nicht mit Ihrem Geld – besonders wenn Sie einander beim Roulette kennenlernen.
- erwarten, daß sich der Schütze in einem eng abgegrenzten Raum wohl fühlt, auch wenn es sich um ein richtig schönes Liebesnest handelt.
- erwarten, daß sich alles nach *Ihren* Vorstellungen entwickelt – dieser Traumpartner haßt stereotype Affären.

- andauernd Liebesbeteuerungen erwarten, denn der Schütze handelt lieber.
- herrschsüchtig sein.
- sich über die späte Stunde beschweren, wenn Ihnen Ihr Schütze-Traumpartner um drei Uhr morgens nach einer durchtanzten Nacht plötzlich eröffnet, Sie seien der perfekte Partner oder die perfekte Partnerin.
- Ihrem Schütze-Traumpartner die lockere Art vorwerfen, mit der er mit Ihrer Beziehung umgeht. Lernen Sie lieber, Ihre Verführungskünste zu intensivieren.

Der Steinbock-Mann

Haben Sie Ihr ganzes Leben hindurch nach einer Schulter gesucht, an die Sie sich anlehnen können? Sind Sie der verantwortungslosen Männer müde, denen das Spiel wichtiger ist als die Arbeit und denen ewiges Herumflirten mehr bedeutet als eine beständige Liebesbeziehung? Wollen Sie sich endlich mit einem netten, beständigen Mann niederlassen, der sich auch gut mit Ihren Eltern versteht und dafür sorgt, daß es Ihnen in Zukunft materiell an nichts fehlt?

Der Steinbock, das zehnte Zeichen des Tierkreises, wird von Saturn beherrscht, der über die Pflichterfüllung wacht. In der griechischen Mythologie ist er der alte Chronos, der Vater der Zeit. Steinbock-Männer erinnern in ihrer Art oft an den echten Steinbock, der als Symbol für dieses Sternzeichen steht, da sie, im übertragenen Sinn, ebenso gut und ausdauernd schwierigste Steilhänge erklettern können – auf denen sogar trittsichere Lebewesen manchmal stolpern –, um dann schließlich sicher ans Ziel zu kommen. Der Steinbock-Mann ist fast immer ehrgeizig und kann unglaublich hart arbeiten, um die von ihm angestrebte Stellung auch zu bekommen und damit gewissermaßen seinen ganz persönlichen Berggipfel zu erreichen.

Wenn Sie einen Steinbock-Traumpartner zu Ihrem Mann machen wollen, müssen Sie sich auf einen Arbeitssüchtigen in der Familie gefaßt machen. Sind Sie selbst ein Steinbock, erleichtert dies das Leben natürlich immens. Andernfalls tun Sie sich anfangs eventuell schwer.

Saturn beherrscht den Steinbock, und er scheint schon fertig zur Welt zu kommen. Seine Klugheit eilt seinem Alter voraus. Schon mit fünf Jahren sind seine besten Freunde mehrheitlich Erwachsene. Spielzeug ist vor allem dazu da, damit er es auseinandernehmen kann, um zu sehen, ob es solide hergestellt ist. Andere gleichaltrige Kinder tut er als Säuglinge ab. Er will seine Zeit nun mal nicht mit albernen Spielen verschwenden.

Dies kann natürlich dazu führen, daß Kindheit und Jugend für Ihren Steinbock-Traumpartner oft beschwerlicher waren als für andere Menschen. Doch wenn der erste Teil des Lebens von Steinböcken vielleicht mehr Härten und Enttäuschungen bereithält als der anderer Sternzeichen, wird es doch ab Ende Zwanzig für sie um vieles einfacher. Sie können überdies steinalt werden, zufrieden und mit dem Wissen, daß sie erreicht haben, was sie sich zum Ziel gesetzt haben.

Einige höchst bedeutende Männer sind im Zeichen des Steinbocks geboren, darunter Louis Pasteur, Albert Schweitzer, Mao Tse-tung, Martin Luther King und Anwar El Sadat. Wie Sie sehen, befindet sich Ihr Steinbock-Traumpartner damit in sehr erlauchter Gesellschaft.

Steinbock-Kinder brechen sich öfter ein Bein oder einen Arm als andere Kinder, da sie schwache Gelenke und Knochen haben. Vor allem die Knie sind ein Schwachpunkt. Außerdem haben sie oft Probleme mit der Haut. Mit zunehmendem Alter wird ein Steinbock aber immer robuster. Um einen Steinbock-Traumpartner in mittleren Jahren brauchen Sie sich dann keine Sorgen mehr zu machen. Gut möglich, daß er kräftiger und besser in Form ist als Sie.

Fällt es Ihnen im allgemeinen schwer, das Sternzeichen eines Menschen zu erraten? Angenommen, Sie befinden sich auf einer Party und amüsieren sich ganz gut, obwohl Ihnen niemand als besonders attraktiv auffällt. Dann taucht kurz vor Ende der Party ein neuer Gast auf. Er ist noch im Büroanzug, hat den Aktenkoffer unter dem Arm und scheint in Gedanken immer noch bei seiner Arbeit zu sein. Es kümmert ihn nicht die Bohne, daß er so spät dran ist. Ja, er begrüßt den Gastgeber sogar etwas brüsk und kühl. Er sieht aus, als ob er zu den Menschen gehörte, die Entspannung und Vergnügen fast für eine Sünde halten. Sie haben richtig geraten: Höchstwahrscheinlich haben Sie hier einen Steinbock-Mann vor sich.

Selbst wenn er ausgerechnet Sie weit hinten am anderen Ende des Raumes bemerkt und kennenlernen möchte, wird er trotzdem nicht besonders aktiv werden, jedenfalls nicht sofort.

Wenn Sie ihm vorgestellt werden und einige Worte wechseln, merken Sie bald, daß er sich über seine Arbeit, über Geld und überhaupt alle Probleme der Welt zu viele Sorgen macht. Sie stellen fest, daß er vermutlich so verläßlich ist wie ein Fels, aber ein fürchterlich strenges Gesicht dabei macht. Er wird sich auch höchst verlegen abwenden, wenn eine seiner früheren Freundinnen bei einem Kuß Lippenstift auf seiner Wange hinterläßt. Merken Sie sich deshalb – falls Sie sich mit einem Steinbock-Traumpartner näher einlassen wollen –, daß öffentliche Bekundungen von Zuneigung, selbst ganz unschuldige, ihm absolut nicht zusagen.

Sie haben vielleicht sogar den Eindruck, daß er es vorziehen würde, allein zu bleiben, zumindest bis er den Berggipfel erreicht hat. Zudem liegt in seiner Miene auch immer etwas Melancholisches und Schwermütiges. Vermutlich möchte er gern dazugehören und sich mit den andern amüsieren, doch schafft er es irgendwie einfach nicht. Weder mag er größere Menschenansammlungen, noch ist er daran gewöhnt, sofern sie nichts mit seiner Arbeit zu tun haben.

Wenn Sie jemanden kennengelernt haben und fast – aber noch nicht hundertprozentig – sicher sind, daß er ein Steinbock-Mann ist, sollten Sie mit ihm über seine Arbeit sprechen. Über nichts unterhält sich ein Steinbock lieber. Der Steinbock-Mann macht häufig in folgenden Berufen Karriere: als Wissenschaftler, Lehrer, Bauer, Bauunternehmer, Politiker, Bankier, Beamter, Verwaltungsangestellter, Organisator in allen Bereichen und – Steuerinspektor.

Nur zu wahrscheinlich, daß er Ihnen minuziös darlegt, wie sehr er sich für seine Tätigkeit verantwortlich fühlt: daß er nie weggehe, bevor er nicht ganz sicher sei, daß nichts Wichtiges liegengeblieben sei, wie er auf eine Beförderung hinarbeite und daß er schon lange dieselbe Stelle habe, da er Leute, die oft den Job wechseln, für unzuverlässig halte.

Haben Sie das Gefühl, dies sei der richtige Mann für Sie, halten es aber selbst nie länger als höchstens sechs Monate am selben Arbeitsplatz aus, sollten Sie ihm das natürlich nicht gleich auf die Nase binden, denn er würde Sie höchstwahrscheinlich sofort in die Kategorie flatterhafte Frau einordnen. Sie dürfen ihn allerdings auch nicht anlügen, denn Steinböcke sind sehr ehrlich und verabscheuen Unehrlichkeit bei andern. Lassen Sie sich also etwas einfallen.

Vermutlich haben Sie sein Sternzeichen jetzt erraten. Sollte er ein Steinbock sein, obwohl alle Anzeichen dagegen sprechen, können Sie sich an seiner Kleidung orientieren. Selbst ein Steinbock-Playboy kleidet sich eher bieder als auffällig. Seine Kleider sollen lange halten, denn er hat ja vor lauter Arbeit ohnehin keine Zeit zum Einkaufen. Er gibt auch ungern viel aus, obwohl er gut aussehen möchte. Ein Steinbock-Mann ist sehr stolz, und er mag es gar nicht, wenn man sich darüber lustig macht, wie er angezogen ist.

Es kann gut und gern eine Weile dauern, bis Sie merken, daß das Herz dieses nach außen so kühlen, ruhigen und selbstbewußten Mannes genauso heftig schlägt wie das jedes anderen Mannes und daß er auch ebenso romantisch und gefühlvoll ist. Doch ist Saturn sein Meister, und dieser Planet kontrolliert seine Gefühle so, daß er sich nur schwer entspannen kann. Hat er sich aber einmal entschlossen, die Kunst der Verführung auf Sie anzuwenden, wird er sich garantiert als Experte herausstellen. Er mag in seinen Jugendtagen vielleicht nicht gerade der größte Casanova gewesen sein, doch hat er mit Sicherheit schon einige Eroberungen gemacht, bevor er Sie kennengelernt hat. Fragen Sie aber bloß nie danach, denn er ist ein Geheimniskrämer und kann Eifersucht und Neugier nicht ausstehen.

Ebenso wenig verträgt er Kritik an seinem Heim und seiner Familie oder an dem Ort, wo er gerade lebt. Er fühlt sich mit Sicherheit am wohlsten im Kreis der Familie und sucht deshalb im

Grunde stets nach einer Gefährtin, mit der zusammen er das für die Aufzucht zukünftiger Kinder geeignete Nest schaffen kann. Natürlich wird er das nicht gern zugeben, aber es muß doch gesagt werden, daß er ein wenig snobistisch ist. Er legt Wert darauf, eine Frau aus seinen Kreisen zu heiraten. Das ist nicht unbedingt ihm anzulasten; nur zu wahrscheinlich hatte er Eltern, die ihm dies frühzeitig eingetrichtert haben. Er strebt also eine solide, dauerhafte Ehe an und will keinesfalls von einem Bett zum nächsten hüpfen.

Wenn Sie also keine ernsthaften Absichten haben oder den Steinbock-Traumpartner zu prosaisch veranlagt und materialistisch finden, sollten Sie sich nach einem Mann umsehen, der in einem anderen Sternzeichen geboren ist. Sie wissen aber, daß ich in diesem Buch stets verallgemeinere und daß das persönliche Horoskop Ihres Steinbock- Traumpartners gut und gern etliche andere Eigenschaften enthalten kann, so daß er der Norm dieses Sternzeichens nicht entspricht. Geben Sie also nicht zu schnell auf.

Haben Sie sich entschieden, mit einem solchen Traumpartner Ihr Leben zu verbringen, können Sie an folgenden Orten nach ihm Ausschau halten: in erster Linie am Arbeitsplatz, denn er macht garantiert Überstunden. Vielleicht organisiert er aber auch gerade im Auftrag eines Ausschusses eine Veranstaltung oder besucht in einer Mußestunde ein klassisches Konzert.

Falls Sie einen Steinbock im Urlaub kennenlernen, ist das an sich schon ein Wunder, da nur wenige Steinböcke sich für so was von ihrer Arbeit trennen. Natürlich ist ein Steinbock stets nur dort anzutreffen, wo ihm handfester Komfort zu niedrigem Preis geboten wird. Vergessen Sie nicht, daß er ein Erdzeichen und äußerst praktisch veranlagt ist. Wenn er im Urlaub nach einer Traumpartnerin Ausschau hält, sucht er nicht nur nach einer vorübergehenden Bekanntschaft; dazu ist er viel zu konventionell. Er reagiert auch nicht besonders erfreut, wenn eine Frau anfängt mit ihm zu flirten, sondern argwöhnt sofort, daß sie ihn bloß ausnutzen will.

Wenn Sie ihn soweit zu bringen vermögen, daß er sich entspannt und sogar dazu hinreißen läßt, die Nacht in einer Disko unter dem Sternenhimmel zu durchtanzen oder im Mondlicht im Meer zu baden, sind Sie auf dem besten Weg, das Herz dieses Mannes zu erobern. Eventuell müssen Sie sich aber bis zum letzten Abend gedulden, bis sich der Erfolg sichtbar messen läßt. Doch sind Sie endlich zusammen im Bett gelandet, beweist er, daß er ein begabter und selbstloser Liebhaber ist, auch wenn er lange dafür gebraucht hat.

Um mit einem Steinbock-Mann harmonisch zusammenzuleben, müssen Sie sich an einiges gewöhnen können. Sie werden aber auch bald die gefühl- und humorvolle Seite seiner Persönlichkeit entdecken. Mit einem kleinen Geschenk, das sich auf ein lustiges gemeinsames Erlebnis bezieht, machen Sie ihm eine große Freude. Überhaupt bedeuten einem Steinbock Kleinigkeiten sehr viel. Beim Kauf eines Geschenks zu seinem Geburtstag oder zu Weihnachten sollten Sie daher lieber nichts zu Ausgefallenes kaufen, sondern eher etwas Praktisches fürs Haus oder für sein Büro: Schreibtischutensilien aus Leder, einen Anrufbeantworter, die neueste Rechenmaschine oder eine Armbanduhr mit Weckvorrichtung.

Enttäuschen Sie Ihren Traumpartner nie, wenn er seinen Chef und dessen Frau zum Essen nach Hause bringt. Der äußere Eindruck bedeutet dem Steinbock- Mann sehr viel. Hat er eine Familie zu ernähren, sucht er meist noch ehrgeiziger als sonst nach einer erfolgversprechenden Stellung.

Lassen Sie, wenn Sie zu zweit sind, immer wieder romantische Gefühle neu aufleben. Der Steinbock- Mann tändelt zwar nicht gern herum – er hat zuviel Zeit in seinem Leben damit verbracht, die Erfolgsleiter hinaufzuklettern –, doch kann er in späteren Jahren anfangen, nach einem befriedigenderen Hafen Ausschau zu halten, wenn er zu Hause nicht wirklich glücklich ist. Diese Gefahr gilt es im Auge zu behalten. Läßt er sich je ernsthaft mit einer anderen Frau ein, wird er Kraft und Entschlossenheit genug haben, zu Hause auszuziehen, auch wenn es seinen Prinzipien noch so sehr zuwiderläuft, Heim und Familie zu zerstören.

Einen Steinbock-Traumpartner zu finden und zu halten ist ein schwieriges Unterfangen. Sie müssen seinen Idealen in praktischen Belangen ebenso entsprechen wie in gefühlsmäßiger Hinsicht. Er will nicht riskieren, daß Sie ihm das Herz brechen, und ihm liegt nun mal viel an der materiellen Seite des Lebens. Es würde ihn krank machen zu erfahren, daß Sie flatterhaft sind oder gern provozierend tiefausgeschnittene Kleider oder hautenge Jeans tragen. Er will sicher sein, daß Sie sich nicht nur ein paar nette Tage machen wollen, sondern seine Gesellschaft aufrichtig schätzen und ihn ehrlich näher kennenlernen wollen.

Und nie, niemals, dürfen Sie ihn bei Ihrer ersten Verabredung versetzen. Er würde es sich tief zu Herzen nehmen und die Einladung auf keinen Fall wiederholen.

Das Leben mit einem Steinbock-Traumpartner kann anstrengend sein. Doch die Mühsal, die Sie bei der Eroberung dieses Mannes auf sich nehmen, zahlt sich aus.

Die Steinbock-Frau

Eine Steinbock-Frau nimmt das Leben nicht gerade leicht, denn wie ihr männliches Gegenstück wird auch sie von Saturn beherrscht. Er hat sie – durch Erfahrung – gelehrt, ihre Gefühle zu beherrschen und sich anderen Menschen gegenüber so kühl und ernsthaft zu verhalten, daß man ihnen nicht verübeln kann, wenn sie in ihr die eiserne Jungfrau in Person vor sich zu haben meinen.

Diese Frau steht mit beiden Beinen fest auf dem Boden (ja, sie ist ein Erdzeichen – könnte sie denn etwas anderes sein?), aber trotzdem ist sie sehr anziehend. Obwohl sie ihre Weiblichkeit nicht herausstreicht, und schon gar nicht ihre Sinnlichkeit, besitzt sie einen eigenartig kühlen, berechneten Charme, der sehr verlockend ist.

Natürlich gibt es auch Steinbock-Frauen, die geradezu unverschämt herumflirten und von Bett zu Bett hüpfen, doch muß der Grund für ein derart abweichendes Verhalten von der Norm in ihrem persönlichen Horoskop liegen. Wenn die typische Steinbock-Frau nach einem Traumpartner Ausschau hält, sucht sie für gewöhnlich einen Partner fürs Leben, und der muß ihren besonderen Vorstellungen entsprechen.

Seit ihren Kindertagen weiß sie, daß das Leben oft kein Zuckerschlecken ist. Sie muß deswegen nicht unbedingt selber Schlimmes erlebt haben. Sie ist einfach realistischer als die meisten von uns. Sie weiß, daß man, wenn man etwas im Leben erreichen will, schwer arbeiten muß. Saturn gestaltet die ersten knapp dreißig Jahre ihres Lebens oft recht schwierig – zumindest weiß sie oft *vor* diesem Zeitpunkt nicht, was sie wirklich will.

Wenn Sie denken, eine Steinbock-Frau lasse sich durch charmantes Geschwätz und einige dick aufgetragene Komplimente von Ihnen einwickeln, sollten Sie das gleich wieder vergessen. Selbst mit Komplimenten, die jede andere Frau zu Ihren Füßen niedersinken lassen würde, brechen Sie bei ihr das Eis nicht. Das alles ist ihr nicht neu, und sie weiß zu gut, wohin es führt.

Einer Steinbock-Traumpartnerin müssen Sie vielmehr zeigen, daß Sie mehr als nur Muskeln haben und witzig daherreden können. Selbst wenn Sie überwältigend gut aussehen – was natürlich Eindruck macht –, hat sie ganz bestimmte Erwartungen, die Sie erfüllen müssen. Böse Zungen mögen sie bezichtigen, sie sei nur aufs Geld aus, ein Vorwurf, der sie sehr verletzen würde. Sie sieht sich selbst durchaus nicht so, und im Grunde ist sie auch nicht so. Sie sucht einfach nach Sicherheit und ist bereit, dafür hart zu arbeiten.

Gut möglich, daß Ihre Steinbock-Traumpartnerin eine eigene zeitaufwendige Karriere macht. Vergessen Sie nicht, daß Steinböcke beiderlei Geschlechts ganz nach oben klettern wollen. Wenn Sie eine Frau, die in diesem Sternzeichen geboren ist, davon überzeugen, daß sie von einem Mann wie Ihnen ihr ganzes Leben lang insgeheim geträumt hat, läßt sich ihr Ehrgeiz jedoch möglicherweise in eine andere Richtung lenken: indem sie ganz der Familie vorsteht und Ihnen bei Ihrer eigenen Karriere fördernd hilft.

Was sie auch anpackt, macht sie gut. Deshalb ist sie fast immer eine hervorragende Ehefrau und Mutter (wenn ihr auch manchmal Sturheit vorgehalten wird). Die passende Nachbarschaft, das richtige Haus, die angemessene Schule für die Kinder – all dies bedeutet einer Steinbock-Frau sehr viel. Auch will sie mit allen Mitgliedern Ihrer Familie gut auskommen und erwartet, daß Sie sich umgekehrt um ihre Familie ebenso bemühen. Sie brauchen sich nie auf Peinlichkeiten gefaßt zu machen, wenn Sie überraschend mit Arbeitskollegen auftauchen. Ihr Heim wird immer tadellos aufgeräumt sein, und es wird auch immer genug zu essen für ein paar Leute mehr dasein.

Glauben Sie nun aber bloß nicht, es mit einem Ausbund an Tugend zu tun zu haben, einer Frau, die kaum Zeit und Lust für Sex übrig hat. Sie steigt gewiß nicht sofort mit jedem ins Bett, aber in einer guten, stabilen Beziehung ist sie so sexy und leidenschaftlich wie irgendeine Frau. In der Öffentlichkeit dürfen Sie sie allerdings möglichst nicht küssen oder heftig umarmen. Sobald jemand anderer in der Nähe ist, will sie ihre Gefühle nicht zeigen. Die sinnliche Seite ihres Wesens zeigt sie nur Ihnen, Ihnen allein.

Vielleicht denken Sie jetzt, eine Steinbock-Frau sei leicht zu erkennen, besonders wenn es sich um eine ganz typische handelt. Prinzessin Michaela, Jill Bennet und Jane Wyman sind Steinbock-Frauen, aber auch – und da wundern Sie sich vielleicht – Diane Keaton und Ava Gardner.

Falls Sie auf einer Party das Gefühl haben, von einer Frau unbewußt taxiert zu werden, und falls sie Sie in einem nachfolgenden Gespräch über Ihre Arbeit ausquetscht und fragt, wo Sie wohnen, ohne Ihnen überhaupt die Chance zu lassen, etwas über sie in Erfahrung zu bringen, könnte es sich um eine Steinbock-Frau handeln. Wenn sie so distanziert wirkt, daß Sie sich unwillkürlich darauf konzentrieren, sie möglichst zu fesseln, daß sie Ihnen nicht wieder davonläuft, können Sie sogar noch etwas sicherer sein.

Die Kleidung der Steinbock-Frau wirkt unabhängig von ihrem Alter elegant und raffiniert. Sie mag die klassische Linie, gibt aber dennoch nicht gern zuviel Geld dafür aus. Das »kleine Schwarze« könnte für sie kreiert worden sein – es sieht an ihr auch immer fabelhaft aus. Irgendwie sind Steinbock- Frauen mit einer guten Knochenstruktur gesegnet, und sie haben keine Unmengen von Make-up nötig. Wenn eine Steinbock-Frau gesell-schaftliche Anlässe auch noch so sehr haßt, achtet sie doch immer auf ein tadelloses Äußeres, wenn sie daran teilnimmt.

Sie strahlt häufig viel Selbstbewußtsein und Reife aus. Dem kann auch ihre oft übertriebene Zurückhaltung nichts anhaben. In ihrem Beruf kämpft sie verbissen, um die Erfolgsleiter zu erklimmen. Die Steinbock-Frau macht keine halben Sachen. Und sie bekommt, was sie will, weil sie ihren Ehrgeiz richtig einzusetzen weiß.

Sind Sie sich trotz alledem immer noch nicht sicher, dann lassen Sie sich gesagt sein, daß Sie sich mit einer Steinbock-Traumpartnerin an der Seite zu den Auserwählten zählen dürfen. Allerdings müssen Sie sie immer wieder mal davon überzeugen, daß es kein Verbrechen ist, sich gelegentlich etwas gehenzulassen, und daß auch eine Steinbock-Frau optimistisch in die Zukunft blicken darf, obwohl – oder gerade weil – Saturn ihr eine gewisse Engstirnigkeit und einen Hang zum Pessimismus aufgebürdet hat.

Falls Sie nach einer Steinbock-Frau suchen und Ihnen nie eine begegnet, sollte Sie das nicht überraschen. Sie arbeiten wahrscheinlich alle gerade höchst intensiv an einem wichtigen Projekt und haben keine freie Zeit. Suchen Sie aber ruhig weiter – es lohnt sich.

Wenn Sie sie gefunden haben, dann denken Sie daran, daß sie auch für die schönen Dinge im Leben Sinn hat. Sollten Sie sie allerdings mit extravaganten Geschenken überschütten, wird sie Sie für einen unverantwortlichen Verschwender halten. Das kann nicht gutgehen! Vergessen Sie ja keinen wichtigen Jahrestag. Sie würde zwar kein Wort darüber verlieren, wäre aber innerlich tief verletzt. Suchen Sie Geschenke aus, von denen Sie annehmen, daß sie sich so etwas Teures nicht selbst leisten würde. Entfernen Sie aber ja das Preisschild! Ein Schal von Gucci oder Hermes wird ihr sicher gefallen, ebenso aber auch eine tragbare elektrische Schreibmaschine oder ein Filofax-Gerät.

Soll eine Steinbock-Frau Ihrem Charme erliegen, müssen Sie die Kunst der Verführung zu echter Hochform entwickeln. Vergessen Sie nie, daß sie im Grunde zu den altmodischen Frauen gehört. Sie braucht viel Sicherheit und die Möglichkeit, im Laufe der Jahre gesellschaftlich aufzusteigen. Zeigen Sie ihr immer, daß Sie ihre Ansichten respektieren, und Sie werden nie aufhören, ihre Fähigkeit, Sie glücklich, zufrieden und verliebt zu halten, zu bewundern.

Es kann im übrigen wesentlich länger dauern, als Sie gedacht haben, bis es Ihnen gelingt, eine Steinbock- Frau zu erobern. Doch am Ende werden Sie froh sein, nicht auf halber Strecke aufgegeben zu haben.

Wie Sie einen Steinbock an sich ziehen

Wenn Sie einen Steinbock verführen wollen, dann
sollten Sie
- einen geistreichen Humor entwickeln – das läßt selbst das kälteste Steinbockherz schmelzen.
- die ernsten Dinge im Leben stets zur gleichen Zeit wie er ernst nehmen.
- akzeptieren, daß die Karriere immer an erster Stelle steht oder wenigstens meistens.
- sich in Geduld üben – versorgen Sie sich mit ein paar guten Büchern, denn es kann länger dauern, als Sie erwartet haben.
- eine aufregende Art der Massage erlernen, damit der Steinbock-Traumpartner sich nach einem langen Arbeitstag besser entspannt. Wenn Sie das hinkriegen, sind Sie wirklich der perfekte Partner für den Steinbock.
- möglichst aus dem gleichen Milieu stammen wie Ihr Steinbock-Traumpartner.
- immer daran denken, daß der äußere Eindruck dem Steinbock fast alles bedeutet – er kann durchaus snobistisch sein.

sollten Sie nicht
- ihn in der Öffentlichkeit in Verlegenheit bringen.
- ihn im privaten Bereich in Verlegenheit bringen – dies ist aber immerhin noch verzeihlich.

- Demonstrationen feuriger Leidenschaft erwarten – außer wenn das persönliche Horoskop Ihres Steinbocks dafür sorgt.
- über die viele Zeit murren, die der Steinbock bei der Arbeit verbringt – er ist nun mal arbeitssüchtig.
- ein Versprechen nicht einhalten, das Sie diesem Traumpartner gegeben haben.
- jemals den Verdacht aufkommen lassen, daß Sie vielleicht doch nicht der perfekte Traumpartner sind, auch wenn Sie das ungeheuer viel kostet.
- in Gegenwart dieses Traumpartners zuviel Geld ausgeben – auch nicht für ihn. Ein Steinbock verabscheut Extravaganzen.
- jemals Familie, Nachbarschaft, Ansichten oder das Verhalten im Bett dieses Traumpartners kritisieren.

Der Wassermann-Mann

Sind Sie bereit, sich auf Unvorhergesehenes einzulassen? Können Sie mit einem Mann leben, der im einen Augenblick der beste Mensch der Welt und im nächsten Moment unglaublich schwierig ist? Macht es Ihnen nicht allzuviel aus, stundenlang wartend herumzustehen, weil dieser Mann zufällig einen Freund getroffen hat, den er lange nicht mehr gesehen hat? Sind Sie sich wirklich bewußt, wie unkonventionell ein Wassermann-Traumpartner ist und daß Sie sein Verhalten so wenig voraussehen können wie bei keinem anderen Mann, den Sie jemals das Glück hatten kennenzulernen? (Nun ja, manche Frauen mögen es nicht gerade als Glück bezeichnen, einen Wassermann-Mann kennengelernt zu haben, aber sie hatten vielleicht nicht die richtige Antenne für seine Qualitäten.)

Der Wassermann ist ein Luftzeichen – kein Wasserzeichen, wie fälschlicherweise oft angenommen wird. Er wird vom inspirierenden Planeten Uranus beherrscht. Es ist völlig ausgeschlossen, daß ein Wassermann ein eintöniges Leben führt. Der Wassermann ist das Zeichen der Erfindungsgabe, des Weltraumzeitalters. Denken Sie nur an Thomas Edison, Abraham Lincoln, Charles Lindbergh und Galileo Galilei. Auch Franklin Roosevelt, Ronald Reagan, Humphrey Bogart, James Dean und Paul Newman sind in diesem Zeichen geboren. Wie Sie sehen, fast alles Männer mit irgendwelchen besonderen Qualitäten.

Der Wassermann-Mann kann Sie mit Leichtigkeit bis zu hundertmal am Tag auf die Palme bringen, ohne es überhaupt zu bemerken. Er verhält sich praktisch nie so, wie Sie es gerade erwarten. Es kann sogar Augenblicke geben, in denen Sie sein Sternzeichen zum Teufel wünschen und sicher sind, daß Sie mit jedem anderen besser zurechtkämen.

Sollten Sie einem der interessantesten Männer, denen Sie je begegnet sind, vorgestellt worden sein, dessen Intellekt und Freundlichkeit – von seinem brillanten Aussehen einmal ganz abgesehen – Ihnen einen ahnungsvollen Schauer den Rücken hinablaufen läßt, und werden Sie den Verdacht nicht los, daß er sich auch von Ihnen angezogen fühlt, müssen Sie sich auf schwere Zeiten gefaßt machen.

Als ich weiter oben den ominösen Freund erwähnte, den der Wassermann überraschend wiedergesehen hat und der ihn seine Verabredung mit ihnen so völlig vergessen ließ, vergaß ich übrigens hinzuzufügen, daß der Wassermann-Mann sozusagen überall und immer Freunde hat (denen er natürlich auch entsprechend häufig begegnet). Der Wassermann ist im Grunde das Zeichen der Freundschaft oder vielmehr Freundschaftlichkeit. Seltsamerweise fällt es den meisten Wassermännern leichter, mit Menschen auf einer freundlichen, aber unverbindlichen Ebene auszukommen, als den Menschen, die ihnen am meisten am Herzen liegen, ihre Gefühle zu zeigen.

Falls Sie schon einmal in einen Wassermann verliebt waren, könnte Ihre Beziehung ganz gut deswegen gescheitert sein, weil Sie es irgendwann satt hatten, noch länger auf eine überzeugende Liebeserklärung von ihm zu warten. Sie müssen jedoch wissen, daß der Wassermann-Mann, und wenn er zuweilen noch so kühl, distanziert und gleichgültig wirkt, das noch lange nicht *ist*. Sie mögen es für schmerzlich halten, daß er mehr denkt als fühlt. Doch wenn Sie ihn aus der Reserve locken, tut sich eine neue Welt vor Ihnen auf, deren Zauber Sie sich nicht entziehen können und wollen.

Der Wassermann-Traumpartner verfügt zweifelsohne über sehr viel Charme. Daran gibt es nichts zu deuteln. Er kann Ihnen fast alles, was er will, weismachen. Andererseits liebt er es, Sie stets etwas im Ungewissen zu lassen. Wenn Sie einen Mann suchen, der nie im siebten Himmel schwebt, aber auch möglichst nie scheinbar grundlos am Boden zerstört ist, der Sie exakt zum verabredeten Zeitpunkt anruft, der seit Jahren an der gleichen Arbeitsstelle von neun bis fünf Uhr seiner Arbeit nachgeht, können, nein müssen Sie den Wassermann wohl oder übel von Ihrer Liste streichen.

In vieler Hinsicht war James Dean die idealtypische Verkörperung des Wassermanns. Sowie er auf der Bühne erschien, war es, als ginge ein überirdisches Licht an. Auf seinem Gesicht lag ein Ausdruck, den man so schnell nicht wieder vergißt. Dazu kamen sein exzentrisches Benehmen, sein jungenhafter Charme – und seine Schwierigkeiten, denen, die ihm nahestanden, verbunden zu bleiben. Ist es da erstaunlich, daß er nach seinem plötzlichen Tod zu einer Kultfigur wurde? Noch heute fließen beim Anblick seiner hinreißenden (ein echtes Wassermann-Wort) Darstellung des Cal in »Jenseits von Eden« Tränen im Publikum.

Nehmen wir einmal an, Sie haben einen Mann kennengelernt, über dessen Sternzeichen Sie sich noch nicht ganz im klaren sind. Lassen Sie die Begegnung noch einmal Revue passieren. Kam er Ihnen etwas exzentrisch vor? Barst er förmlich vor originellen Einfällen, und konnte er es kaum erwarten, sie vor seinen Zuhörern auszubreiten? Hatten Sie den Eindruck, daß er über das gleiche Thema sich mal so, mal so äußerte? Daß er nur zu gut wußte, daß er anders ist als andere Männer, daß er es nicht mag, wenn eine Frau den ersten Schritt tut, und daß er, so lange es ihm paßt, frei wie ein Vogel bleiben will? Flirtete er sehr galant, ohne den Eindruck zu erwecken, Sex sei das wichtigste in seinem Leben?

Die meisten hier angeführten Eigenschaften treffen auf den typischen Wassermann-Mann durchaus zu, und Sie können daher annehmen, daß Ihr neuer Schwarm in diesem Zeichen geboren ist. Was Sex angeht, ist der Wassermann-Traumpartner allerdings nicht weniger sinnlich und leidenschaftlich als jeder andere Vollblutmann. Nur überlegt er, bevor er handelt. Er braucht eine Frau, die mit ihm reden kann, das heißt, die nicht nur darüber schwatzt, was sie den Tag über getan hat oder daß ihre Freundin sich schon wieder mit einem verheirateten Mann eingelassen hat. Dieser Mann ist am Leben interessiert. Er glaubt an die Menschlichkeit, an die Kausalität aller Dinge, kurz, er ist ein echter Idealist und macht sich nichts aus Klatsch und Tratsch.

Er verfügt auch über erstaunlich viel Intuition und liest in Ihnen wie in einem Buch. Mitten in einer Menschenmenge spürt ein Wassermann instinktiv, wem er trauen kann und wen er besser meidet. Der Wassermann-Mann wirft sein Herz nicht einfach fort, vor allem wenn er schon einmal verletzt worden ist, bevor er seine intuitiven Fähigkeiten voll entfalten konnte.

Jetzt haben Sie sein Sternzeichen erraten und träumen von Paul Newmans hinreißenden blauen Augen (ja, Blau *ist* die Farbe des Wassermanns). Sie fragen sich vielleicht, wie Sie den ersehnten Wassermann-Traumpartner auf sich aufmerksam machen können. Oder sind Sie immer noch leicht verwirrt? Erinnert er Sie in der Art, wie er Menschen suggeriert, er wisse alles besser als jeder andere, an einen echten Schützen? Oder hat er sich so kritisch über einen neuen Film geäußert, daß er auch im Zeichen der Jungfrau geboren sein könnte?

Fragen Sie ihn doch nach seiner Tätigkeit. Er beschäftigt sich sicherlich nicht mit alltäglichen Dingen. Wassermännern werden sehr gute Leistungen im Rundfunk, Fernsehen und Filmgeschäft, in Wissenschaft und Politik, in der Sozialarbeit, Astrologie, Astronomie, Archäologie, Luftfahrt und als Erfinder nachgesagt.

Haben Sie schon darauf geachtet, wie er gekleidet ist? Sie wissen ja bereits, daß der Wassermann-Mann viel für spektakuläre Auftritte übrig hat. Er kann ohne weiteres bei einem vornehmen Essen in alten Jeans und einem Sweatshirt auftauchen, nur um die Gastgeber zu schockieren, weil er sie für snobistisch hält. Oder aber er trägt ein Folklorehemd. Er trägt überhaupt gern bequeme Kleider, hat aber einen eigentümlich treffsicheren Blick für Modisches. Gewöhnlich ist er auch darin seiner Zeit voraus.

Während er einem Gespräch anscheinend voll konzentriert folgt, weilt er in Gedanken oft ganz woanders, und doch entgeht ihm kein einziges Wort. Er kann seine Aufmerksamkeit allerdings nicht über längere Zeit auf jemanden richten, der stundenlang das gleiche Thema wiederkäut, da er ja selbst ungeheuer Wichtiges mitzuteilen hat: etwa seine Ansichten über die Atomenergie, die Ereignisse in Nicaragua oder auch das Neueste der extremen Linkspartei.

Nun dämmert Ihnen sicher allmählich, daß der Wassermann-Mann vom Leben allerlei Aufregendes erwartet und daß er ein recht ausgefallenes Mannsbild ist. Wenn Sie gerade allein sind und nun beschlossen haben, sich auf die Suche nach einem Wassermann-Traumpartner zu machen, bleibt noch die Frage, wo Sie ihn auftreiben können. Ich gebe Ihnen den Tip, in Vereinen und Gesellschaften Ausschau zu halten. Wo immer er Gelegenheit hat, seine erfinderischen, originellen Einfälle möglichst vielen Menschen zu unterbreiten, dorthin zieht es ihn. Er beschäftigt sich unablässig mit ungewöhnlichen Themen. Sie können ihm also geradesogut in einem Abendkurs für Fotografie oder Astrologie begegnen wie auf einem Ostermarsch oder einer Demonstration gegen Atomkraftwerke – seine humanitären Idealvorstellungen läßt er sich niemals nehmen.

Mit einem Wassermann, den Sie im Urlaub kennenlernen, steht Ihnen eine aufregende Zeit bevor. Allerdings treffen Sie ihn nicht auf den Haupttrampelpfaden des Tourismus. Nein, vermutlich plant er einen Urlaub, der sich von dem all seiner Bekannten unterscheidet. Vielleicht reist er allein (er weiß, daß das nicht lange so bleibt). Wenn Sie mit ihm Bekanntschaft schließen, dürfen Sie aber nicht erwarten, daß sich daraus sofort eine Urlaubsromanze entwickelt, sosehr Sie sich das auch erhoffen. Sie müssen sich zunächst damit zufriedengeben, einfach eine gute Bekannte zu sein, es sei denn, sein persönliches Horoskop sorgt für eine etwas leidenschaftlichere Persönlichkeit. Sie müssen so unwiderstehlich und einzigartig erscheinen, daß er Sie einfach nicht übersehen kann. Versuchen Sie doch einmal, genauso kühl und distanziert zu wirken wie er.

Sollten Sie dieses Kapitel lesen, weil Sie sich bereits Hals über Kopf in einen Wassermann-Mann verliebt haben, müssen Sie sich auf seine unberechenbare Art einstellen und dürfen nie zu besitzergreifend sein. Nur weil er sehr lange ausbleibt, muß er noch lange nicht mit einer andern im Bett liegen. Er ist sehr loyal, sobald er sein Herz an jemanden verloren hat. Denken Sie nur daran, wie lange Paul Newman mit Joanne Woodward verheiratet ist oder Ronald mit Nancy.

Ein Wassermann-Traumpartner läßt sich nie wirklich binden. Das Leben muß für ihn voller Abenteuer sein. Er überläßt sich gern spontanen Einfällen. Deswegen fällt es ihm auch so schwer, pünktlich zu sein.

Er braucht eine Frau, die ebensogern ihr eigenes Leben führt, wie sie mit ihm zusammen ist. Doch aufgepaßt: Auch der freiheitsliebende Wassermann kann eifersüchtig werden. Weil er im Grunde vollkommen aufrichtig ist, kann er es nicht ertragen, wenn Sie ihm Lügen auftischen. Wenn Sie klug sind, probieren Sie das gar nicht erst aus. Er würde Sie ohnehin durchschauen. Glauben Sie ja nicht, er könne nicht zwei und zwei zusammenzählen, nur weil er häufig so kühl und abwesend wirkt. Der Wassermann- Mann steht dem Skorpion als Hellseher in nichts nach und ist auch genauso unnachgiebig wie dieser.

Es kann ihm übrigens durchaus passieren, daß er Ihren Geburtstag vollkommen vergißt oder Ihnen am Valentinstag keine Blumen mitbringt. Doch vergelten Sie ja nicht Gleiches mit Gleichem, denn der Wassermann-Mann ist insgeheim entsetzlich sentimental. Er würde zwar nicht zeigen, daß er verletzt ist, Ihre Vergeßlichkeit würde ihm aber sehr zu schaffen machen.

Reden Sie sich auch nicht ein, Ihr Wassermann-Traumpartner werde dann schon ein normales, geregeltes Leben führen, sobald Sie ihm einmal klargemacht haben, daß Sie die perfekte Seelengefährtin für ihn sind. Das hieße soviel wie von einem Leoparden zu erwarten, daß er die Flecken in seinem Fell verschwinden lassen sollte.

Solange Sie sich gegenseitig geistig anregen, stimmt es auch sexuell zwischen Ihnen, doch muß beides Hand in Hand gehen. Der Wassermann-Mann kann sich von seinen diversen Engagements genauso leidenschaftlich erregen lassen wie von Ihnen. Sie brauchen deshalb nicht die zweite Geige zu spielen, müssen sich jedoch auf nächtelange Diskussionen über seine Ideen mit ihm gefaßt machen.

Das Leben mit einem Wassermann-Traumpartner kann sehr amüsant sein und wird auf jeden Fall nie langweilig. Sie werden sich manchmal schwarz ärgern über ihn, zuweilen aber auch vor Glück im siebten Himmel schweben. Der Wassermann-Mann läß sich gern mit Geschenken verwöhnen. Er mag alle möglichen Geräte (die neuesten Errungenschaften auf dem Gebiet der Weltraumtechnologie zu verfolgen, gehört zu seinen Hobbys). Kaufen Sie ihm also zum Beispiel ein Teleskop. Auch Software für seinen Computer, ein automatischer Diaprojektor, ein solarenergetisch betriebener Taschenrechner oder ein Aktenkoffer aus Aluminium würden ihm sicher gefallen.

Auch wenn es überaus lange dauern mag, bis er Ihnen endlich seine Gefühle offenbart, wenn das Eis einmal endgültig gebrochen ist, wird er sich als perfekter Liebhaber und als der beste Freund entpuppen, den Sie je hatten.

Die Wassermann-Frau

Wenn Ihre Traumpartnerin im Sternzeichen des Wassermannes geboren ist, stimmen natürlich viele ihrer Eigenschaften mit denen ihres männlichen Pendants überein, da auch sie von Uranus beherrscht wird.

Vergessen Sie jedoch nie, daß die Gefühle einer Frau sich sehr von denen eines Mannes unterscheiden.

Eine Wassermann-Frau mag kühl, distanziert und in ihrer eigenen Welt befangen scheinen, doch ist sie so leidenschaftlich wie jedes feurige Sonnenzeichen, sobald sie ihren Gefühlen freien Lauf läßt. Sie sucht nach einem Mann, dessen Intellekt dem ihren gewachsen ist und der im Bett und auch sonst der vollkommene Gefährte sein kann. Sie macht sich nichts aus Ihrem Geld! Es ist ihr wichtiger, daß Sie was im Kopf haben. Sie stürzt sich nicht kopflos in eine Affäre. Bevor Sie ihr Liebhaber werden können, müssen Sie erst ihre Freundschaft gewonnen haben – und das geschieht nicht über Nacht. Sie werden sogar recht lange brauchen, um zu merken, ob sie überhaupt an Ihnen interessiert ist.

Die Wassermann-Frau engagiert sich häufig ganz besonders für eine bestimmte Sache. Vanessa Redgrave beispielsweise in der Politik. Mia Farrow hat mehrere Kinder adoptiert (zusätzlich zu ihren eigenen), und Farrah Fawcett spielte in einem Film nach realen Geschehnissen eine mißhandelte Frau, um auf das Problem aufmerksam zu machen. Oder hören Sie sich doch die Texte von Carole Kings Songs an.

Wenn Sie sich so heftig in eine Wassermann- Traumpartnerin verlieben, daß Sie sie schließlich ehelichen, dürfen Sie kein ruhiges, regelmäßiges Leben erwarten. Ihre Wohnung wird vermutlich gerade dann, wenn Sie Entspannung nötig hätten, voller Menschen sein. Sie werden auf Ihr Essen warten müssen, weil sie gerade das Protokoll einer politischen Versammlung zu Papier bringen muß.

Versuchen Sie nicht, sie zu betrügen. Sie liest es sofort aus Ihren Augen. Auch wenn sie eine große Verfechterin in der Freiheit für beide Geschlechter ist, bedeutet das nicht, daß in fremde Betten gehüpft wird. Sie führt ihr Leben allerdings, wie *sie* es für richtig hält, und Sie müssen sich danach richten, wenn Sie wollen, daß sie bei Ihnen bleibt.

Die Wassermann-Frau weiß, was es bedeutet, unabhängig zu sein. Das ist eine ihrer Stärken. Und sie macht immer wieder davon Gebrauch, sobald es nötig ist. Ihr Verhalten ist nicht vorhersagbar und zudem unerhört unkonventionell. Sie kann Sie damit fast um den Verstand bringen, aber sie ist unbestritten eine der faszinierendsten Frauen, denen Sie überhaupt begegnen können. Sie wissen allerdings nie, was Sie am nächsten Tag erwartet. Nicht daß sie launisch wäre oder wankelmütig. Ihr fällt einfach immer wieder etwas Neues ein. Zählen Sie also lieber nicht darauf, daß sie sich nach bestimmten Regeln verhält, sonst gehen mit Sicherheit auch die am besten durchdachten Pläne baden.

Sie weiß, daß sie sich von anderen Frauen unterscheidet. Sie genießt das sehr – warum auch nicht? Sie brilliert auf allen Partys. Die Wassermann-Frau hat zahllose Bekannte: Ihre echten Freunde lassen sich aber an den Fingern einer Hand abzählen. Sie tut alles für jeden, schart alle lahmen Enten um sich, aber sie will nur mit wenigen Menschen eng befreundet sein. Und selbst diesen fällt es manchmal schwer zu glauben, daß sie sich viel aus ihnen macht – was aber in Wirklichkeit durchaus der Fall ist.

Der Wassermann ist ein Meister im Verbergen von Gefühlen. Wer in diesem Sternzeichen geboren ist, scheint es für Schwäche zu halten, Gefühle zu zeigen, und auch Angst davor zu haben, daß es gegen ihn verwendet werden könnte, sei es, daß seine Freiheit eingeschränkt oder er in Zukunft verletzbar sein könnte.

Dennoch verfügt die Wassermann-Frau über so viel Kraft, daß sie stets bekommt, was sie haben will. Sie ist die Frau der Zukunft, ihre Ideen eilen ihrer Zeit oft weit voraus, und sie ist in der Lage, sie jedem, der daran interessiert ist, umfassend und begeisternd darzulegen.

Die Wassermann-Frau sucht nach einem Partner, der sie wirklich versteht. Bevor Sie nicht durch die äußere Fassade ihrer Persönlichkeit gedrungen sind – manchmal ein langwieriger, harter Kampf –, werden Sie nicht erfahren, was sie antreibt. Sie sucht nicht nach einem Mann, der immer nur zustimmend nickt; auch nicht nach jemandem, der sie ständig bevormunden will (obwohl gerade das dem ihren entgegengesetzte Zeichen, der Löwe, ein perfekter Partner für sie sein könnte, aber nur, wenn sie seinen Verstand genauso respektieren kann wie sein gebieterisches Gehabe).

Manchmal ist die völlig unkonventionelle Lebensweise der Wassermann-Frau nur schwer zu ertragen. Doch in punkto Sex kann sie so irdisch sein wie wir alle. Wenn Sie sich jedoch einbilden, sie gehöre nun Ihnen auf ewig, nur weil sie mit Ihnen eine Affäre begonnen hat, täuschen Sie sich gewaltig. Sex allein reicht ihr nicht, es muß auch eine Vereinigung der Geister stattfinden.

Sie werden bald merken, daß Sie eine höchst komplizierte

Frau kennengelernt haben. Sie ist eine Romantikerin, die im einen Augenblick warmherzig und liebenswürdig sein kann, aber im nächsten schon wieder distanziert und in Gedanken und Gefühlen weit weg. Sie mag ihre eigenen Wege gehen, ist dabei aber nie unehrlich. Seien Sie es also auch nicht.

Wenn Sie einer Wassermann-Frau begegnen, müßten Sie eigentlich ihr Zeichen rasch erraten können. Falls nicht, sollten Sie ihr in der Unterhaltung etwas auf den Zahn fühlen und darauf achten, was für Kleider sie trägt. Sie mag den Folklore-Look, kombiniert dieses mit jenem, Teures mit Billigem – Hauptsache, es fällt durch Originalität auf. Denn sie hebt sich gern mit originellen Kleidern von der Menge ab und weiß sie auch aufzutreiben, ohne ein Vermögen auszugeben.

Gut möglich, daß sie einen interessanteren Beruf hat als die meisten Frauen, denen Sie in letzter Zeit begegnet sind.

Wo aber können Sie eine Wassermann-Frau finden, wenn Sie immer schon eine solche als Seelengefährtin gesucht haben? Vielleicht hat sie sich voll in die Politik gestürzt, macht neben ihrem Job noch Sozialarbeit oder beaufsichtigt vernachlässigte Kinder. Sie bringt Dinge ins Rollen, setzt alle möglichen Hebel in Bewegung, und nie wird ihr etwas zuviel, von dem sie ernsthaft überzeugt ist. Da sie außerdem sehr kontaktfreudig und gesellig ist, ist sie auch immer dort anzutreffen, wo viel los ist. Sie liebt spontane Einladungen zu Partys oder gibt als Jux vielleicht auch mal eine Bekanntschaftsanzeige auf.

Ihre Vorlieben und Abneigungen wechseln ständig und sind genauso ungewöhnlich wie sie. Sie läßt sich gern überraschen und will nicht übergangen werden. An einem Tag genießt sie es, verwöhnter Mittelpunkt zu sein, am nächsten macht es sie wahnsinnig. Sie geht überall hin, macht alles mit und will in jeder Hinsicht einzigartig sein. Auch wenn sie so tut, als ob sie durchaus nicht nach jemandem suchte, der ihren unruhigen Geist zähmt, ist doch ein Teil von ihr bereit, einen Mann als Traumpartner zu akzeptieren, vorausgesetzt, sie kann zu ihm aufschauen und er will nicht Tag und Nacht über sie bestimmen.

Einer Wassermann-Frau etwas zu schenken ist eine wahre

Lust. Beim Auspacken von Paketen freut sie sich wie ein Kind. Je origineller das Geschenk, desto glücklicher ist sie. Sie brauchen also mehr als eine Freistunde, um nach einem verrückten T-Shirt, einem ausgefallenen Tranchierbesteck aus rostfreiem Stahl oder Silberschmuck zu fahnden. Sie würde sich außerdem über eine tropische Pflanze für ihre Wohnung, einen kabellosen Fön oder ein hochmodernes Gepäckstück freuen.

Eine Wassermann-Frau zu verführen ist eine Kunst. Sie brauchen dazu eine ganze Menge Geduld. Sogar Casanova mußte sich mit Sicherheit ordentlich ins Zeug legen, bevor eine Wassermann-Frau seinem Charme erlag. Sie ist nun mal eine feste Burg, die nicht in einer Nacht zu erstürmen ist. Doch es lohnt sich zu warten. Geben Sie also nicht vorzeitig auf.

Wie Sie einen Wassermann einfangen

Wenn Sie einen Wassermann verführen wollen, dann
sollten Sie

- sich so kühl, distanziert und emotionslos geben, wie dieser Traumpartner vorgibt zu sein.
- immer mit interessanten Gesprächsthemen aufwarten können.
- nicht vergessen, daß dieses Sternzeichen immer irgendeine Sache vertritt, besonders die von Minderheiten, und sich deshalb nach Möglichkeit auch für etwas einsetzen.
- sich überlegen, wie Sie als erstes den Intellekt dieses Traumpartners zu verführen gedenken.
- sich Ihrem Traumpartner immer als guter Freund erweisen, auch wenn Sie sexuell nicht harmonieren.
- für Überraschungen sorgen, also immer ein paar interessante und ungewöhnliche Einfälle auf Lager haben.
- bedenken, daß ihm die Freiheit über alles geht und Ihre Verführungskünste daher entsprechend subtil und vorsichtig einsetzen.
- die Ziele dieses Traumpartners immer loben – und ihm möglichst helfen, sie zu verwirklichen.

sollten Sie nicht
- versuchen, ihn in irgendeiner Form festzunageln.
- ihn in lange Telefongespräche verwickeln.
- eine Szene machen, wenn er in den ältesten Klamotten auftaucht, wenn Sie zu einer Cocktailparty gehen wollen – der Wassermann lebt davon, anders zu sein als die anderen.
- Ihre Verführungstricks anwenden, wenn der Wassermann offensichtlich nicht dazu aufgelegt ist.
- sich aufregen, falls Ihr Traumpartner plötzlich kühl sarkastisch reagiert – nicht nur Krebse haben Launen.
- sich in diesen Traumpartner verlieben, falls Sie jede Nacht auf feurige Leidenschaft aus sind.
- damit rechnen, daß Sie einander schnell nahekommen – Sie dürfen eigentlich überhaupt nicht damit rechnen, ihm überhaupt je ganz nahe zu kommen.
- an ihm kleben – der Wassermann will sich frei fühlen.

Der Fische-Mann

Fragen Sie sich hin und wieder, ob es denn noch Romantik auf der Welt gebe, wo doch ständig nur von Sex, Gewalt und politischen Unruhen die Rede ist? Träumen Sie von einem Mann, der warmherzig, mitfühlend und sensibel ist und der Ihnen, während er Ihnen tief in die Augen schaut, zärtlich all die Worte zuflüstert, nach denen Sie sich schon immer gesehnt haben?

Ich höre schon den mannigfachen Protest, wenn ich nun dreist behaupte, die Fische seien das gefühlvollste Zeichen des ganzen Tierkreises. Sicher, Krebs oder Waage können genauso romantisch veranlagt sein. Jeder und jede von uns ist ja ein Individuum, und jedes Horoskop ist einzigartig, basiert auf dem Tag, der Zeit und dem Ort der Geburt eines Menschen. Da ich aber, wie bereits erklärt, in diesem Buch nur verallgemeinerte Züge eines jeden Sternzeichens skizzieren kann, halte ich trotzdem an meiner Charakterisierung fest und behaupte, daß die *wahre* Romantik im althergebrachten Sinn am ehesten bei den Fischen zu finden ist.

Die Fische werden von Neptun, dem Planeten der Inspiration, beherrscht. Sie sind sehr kreative Menschen, aber nicht immer besonders praktisch veranlagt. Erinnern Sie sich, daß das Symbol der Fische, des dritten und letzten Wasserzeichens, zwei Fische sind, die in die entgegengesetzte Richtung schwimmen. Ein Fisch muß sich entscheiden, entweder flußaufwärts dem Erfolg zu oder den leichteren Weg flußabwärts zu schwimmen, der sich vielleicht im Nichts verliert. Fast bei allen Astrologen läßt sich nachlesen, Fische sähen die Welt durch eine rosarote Brille, würden Luftschlösser bauen, der Realität aus dem Weg gehen, den wesentlichen Anforderungen des Lebens ausweichen usw.

Haben Sie einen Mann mit wunderschönen Augen kennengelernt, die das wahre Fenster zu seiner Seele zu sein scheinen? Spüren Sie, daß er ein höchst zärtlicher und zartbesaiteter Liebhaber sein könnte? Sieht er aus wie ein verlorener kleiner Junge, und verströmt er einen zarten verletzlichen Charme, so daß Sie ihn am liebsten unter Ihre Fittiche nehmen würden? Dann sind Sie vermutlich dem Zauberbann eines Fisches verfallen.

Musik, Malerei, Tanz, Fotografie – in all diesen Bereichen tummeln sich viele Fische. Denken Sie nur an Caruso, Chopin, Rimski-Korsakow, Michelangelo, Renoir, Lord Snowdon, Nijinsky und Nurejew.

Fische verstehen es, ihren romantischen Gefühlen einen ganz besonderen Ausdruck zu verleihen. Auch Ihr Fische-Mann ist sicherlich ein wahrer Märchenerzähler. Fische-Männer sind außerdem sehr intuitiv veranlagt und können schon bald die Gedanken Ihrer Partnerin erahnen. Seien Sie also auf der Hut.

Wenn Sie sich mit einem Fische-Traumpartner einlassen, kann es zu einer fast telepathischen Verbindung zwischen Ihnen kommen. Bei meinen Fische-Bekannten beiderlei Geschlechts habe ich häufig festgestellt, daß sie immer schon vorher erahnen, daß ich ihnen etwas Wichtiges zu sagen habe. Selbst wenn wir längere Zeit nicht miteinander gesprochen haben, klingelt das Telefon oft genau in dem Augenblick, in dem auch ich die betreffende Person gerade anrufen wollte.

Das Sternzeichen dieses Traumpartners ist leicht zu erraten, selbst wenn seine Augen Ihnen keinen besonderen Hinweis geben. Vermutlich ist er beim ersten Zusammentreffen sehr schüchtern. Auf einer Party läßt er alle anderen munter drauflosreden, während er Sie ruhig abschätzt. Nur zu wahrscheinlich, daß auch er eine Traumpartnerin sucht, leider aber so weltfremd und leicht zu beeindrucken ist, daß er sich bei seiner Suche zuweilen selbst ein Bein stellt.

Fische werden oft das Opfer ihrer eigenen Illusionen. Ihre Träume werden häufig so brutal zerstört, daß sie daran fast zugrunde gehen. Dann werden sie depressiv und lebensverneinend und versuchen ihre Sorgen gleichsam zu ertränken. Damit fangen aber die Schwierigkeiten erst recht an. Fische können in Gefahr geraten, dem Alkohol oder anderen Drogen zu verfallen. Natürlich ist auch dies eine grobe Verallgemeinerung, und noch längst nicht jeder Fische-Geborene ist dann auch gleich Alkoholiker oder drogensüchtig. Es kann fast als sicher angenommen werden, daß ein Fische-Mann mehrere unglückliche Romanzen hinter sich hat. Wenn er sein Herz verschenkt, soll es für immer sein. Gleichzeitig stellt er seine Partnerin aber auf ein so hohes Podest, daß sie seinen Idealen gar nicht entsprechen *kann.*

Bevor Sie sich näher mit einem Fische-Mann einlassen, sollten Sie sich über Ihre Motive Rechenschaft geben. Wenn Sie nur ein Abenteuer suchen, dann halten Sie sich zurück, und zerstören Sie bitte nicht die Vorstellungen dieses Traumpartners von Liebe und Gefühl. Er sucht nämlich mehr, sofern sein persönliches Horoskop nicht andere Akzente setzt. Er braucht eine Partnerin, die das Leben ebenfalls gern durch seine rosa Brille betrachtet und mit ihm zusammen Träume spinnt.

Falls Sie gerade jemanden kennengelernt haben und wissen möchten, ob Ihre Vermutung – nämlich daß Sie es mit einem Fisch zu tun haben – stimmt, dann fragen Sie ihn nach seiner Tätigkeit. Als Berufe kommen für Fische am ehesten in Frage: Autor, Schauspieler, Lyriker, Tänzer, Musiker, Hellseher, Pfleger, Sozialarbeiter, Seemann, Priester oder Fotograf. Natürlich tummeln sich Fische auch in anderen Berufen, doch ist allen gemeinsam, daß sie, was immer sie tun, nicht nur für Geld tun, sondern auch weil ihnen ihre Arbeit wirklich Spaß macht. Der Fische-Traumpartner ist kein Geldscheffler. Und – was schlimmer ist – er kann nicht mit Geld umgehen. Wieviel er auch verdienen mag, es rinnt ihm nur so durch die Finger. Dabei ist er nicht einmal besonders extravagant. Allerdings kann er Ihnen bedenkenlos ein Dutzend rote Rosen schicken, obwohl sein Bankkonto bereits überzogen ist. Geld und Fische-Mann halten es nicht lange zusammen aus. Jeder, der einem Fische-Mann eine Rührgeschichte auftischt, findet bei ihm ein offenes Ohr. Dagegen gelingt es ihm selten, sein Konto im Gleichgewicht zu halten. Er gibt immer mehr aus, als er verdient. Falls ihm kein guter Schatzmeister zur Seite steht, wird er immer in Schwierigkeiten sein, wenn die Steuererklärung ansteht.

Ich nehme an, das Bild der Fische nimmt in Ihrer Vorstellung allmählich Konturen an. Sollten Sie sich aber immer noch im unklaren über das Sternzeichen Ihres Gegenübers sein, dann werfen Sie doch einen verstohlenen Blick auf seine Kleidung. Er ist wahrscheinlich nicht der bestangezogene Mann, doch stellt er Farben und Stoffe geschmack- und kunstvoll zusammen. Er haßt laute, schrille Töne, auch an den Kleidern einer Frau. Wenn seine tiefen Blicke Sie nicht bereits betört haben, wird vermutlich der Duft seines Rasierwassers ein übriges tun und Sie in angeregte Stimmung versetzen.

Sie werden schon bald merken, daß Sie einen Mann kennengelernt haben, der manchen Ihrer Träume wahr werden läßt. Sobald er die ideale Seelengefährtin gefunden hat, bleibt er ihr treu. Doch obwohl man seine Intuition und Weisheit in bezug auf andere nie unterschätzen sollte, bleibt der Fische-Mann sich oft selbst ein Rätsel. Er ist ein Schauspieler auf einer riesigen Bühne. Er will jedem helfen, der irgendwelche Probleme hat, kann sich aber oft selbst nicht helfen. Er kann in Apathie versinken, aber auch die höchsten Gipfel des Glücks erleben. Sein Sinn für Humor ist phänomenal, aber er schämt sich auch nicht, Sie seine Tränen sehen zu lassen.

Vielleicht ist Ihnen ein solch romantischer Träumer noch nie begegnet, und Sie fragen sich, wo Sie mit der Suche am ehesten beginnen sollen. Fische nehmen oft an Yoga-, Meditations- und

Tanzkursen teil. Sie lieben das Theater (Fische sind die geborenen Schauspieler), Kunstgalerien und Musik, helfen in Wohlfahrtsausschüssen, segeln und fischen (schließlich ist der Fisch ein Wasserzeichen) – oder nehmen sich streunender Hunde an.

Falls Sie das Glück haben, im Urlaub einen Fische-Mann kennenzulernen, wird das sicher eine der romantischsten Beziehungen, die Sie je erlebt haben. Wie er sich auch nach außen gibt, im Grunde sucht er nach einer treuen Seelengefährtin. Mit einem Fische- Mann sollten Sie im Mondschein am Strand spazierengehen, die Nacht unter dem Sternenhimmel durchtanzen, Sonnenaufgänge und -untergänge genießen und einander dabei süße Worte ins Ohr flüstern. Der Fische-Mann ist aber nicht auf ein flüchtiges nächtliches Abenteuer, sondern von Anfang an auf eine feste Beziehung aus. Oft überschlägt er sich dabei vor Eifer fast und fängt an, Luftschlösser zu bauen, bevor Sie einander überhaupt richtig kennengelernt haben.

Wenn Sie schon einmal eine Beziehung mit einem Fische-Mann eingegangen sind, wissen Sie, wie schön es ist, behandelt zu werden, als wäre man die einzige Frau auf der Welt, die schönsten Komplimente zu bekommen und zu wissen, daß sie ehrlich gemeint sind und ohne den Hintergedanken, Sie nur gerade ins nächste Bett zu locken. Falls Sie nach einer richtig altmodischen Romanze mit einem zärtlichen, liebevollen Partner Ausschau halten, der nichts anderes wünscht, als Sie glücklich zu machen, ist dies der ideale Traumpartner. Dabei macht es keinen Unterschied, ob Sie ihn im Urlaub oder zu Hause kennenlernen. Und falls Sie ihm so verfallen, wie er Ihnen verfällt, werden Sie beide alles um sich herum vergessen und nur noch Augen füreinander haben.

Die Hauptschwierigkeit des Fische-Mannes ist die simple Realität. Während des Urlaubs kann er ihr vielleicht noch entrinnen, doch macht er sich und Ihnen etwas vor, wenn er auch im Alltag so tut, als existierte sie nicht. Nicht daß er Sie hintergehen möchte! Aber versichern Sie sich doch, daß er nicht schon anderweitig gebunden ist – wenn auch vielleicht unglücklich. Es fällt ihm leicht, Ihnen etwas vorzumachen. Niemand kann Märchen vom ewigen Glück ausmalen wie ein Fische-Mann.

Hüten Sie sich, ihm zu Unrecht irgend etwas vorzuwerfen. Er ist nun einmal eine höchst empfindsame Seele, und eine verletzende Bemerkung oder Tat würde ihn schwer kränken.

Der Fische-Mann ist äußerst gefühlvoll, im Grunde sogar noch gefühlvoller als der Krebs. Er genießt alle möglichen Anlässe, um Sie mit Beweisen seiner Liebe zu überhäufen und in ein romantisches Restaurant auszuführen. Er läßt sich selbst gern mit sorgfältig ausgewählten Geschenken verwöhnen: mit einem Paar teuren italienischen oder französischen Socken etwa, einem weichen Kaschmir-Sweater in seiner Lieblingsfarbe, dem Rasierwasser, das er liebt, sich aber nicht leisten kann, einer neuen Badehose, mit Schallplatten mit seinen Lieblingssängern oder silbernen Champagnerkelchen.

Zu Beginn mag er vielleicht ein wenig schüchtern sein. Hat er aber einmal die ideale Traumpartnerin gefunden, ist er ein warmherziger, zärtlicher Liebhaber. Er mag es nicht besonders, wenn eine Frau zu forsch auftritt. Vielleicht braucht er etwas Zeit, bis er seinen Mut zusammengenommen hat und sich zum ersten Mal mit Ihnen verabredet. Übereilen Sie nichts mit einem Fische-Mann. Was geschehen soll, geschieht auch. Er weiß das recht gut, und Sie wissen es jetzt auch.

Auch das Leben mit einem Fische-Mann fließt nicht immer ruhig dahin, aber welche Beziehung ist schon *immer* einfach? Sie wissen bereits, daß er nicht mit Geld umgehen kann und manchmal sehr unpraktisch ist. Damit müssen Sie umgehen lernen. Wenn Sie eine Fische-Frau sind, sollten Sie vielleicht gemeinsam einen Finanzberater engagieren, der Ihr Geld verwaltet. Auf lange Sicht wird Ihnen dies viel Ärger ersparen.

Falls Sie noch glauben, daß es irgendwo einen Mann gibt, der dieselben Vorstellungen und Ziele hat wie Sie und der alles in seiner Macht Stehende tut, um Ihre Träume wahr werden zu lassen, sollten Sie die anderen elf Tierkreiszeichen vergessen.

Konzentrieren Sie sich darauf, Ihrem Fische-Traumpartner klarzumachen, daß seine Suche ein Ende hat, daß Sie die Frau sind, die all seine Wünsche befriedigt und ihm die zärtlich liebevolle Fürsorge angedeihen läßt, nach der ihn so sehr verlangt.

Die Fische-Frau

Ob Ihre Traumpartnerin im Zeichen der Fische geboren ist, läßt sich unschwer feststellen – und zwar *ohne* sie zu fragen, ob sie zwischen dem 19. Februar und dem 20. März Geburtstag hat. Ohne Zweifel ist das Sternzeichen der Fische das romantischste und verträumteste im ganzen Tierkreis. Für die Fische-Frau ist die Romantik der Dreh- und Angelpunkt des Lebens.

Die Augen einer Fische-Frau haben meist eine ausgesprochen rätselhafte Wirkung. Wenn ihr versonnener Blick auf Ihnen ruht, ist Ihr Herz wahrscheinlich bereits geschmolzen. Sie spüren die Wärme, die Lauterkeit und das Verständnis, die sie um sich verbreitet, und sind überzeugt, endlich einer Frau begegnet zu sein, die eine wirkliche Seelengefährtin ist, die auf Ihre Bedürfnisse eingeht, Sie über Ihre Probleme hinwegtröstet und für immer lieben wird.

Als Kind hat die Fische-Frau wahrscheinlich Stunden damit verbracht, Märchen von verwunschenen Häuschen und guten Feen zu lesen. Als sie älter wurde, mag die Nibelungensage sie in Bann geschlagen haben, wobei sie sich selbst natürlich als Kriemhilde gesehen hat. Die Fische- Frau ist immer auf der Suche nach der echten Romanze, und sie gibt nie auf, wie oft auch ihre Hoffnungen durch die eine oder andere unglückliche Affäre zerstört worden sein mag. Denken Sie nur an zwei in diesem Zeichen geborene Frauen: Elizabeth Taylor – was für Augen! – und Liza Minelli.

Natürlich haben manche energische Frauen für die Fische-Frau nichts als Spott und Hohn übrig. Sie werfen ihr vor, die Sache der Frauen zu verraten, indem sie ihre weiblichen Listen bloß einsetzt, um sich einen Mann zu angeln, also daß sie Seelchen spielt, um zu bekommen, was sie will. Doch wird man ihr mit diesem Urteil nicht gerecht. Und was schert es Sie, was andere Frauen von ihr halten. Sie werden Ihre ersehnte Traumpartnerin ja doch nicht wieder ziehen lassen, nachdem Sie sie endlich erobert haben.

Um das Herz einer Fische-Frau zu gewinnen, müssen auch Sie recht gefühlvoll veranlagt sein. Wenn Sie diese Frau an Ihrer

Seite haben möchten, dürfen Sie nicht als bärbeißiger, kühl kalkulierender, nur an Geld interessierter Mann auftreten. Immerhin sollten Sie praktisch veranlagt sein – zumindest was Geldangelegenheiten betrifft –, denn Frauen dieses Sternzeichens sind für die Fähigkeit, mit Geld umgehen zu können, wirklich nicht berühmt. Falls Ihre Fische-Frau darüber in Rage gerät und unter Beweis stellt, daß ich mich irre, liegt das vermutlich daran, daß in ihrem Horoskop der Stier, die Jungfrau oder der Steinbock mit im Spiel ist. Ich kann in diesem Buch ja nur verallgemeinern.

Wird Ihre Fische-Traumpartnerin Ihre Lebensgefährtin oder Ihre Frau, werden Sie nicht darum herumkommen, ein paar Sträuße auszufechten, etwa weil das Haushaltsgeld am Dienstag abend schon aufgebraucht ist oder weil sie vergessen hat, Ihren besten Anzug aus der Reinigung abzuholen. Die Liste der Dinge, die sie regelmäßig vergißt, ist endlos. Aber sie hat ja so viele gute Eigenschaften, daß das Leben mit ihr trotzdem ein wahres Glück ist.

Einer Fische-Frau bedeuten süße Worte und zärtliche Gesten mehr als handfeste Liebesspiele. Sex ist ihr zwar nicht unwichtig, aber hat keine unbedingte Priorität. Wenn Sie Ihre Verführungskünste voll zur Geltung bringen wollen, brauchen Sie eine romantische Atmosphäre, falls Sie keine Enttäuschung erleben wollen.

Erwarten Sie bloß nicht, daß es leicht und angenehm ist, eine Fische-Frau zu verführen. Es ist nur zu wahrscheinlich, daß sie schon ein- oder zweimal enttäuscht worden ist, nachdem sie ein paar Luftschlösser auf Sand gebaut und daraus gelernt hat. Zu viele Männer nehmen ihre Liebenswürdigkeit und Nachsicht als gegeben hin, tändeln mit anderen Frauen herum, darauf bauend, daß die Fische-Frau sie zu Hause mit leuchtenden Augen erwartet, wenn sie schließlich heimzukommen geruhen. Falls Ihre Fische-Traumpartnerin so etwas schon einmal erlebt hat, wird sie das künftig zu vermeiden trachten. Sie ist auf einen Partner angewiesen, der innerlich gefestigt ist und ihre Depressionen auffangen kann, der ihre Gefühle nie verletzt und der ihr helfen kann, mit sich selbst besser ins reine zu kommen.

Die Fische-Frau haßt Streitereien, sie läßt sich auch nicht gern necken und verabscheut jede Form der Grausamkeit gegenüber Menschen und Tieren. Doch trotz ihres weichen, gefühlvollen Auftretens kann diese Frau manchmal durchaus intrigant sein.

Da die Fische-Frau von Neptun beherrscht wird, ist sie sehr kreativ und künstlerisch veranlagt, scheut sich aber, diese Talente zu zeigen. Sie braucht viel Ermutigung und Unterstützung, bevor sie ins Rampenlicht tritt.

Haben Sie eine Frau kennengelernt, auf die diese Beschreibung in etwa zutrifft, ohne daß Sie ihr Sternzeichen mit Gewißheit erraten können, sollten Sie bei Ihrem nächsten Zusammentreffen darauf achten, wie sie angezogen ist. Sicherlich kleidet sie sich sehr feminin, mit schwingenden Röcken und mit blumigen Mustern und ganz bestimmt niemals puritanisch streng. Sie macht sich gern hübsch und hat viel für Stoffe und Farben übrig. Ihr Schönheitssinn befähigt sie, sich genau ihrem Typ entsprechend zu kleiden und so die Aura von Romantik, die sie umgibt, noch zu verstärken.

Falls Sie noch nie eine Fische-Frau kennengelernt haben, aber gerne eine Traumpartnerin mit diesem Sternzeichen finden möchten, wollen Sie sicher wissen, wo Sie mit der Suche beginnen sollen. Da sie schüchterner als die meisten anderen Frauen, aber sehr kunstinteressiert ist, besucht sie sicherlich oft Konzerte und Kunstgalerien, und falls sie ihre Schüchternheit überwunden hat, spielt sie vielleicht sogar in einer Theatergruppe mit (Fische beiderlei Geschlechts sind geborene Schauspieler, ob sie es nun zugeben oder nicht). Vielleicht hält sie sich auch im Schwimmbad auf oder schaut am Strand den sich kräuselnden Wellen nach. Vergessen Sie nicht: Fische sind ein Wasserzeichen.

Auch wenn Ihnen die Fische-Frau anfangs recht unabhängig vorkommt, spüren Sie doch im Gespräch bald heraus, daß sie wie ein kleines Mädchen, das sich verirrt hat, nach Schutz sucht. Und gerade dieser Appell an den Beschützertrieb, der jeden Mann sich stark fühlen läßt, macht sie zu einer für viele so perfekten Traumpartnerin. Aber Vorsicht, sie kann, was ihre Vorlieben und Abneigungen betrifft, recht wechselhaft sein.

Um ihr Herz zu gewinnen, müssen Sie ganz piano vorgehen, und weil sie ein solch gefühlvolles Seelchen ist, dürfen Sie nie ihren Geburtstag vergessen oder gar den Jahrestag Ihres ersten Zusammentreffens, und darüber hinaus auch nicht den Geburtstag ihres Hundes oder ihrer Katze oder welches ihre Lieblingsblumen sind. Manches, was für andere nicht besonders viel Bedeutung hat, kann für diese Frau sehr wichtig sein.

Die Fische-Frau läßt sich gern in intime, kleine romantische Restaurants ausführen, wo ihre Lieblingsmelodien leise im Hintergrund erklingen und wo statt der Neondeckenbeleuchtung Kerzen auf den Tischen ihr warmes Licht verströmen. Im Urlaub hält sie sich gern am Wasser auf – das haben Sie sich vermutlich schon fast gedacht. Sie können ihr besonders hübsche Reizwäsche schenken, die aber nicht zu aufdringlich sexy sein sollte, oder eine hübsch gemusterte Strumpfhose, Bücher mit romantischen Gedichten, Bade- und Körperlotionen mit der von ihr bevorzugten Duftnote oder einen weichen Angorapullover, passend zur Farbe ihrer Augen. Es wird Ihnen bald auffallen, wie sehr sie sich über jedes noch so kleine, liebevolle Geschenk freut. Schicken Sie ihr deshalb zu jeder Gelegenheit ein paar Blumen.

Zur Raserei bringen kann Sie hin und wieder die ausgeprägte Unentschlossenheit der Fische-Frau, des gleichen ihre Trägheit. Außerdem ist sie wahrscheinlich gerade dann völlig in ihrer Traumwelt versunken, wenn Sie über die steigenden Goldpreise sprechen wollen. Aber im Grunde ist sie eine wunderbare Frau, und wenn Sie sich auf ihre Träume einlassen, werden Sie viele unvergeßliche Augenblicke mit ihr erleben, die das Leben köstlich machen und reich an dauerhaftem romantischem Glück.

Wie Sie einen Fisch bezaubern

Wenn Sie einen Fisch verführen wollen, dann
sollten Sie
– durch Ihr Verhalten beweisen, daß es immer noch wahre Romantik gibt.

- durch tiefe Blicke in die Augen Ihres Traumpartners Ihre gefühlvollen Botschaften übermitteln – das zeitigt den gewünschten Effekt.
- sich zärtlich und mitfühlend geben, auch an Tagen, an denen Ihnen nicht gerade danach ist.
- deutlich machen, daß man sich an Ihre starke Schulter lehnen kann.
- zeigen, daß Sie gern romantische Lieder hören.
- beweisen, daß Sie sich nicht genieren, in herzzerreißenden Filmen zu weinen.
- zeigen, daß Ihnen Kinder und Tiere viel bedeuten.
- beim Austausch von Zärtlichkeiten auch wirklich zärtlich sein.
- tun, als wären Sie zum ersten Mal verliebt, und das unsterblich.

sollten Sie nicht
- die Gefühle dieses Traumpartners je in irgendeiner Weise verletzen.
- sich über seine Unfähigkeit, mit Geld umzugehen, aufregen – er weiß selbst, wie unpraktisch er ist.
- den Eindruck erwecken, die Liebe sei für Sie nur ein Spiel.
- sich so verhalten, daß er annehmen muß, Sie seien an einer altmodischen Romanze nicht interessiert, sondern eher daran, daß ständig etwas läuft – es könnte damit enden, daß Sie weder das eine noch das andere kriegen.
- Augen für andere haben, wenn Sie mit Ihrem Traumpartner zusammen sind.
- gemein oder grausam sein – auch nicht, wenn es nur um Nachbars Katze geht.
- sich je darüber aufhalten, wenn Sie mitten in der Nacht mit einer Liebeserklärung geweckt werden.
- jemals vergessen, daß Fische nach einem echten Traumpartner Ausschau halten und nicht nur nach einem Bettgenossen.

Wie Sie Ihren Traumpartner festhalten

Nun ist endlich der zauberhafte Augenblick da: Sie haben Ihren Traumpartner gefunden und sind beide felsenfest davon überzeugt, daß Sie zusammengehören und nichts Sie je wieder trennen kann. Der Champagner kann fließen, und wer weiß, vielleicht haben Sie auch schon den Hochzeitstermin festgelegt oder wenigstens den gemeinsamen Wohnsitz.

Sie kennen jetzt alle Tricks der Kunst der Verführung nach astrologischen Regeln und werden sie nie wieder verlernen, sondern allenfalls rasch wieder auffrischen, falls sich dies als nötig erweisen sollte. Jetzt kann es Sie nicht mehr erschüttern zu lesen, daß der feurige Widder das Herz des Stiers, der Sie sind, verbrennt oder daß der Löwe es *wirklich* haßt, hinter jemand anderem zurückzustehen, denn die Kunst der Verführung, zu der Ihr eigenes Sternzeichen Sie befähigt, wird das alles mühelos und spielend überwinden.

Sie haben sämtliche Nuancen der Kunst der Verführung nach astrologischen Regeln erlernt, Sie sind toleranter geworden, verständnisvoller und natürlich unwiderstehlicher. Wenn Sie im Zeichen der Fische geboren sind, sind Sie sogar praktischer geworden. Sollten Sie ein Zwilling sein, der *immer noch* gern mit anderen flirtet, obwohl Sie das Herz Ihres idealen Traumpartners erobert haben, sollten Sie sehr, sehr diskret vorgehen. Und falls Sie als Krebs Ihren neuen Partner davon überzeugt haben, daß es zu Hause mit Ihnen am schönsten ist, sollten Sie sich bemühen, bei Vollmond so liebenswürdig wie möglich zu sein. Sie haben jetzt das Spiel um die Liebe zum bestmöglichen Ende gebracht und müssen dafür sorgen, daß es so bleibt. Wenn Sie die Ratschläge in diesem Buch richtig verstanden haben, wissen Sie, daß ein Paar um so mehr miteinander harmoniert, je besser die Partner ihr eigenes Sternzeichen und das des anderen kennen. Und Sie wissen jetzt auch, daß Sie selbst als entgegengesetzte Tierkreiszeichen wunderbar miteinander auskommen können.

Mit Hilfe Ihrer Intuition, Ihres gesunden Menschenverstandes und den Techniken astrologischer Verführungskunst können Sie Ihren Traumpartner mit Sicherheit festhalten. Sie wissen nun, daß selbst beim leidenschaftlichen Skorpion Sex allein nicht ausreicht, daß beileibe nicht nur Zwillinge geistige Anregung brauchen und auch ein romantischer Fisch noch Sinn fürs Praktische entwickeln kann. Sie wissen darüber hinaus, daß wir auch astrologisch gesehen alle positive und negative Eigenschaften haben, und Sie haben gelernt, wie die negativen, die ihr häßliches Haupt zu erheben drohen, am besten zu verbergen sind.

Also weiter so. Amüsieren Sie sich beim Studium der Persönlichkeit Ihres Traumpartners, halten Sie die Romantik in Ihrer Beziehung lebendig, und rufen Sie sich immer wieder den Augenblick in Erinnerung, in dem Sie zum ersten Mal spürten, daß Sie füreinander geschaffen sind.

Wenden Sie das Gelernte auch weiterhin an, und Sie werden sehen, daß Ihre Beziehung sich immer weiter vertiefen wird. Denn wenn Sie die astrologische Verführungskunst einmal mit Erfolg eingesetzt haben, wird es Ihnen gelingen, Ihren Traumpartner für viele Jahre mit Ihrer Persönlichkeit zu fesseln – in welchem Sternzeichen er oder sie auch geboren sein mag.